XUEQIAN SHIZHANG ERTONG
JIAOYU SHIJIAN YU YANJIU

学前视障儿童
教育实践与研究

主 编◎王 莉

暨南大学出版社
JINAN UNIVERSITY PRESS

中国·广州

图书在版编目（CIP）数据

学前视障儿童教育实践与研究/王莉主编．—广州：暨南大学出版社，2021.8
ISBN 978 - 7 - 5668 - 1938 - 3

Ⅰ.①学… Ⅱ.①王… Ⅲ.①视觉障碍—学前儿童—儿童教育—研究
Ⅳ.①G761

中国版本图书馆 CIP 数据核字（2016）第 222185 号

学前视障儿童教育实践与研究
XUEQIAN SHIZHANG ERTONG JIAOYU SHIJIAN YU YANJIU
主　编：王　莉

出 版 人：张晋升
责任编辑：武艳飞　张　静　梁嘉韵
责任校对：高　婷　王雅琪
责任印制：周一丹　郑玉婷

出版发行：暨南大学出版社（510630）
电　　话：总编室（8620）85221601
　　　　　营销部（8620）85225284　85228291　85228292　85226712
传　　真：（8620）85221583（办公室）　85223774（营销部）
网　　址：http://www.jnupress.com
排　　版：广州市天河星辰文化发展部照排中心
印　　刷：广州市穗彩印务有限公司
开　　本：787mm×1092mm　1/16
印　　张：22.375
字　　数：420 千
版　　次：2021 年 8 月第 1 版
印　　次：2021 年 8 月第 1 次
定　　价：69.80 元

序

接受教育是所有人的基本权利，残疾幼儿的早期教育也应当得到切实保障和发展。特殊幼儿早期教育之所以重要，主要是因为人类在认知、沟通、动作、社会、情绪等方面的发展过程中，婴幼儿时期往往是极为关键的。

从教育投入和产出来讲，早期干预越早，为完成从出生到 18 岁之间的教育所花费教育成本就越少。许多研究也表明，曾接受过早期干预的特殊婴幼儿，在学校里能得到较高的成就和测验分数，也较能被学校接纳，他们成年后更加独立，接受社会补助和津贴更少，在社会上较少表现出懈怠和违反法律的行为。

近年来，国际社会非常关注特殊幼儿的早期教育问题。联合国教科文组织在 2000 年塞内加尔发表的《达喀尔行动纲领》中呼吁各国政府要加强对幼儿的关注和教育，指出儿童的早期教育是全民教育不可分割的基础部分，要扩大并改善幼儿，特别是处于不利地位幼儿的保育和教育。《国家中长期教育改革和发展规划纲要（2010—2020 年）》中也指出，要"因地制宜发展残疾儿童学前教育"。让特殊儿童在同一片蓝天下共同成长，是全社会义不容辞的责任。

视力残疾幼儿由于缺乏视觉刺激，失去了早期探索外部世界的机会，从出生后就处于劣势，随着视觉在婴幼儿运动中的凸显作用，他们与普通幼儿在运动、体格、语言、认知方面的差距逐渐加大。而他们的父母往往由于自身能力的制约，无法提供其所需要的教育和训练，从而使他们的发展受到极大的限制。只有专业人士或在其指导下才能为这些婴幼儿的健康成长提供必要的教育与训练，如若未能采取任何干预和教育补救措施，完全依靠他们自身自然成长，极有可能使其成年后产生不良习惯或习癖，从而导致第二种障碍的产生。因此，应积极开展视力残疾幼儿早期教育，切实保障他们接受早期教育的权利。

在我国，6 岁以下的视力残疾幼儿教育属于非义务教育阶段，因而起步较晚，发展缓慢。依据教育形式的不同，国内 0~6 岁视力残疾幼儿早期干预和教育分为 0~3 岁和 4~6 岁两个阶段。我国 4~6 岁视力残疾幼儿的学前教育有两种主要安置形式，一种是在盲校或其他特殊教育学校开设学前教育班，根据视力残疾幼儿的人数和年龄情况设立学前大班、小班等；另一种是将视力残疾幼儿安置在普通幼儿园，与普通幼儿共同学习、游戏，盲校学前教育教师可以定期到普通幼儿园提供咨询和指导。从理论上讲，只要能提供所需的条件和支持，"没有不适合正常环境的孩子"，但就我国教育的国情和普通幼儿园的现实条件来看，并不是所有视力残疾幼儿，特别是多重残疾幼儿都适宜进入普通幼儿园学习。

因此，盲校开展幼儿学前教育实践与研究，是迫切需要且切实可行的。2001 年美国希尔顿基金会通过柏金斯盲校与中央教育科学研究所（现中国教育科学研究院）合作，资助中国盲校开展"4~6 岁视力残疾幼儿的早期教育"，其中广州市启明学校就是首批开展项目实验的学校之一。

广州市启明学校原名广州市盲人学校，创办于 1889 年，是全国第二所最早有盲童教育历史的盲校。2000 年 9 月学校正式开办幼儿部，是国内继上海市盲童学校之后第二家开办视障儿童学前教育的盲校。经过多年的实践，广州市启明学校的学前教育设立了遵循视力残疾幼儿身心发展规律的特殊教育课程，课程设置兼具儿童的心理发展特点和鲜明的特殊教育特色，并与普通幼儿园课程纲要的课程目标要求基本一致。

近年来，不论是国家法律层面还是各级教育行政管理层面，都在推动特殊教育的快速发展。越来越多的盲校或其他特殊教育学校开始意识到视力残疾幼儿早期教育的重要性和迫切性，并尝试努力把学前教育纳入学校的办学体系之中，而国内视力残疾儿童的学前教育也有了一定的发展，进行了许多有益的探索和实践研究。我很欣喜地看到，广州市启明学校幼儿部教师不仅二十年如一日积极投身于视力残疾幼儿学前教育实践中，还认真参加美国希尔顿国际中国项目"盲学前儿童和盲兼有其他残疾的儿童教育"的培训，不断提升专业技能，撰写了大量的教学课堂实录、教学反思，并能将理论结合实践研究，撰写了高质量的个案、活动案例和论文等，最终将以上成果结集成书。相信书中文章和活动案例等能为国内其他盲校的学前教育实践研究带来许多思考和启发。

盲校学前教育事关视力残疾儿童的健康成长，是促进他们终身发展的奠基工程，现代社会已经并正在继续努力为残疾儿童创造越来越好的成长环境，我们应该加快步伐，积极探索，切实有效地开展视力残疾儿童的早期教育。让我们从科学的理念中，从先行者的实践经验中开阔视野，获得滋养，进一步开拓创新，共同为残疾儿童提供最适宜的早期教育而努力，让他们共享同一片蓝天下的阳光！

彭霞光

2021 年 1 月

（彭霞光，中国教育学会特殊教育分会副理事长，中国教育科学研究院副研究员。曾任国际视障协会东亚地区主席/副主席。主要研究领域：特殊教育政策、全纳教育/随班就读、视觉障碍儿童教育等。曾参与《残疾人教育条例》修订及数项国家特殊教育政策的研制。提交或联合提交的提案曾分别获得李克强总理等批示及民进中央办公厅参政议政一等奖。）

前　言

　　学前期是每个儿童一生中接受教育的起始奠基阶段，儿童在此期间逐渐形成对人、事、物，以及世界的基本看法与情感，从而奠定他们的个性和人格的发展基础。学前教育对残疾儿童的智力发展、行为矫正、康复训练、社会适应和健全人格的培养等都具有重要的作用。

　　视力残疾儿童只有接受了高质量的教育才能真正平等地融入社会，而学前教育对他们一生的发展都将是受益匪浅和至关重要的。许多研究发现，失明对儿童的发展有一定的消极影响。如果一个儿童自幼失明，至少可能会带来感知觉和认知发展的不足，假如其又在0～6岁生理、心理发展的关键期，没有及时获得感知觉和认知方面的积极教育与训练，那么很可能会引起他们在认知、情感、运动、社交等方面的发展不足，从而对今后的学习和生活造成不良影响。欧美等国的实践研究经验表明，要使视力残疾儿童身心、认知、个性以及社会化等各方面的发展水平相当或接近普通儿童，就要对他们尽早开展干预与教育训练。

　　在教育教学中我们发现，视力残疾儿童由于部分或全部丧失视觉，不能对物体形成完整的视觉表象，又因未接受过有效的早期教育和康复训练，错失了最佳的教育时机，无法适应盲校的学习和生活，难以顺利接受学校教育。比起健全儿童，他们有更加迫切的获得早期教育的需求，如能及早向他们提供适宜的条件和支持，他们就可以在最佳年龄阶段获得健全的发展，在运动、体格、语言、认知等方面缩小与普通儿童的差距。

　　因此，对视力残疾儿童进行早期教育与康复，就是通过医疗和教育的手段，及早发现他们的视力残疾状况，通过学校、家庭和社区的有效教育和康复训练，尽力帮助他们丰富感知，增进认知，学会技能，获得最大限度的潜能开发，为他们的未来发展奠基。

　　广州市启明学校于2000年9月成立了幼儿部，开展4～6岁视力残疾儿童的学前教育实践研究，开办初始仅有8名幼儿，其后逐年增多，且除视力残疾外，伴有其他残疾（如情绪、语言、智力、肢体等障碍）的多重残疾幼儿也逐年增多，每年在园人数保持在 20～35 人。因为没有统一的国家课程、教材、教法、样本可供参考，视力残疾儿童的学前教育教学实践难度大，教育康复任务艰巨。二十年来在广州市启明学校原校长罗观怀和王莉老师的带领下，学校进行了一系列卓有成效的学前教育和康复训练实践研究，并在环境创设、课程设置、教育模式、教材编写、个案研究、康复训练、师资建设等方面作了许多有益尝试，创建了有广州盲校特色的视力残疾儿童学前教育教学模式。"3 至 6 岁盲童学前教育与训练"课题成功申报广东省教育厅"十一五"重点规划课题研究项目；学校幼儿部先后被评为广东省、广州市巾帼文明岗，多次接待国内外专家、兄弟学校同行的参观、交流与学习；学校以"规模大、师资优、质量好"成为全国视力残疾儿童的学前教育示范实验基地。

这本书是面向视力残疾儿童的学前教育和早期康复机构人员编写的教学参考用书，也适合视力残疾儿童的家长阅读学习。本书由广州市启明学校多位一线优秀学前教育教师在总结和吸取多年教学经验的基础上，在认真参加学习培训、汲取国内外视障学前教育和康复理论知识和实践研究中，在博采众长，融入各自独特的教学思想和丰富的实践经验中编写而成。在本书的编写过程中，编写组成员满怀对视力残疾儿童学前教育事业的热爱和坚守，克服了工作紧张、任务繁重等困难，将多年教学经验提炼总结，精选共计 35 篇教学论文、187 个教学活动案例结集成书，为我国视障学前教育实践研究提供了宝贵的一线教学指导和经验借鉴。

本书共分为"课程设置""技能训练""个案研究"和"实践活动"四个部分，其中前三个部分内容的呈现形式主要是教学论文和个案研究等，第四部分"实践活动"是各领域教学活动案例结集，分为"语言活动""数学活动""盲文前技能""体育活动""定向行走活动""美工活动""音乐活动""生活活动"和"感觉统合活动"，便于从事视力残疾儿童学前教育和康复的人员能够管中窥豹，从多个角度去了解并借鉴广州市启明学校的学前教育实践研究经验，解决视力残疾儿童学前教育实践中可能出现的实际问题，以推动国内盲校学前教育的快速发展，让更多的视力残疾儿童受益，享受到高质量的早期教育与干预服务，从而为今后的学校教育和身心健康发展夯实基础。

本书由广东省特级教师、广东省名教师工作室主持人（特殊教育）、广州市名教师工作室主持人王莉老师担任主编，中国教育科学研究院彭霞光副研究员审阅并作序。参加本书第四部分"实践活动"内容编写工作的有：谭间心（语言活动）、牛秀玲（数学活动）、陈丽红（数学活动）、叶宇鹏（体育活动）、陈丽红（定向行走活动）、李敏华（美工活动）、苏乐怡（音乐活动）、周海云（生活活动）、曾水英（感觉统合活动）。全书由王莉统稿，张巧颖、刘怡冰、陈婷协助审校书稿。

此外，我们特别致谢中国教育学会特殊教育分会副理事长、中国教育科学研究院（原中央教育科学研究所）副研究员彭霞光及其主持的美国希尔顿国际中国项目"盲学前儿童和盲兼有其他残疾的儿童教育"，该项目组分别于2001年和2003年资助部分学前教育教师前往美国柏金斯盲校和波士顿大学教育学院进修学习，这为本书的编写提供了非常重要的专业支持。同时衷心感谢项目组美国专家迈克尔·柯林斯（Michael T. Collins）、玛丽安·瑞吉尔（Marianne Riggio）、柯克·荷顿（Kirk Hirton）、黛比·格里森（Debroah Gleason）、丽萨·杰各布思（Lisa Jacobs）和哲菲尔·巴库斯（Cafer Barkus）等对本书编写工作的支持和鼓励。

由于编者水平有限，时间仓促，错误疏漏之处在所难免，敬请广大读者和专家批评指正。

编 者

2021 年 1 月

目 录
CONTENTS

第三部分　个案研究

第四部分　实践活动

第一部分

课程设置

视障儿童学前教育的课程开发与实践调查研究

——以广州市启明学校为例

王　莉①

　　我国视障儿童的学前教育实践和研究尚处于起步阶段，还存在不少问题，例如：①整个社会对学前视障儿童的教育缺乏正确认识，不管是幼儿园教师、普通幼儿的家长，还是视障儿童的家长都没有形成正确的残疾观和教育观；②学前视障儿童的教育课程资源有限，能够接受学前教育的视障儿童不到三分之一，不仅如此，视障多重儿童日益增多，他们的教育康复状况更令人担忧；③学前视障儿童教育的师资水平参差不齐，专业化程度不高，普通幼儿园教师和特殊教育教师缺乏必要的职前和职后培训；④社会的支持保障体系缺乏，残疾儿童的学前教育政策落实有待加大力度。

　　由于国家没有颁布统一的学前视障儿童教育课程计划或标准，内地也没有可借鉴的课程标准范本，在各地盲校已开设的视障儿童学前班中，教育训练内容或是参照普通幼儿园的教育课程，或是参照国外以及我国港台等地学前视障儿童教育的经验，或是各自在教学实践中进行探索和研究。其水平高低不齐，各地盲校的学前教育也没有形成科学、规范、系统的课程组织，课程内容比较分散。因此，盲校学前教育课程开发的研究显得非常有必要。美国学者罗伯特·特拉弗说："教育研究的中心点无疑应在课程领域内。"课程作为教育的核心，集中、具体地体现了教育目的、教育内容、教育方法、教育手段、教育形式及教育评价等教育现象中最本质的内容。因此，本文主要以个案研究的质化研究方式为主，辅以量的研究，通过文献资料搜集、问卷调查、个案学校实地观察、访谈、文本分析等方法，以广州市启明学校学前教育为例，从课程开发的理论依据、课程目标的确定、课程设置情况及各类课程目标与任务、课程实施效果与反思等方面进行研究，期望可以为各盲校的学前教育课程开发提供样板和参考，以促进全国盲校学前教育课程体系的不断发展和完善。

---

　　①　王莉，中学高级教师，硕士研究生。研究方向：盲校英语教学、视障教育、学前教育、多重残疾儿童教育。

一、启明学校的学前教育发展简况

广州市启明学校原名广州市盲人学校，复办于 1989 年，是全国第二所最早有盲童教育历史的盲校。目前学校有教学班 24 个，学生 298 人，在编教职工 96 人，开设有学前部、小学部、初中部、职高部，形成了集学前教育、义务教育、职业教育一条龙的办学模式，是目前国内学生人数最多、办学体系比较完善、设施设备比较先进、教师专业水平较高的盲校。

学校 2000 年 9 月正式开办幼儿部，是继上海市盲童学校之后全国第二家开办视障儿童学前教育的盲校。幼儿部 2000 年开始招收视障幼儿，共 8 人，仅一个大班，2001 年招收了 17 名幼儿，分了大班和小班，其中有一个班的孩子是视力正常的孩子，2002 年至 2005 年幼儿部每年都招收了 20 多名视障幼儿，其中视障多重幼儿的占比在 15%～20%，并把视障多重幼儿单独编班，2006 年招生人数达到 29 人，分为两个大班，一个中班和一个特训班，截至 2016 年 9 月，幼儿部的班数增至 4 个。2013 年至 2016 年，由于全国各地盲校或残联的康复机构陆续开办了学前班或幼儿园，学校幼儿部的招生人数开始下降，但视障多重幼儿的比例在不断攀升，如 2013 年占比 50%，2014 年占比 54.50%，2015 年占比 52.10%，2016 年占比达 61.90%，由于多重残疾幼儿太多，幼儿部的班制在 2016 年 9 月调整为幼儿班 1 个，特训班 3 个。学校幼儿部的学制在 2001 年至 2006 年的早期发展阶段有比较明显的大班、中班和小班的三年制，但从 2007 年至 2015 年实际上是两年制的学前班。幼儿部招生情况、班别、学制的变化，伴随着学前视障儿童个体差异情况的极大变化，课程设置和开发也随之不断地调整和改革。

二、课程开发的理论依据

（一）儿童教育发展心理学理论

彭霞光说："视力残疾儿童虽然由于视觉的损伤给其成长发育和心理发展带来一定的消极影响，但其发展的历程也应同正常儿童一样遵循着相同的规律，因此有关正常儿童心理发展的理论，原则上对视力残疾儿童也应适用。"哲学家洛克、心理学家斯金纳和班杜纳的行为主义理论认为行为习惯的教育和训练应成为幼儿学习的基本内容（李兰生，2006），由于视觉缺陷，教育者需设计简便且行之有效的生活训练课程，帮助视障儿童掌握独立生活技能以及养成与社会行为、社会常规相适应的行为习惯和准则。皮亚杰的社会建构理论和维果茨基的最近发展区理论认为对学前儿童教育课程的设计应在儿童最近发展区的独立行为水平和帮助行为水平之间（李兰生，2006），因此教育者需按照视障儿童的个体差异提供不同的"鹰架教学"，让视障儿童的学习更加主动，不断减少需要帮助的行为，直到独立掌握学前知识和技能，初步适应社会生活。

因此，在学前视障儿童教育课程设计中，教育者要以综合性主题活动课程为依托，充分挖掘视障儿童的潜能，尽可能多地给视障儿童以自信心、自主性和创造性的机会，让他们全面充分地、无障碍地融入社会生活的方方面面。

（二）缺陷补偿理论

法国生物学家拉马克的研究表明，"任何器官的比较频繁的持续使用会逐渐增强这个器官功能，使它发达起来；相反地，任何器官的经常不用，会逐渐使它衰弱，能力愈来愈低，最后引起它的消失（茅于燕，1990）。"王雁（2000）认为：神经学家无数研究显示，在发育某一时期，局部细胞缺失可由临近细胞代偿，但过了一定敏感期后，缺陷将成为永久性的。由此看来，器官的代偿性越早，效果越好。意大利教育家蒙台梭利是一个经验主义者，她设计的课程和教具材料格外突出系统和多方面的感官训练，她认为感官训练能帮助儿童通过对感觉经验的比较和排序形成敏锐的感觉和观察力。

笔者认为视障儿童尤其需要充分发展触觉、味觉和嗅觉、听觉、运动知觉等来补偿并建立因视觉缺失所带来的对周围世界和事物的体验和探知。而视觉补偿现象较早在视障儿童身上出现，他们在很小的时候就会依靠听觉代替视觉定位。而现代科学技术的不断发展，也促进了视障儿童缺陷补偿水平的大大提高。例如现代科技辅助设备、器材等可以广泛应用于视障儿童的缺陷补偿中。如 CCTV 光学助视器、电子计算机等可以帮助低视力儿童阅读及书写明眼文字，计算机的飞速发展以及各种计算机软件的使用，例如盲人读屏软件、QQ、微信、网络等大大拉近了视障儿童跟世界的距离，他们不断增强社会沟通与社会适应的能力，基本上可以达到与健全儿童比较一致的发展水平。

（三）特殊教育理论

钱志亮（1999）从特殊教育学科的视角提出了"哲学、心理学、社会学、康复学、教育学五大特殊教育理论基础"。卢子洲（1999）则从特殊教育活动的角度探讨了特殊教育培养目标包括"人道主义、科学、经济学等理论基础"。雷江华、方俊明（2011）等人从生物学、发展生态学、心理学和教育学方面探讨了特殊教育理论基础。此外，关于学前视障儿童的教育课程设计理论，徐素琼（2011）等人认为："学前阶段视障儿童的课程编制理论应以当今特殊教育发展的最新理念为支撑，仍然采用泰勒的模式来确定课程编制和应用研究的思路和范围，并且力图通过课程的运用，有效地支持教师的教学和学前阶段视觉障碍儿童的学习、生活。"

笔者认为其关于发展性、功能性与环境生态课程理论对视障儿童的学前教育课程开发也有很大启示：教育者要从儿童的一般发展理论来设计视障儿童的学前教育课程，功能性课程要将各种学习带到日常生活中，要适合视障儿童的障碍类别、年龄层次、能力水平等，同时要认真分析视障儿童的缺陷和不足，并将此作为课程设计的教学实施中的主要内容和教学达成目标。此外还要以适应未来常态生活环境为导向，要将视障儿童置于日常真实、自然的生活环境中，为促进视障儿童的发展而提供适合其教育需求的个别化教育课程。

三、课程目标的设定

学校以"播撒光明，育盲成才"为办学宗旨，立足本校，以人为本，把"发展潜能，健全人格，补偿缺陷，回归主流"作为教育理念。学前教育课程培养目标设定如下：视障儿童学前教育的基本理念是以视障儿童的未来发展为本，满足其对安全与健康、关爱与尊重的基本需要，并提供平等的学习与发展机会。要特别重视加强视障儿童的感官训练、行走与动作姿态的训练、言语训练以及基本生活技能的训练，同时加强医疗预防，及早诊断、治疗与康复，尽力挖掘他们各方面的潜能，增进技能，使视障儿童的身心能够得到最大限度的发展。

四、课程设置的情况

学校学前教育课程开发经历了早期阶段（2000年至2004年）、发展阶段（2005年至2010年）和现阶段（2011年至今），现阶段的课程结构和内容设置情况具体阐述如下。

（一）课程结构

1. 发展性学科课程

发展性学科课程包括语言交际、数前概念、自然科学、音乐、美工、运动、盲文前技能等。

2. 功能性康复课程

功能性康复课程包括定向行走、感觉训练、感统训练、生活自理、娱乐休闲、音乐治疗、自闭症个训等。

3. 整合性主题活动课程

整合性主题活动课程包括幼儿科普知识、常识认知、生活自理、社会交往等。

同时将发展性学科课程、功能性康复课程、整合性主题活动课程统整到以下六个课程领域，涵括 19 个课程科目，如表 1 所示。

表 1　课程类别和课程科目

序号	课程类别	课程科目
领域一	语言与沟通	晨会
		语言交际
		故事阅读
		盲文前技能
领域二	常识与认知	自然科学
		数前概念
		电脑游戏
领域三	运动	体育游戏
		健身活动
		桌上游戏
领域四	艺术	美工
		音乐
领域五	康复	感觉训练
		感统训练
		定向行走
		音乐治疗
		自闭症个训/低视力个训
领域六	生活	生活自理
		娱乐休闲

五、课程实施效果的调查与分析

笔者借鉴了吴扬《盲校学前班课程设置的调查问卷》（教师版），自编《学前视障儿童教育课程开发的调查问卷》，征求有关专家、教师的意见，对问卷进行了多次调整修改，并在正式问卷调查实施前进行了预测。为了更加全面、客观地了解个案盲校学前教育课程设置的情况，设计了"幼儿教师""小学教师"和"学生家长"三个版本的问卷。选取学校的全体幼儿教师、小学一年级至三年级的任课教师、幼儿部和小学部的部分家长作为调查对象，本调查向幼儿部教师发放问卷9份，回收9份，回收率100%，其中，有效问卷9份，有效问卷率100%。向小学部教师发放问卷19份，回收18份，回收率94.74%，其中，有效问卷18份，有效问卷率100%。向幼儿部和小学部家长共发放问卷60份，回收56份，回收率93.33%，其中，有效问卷54份，有效问卷率96.43%如表2所示。

表2　《学前视障儿童教育课程开发的调查问卷》对象汇总表

	幼儿教师	小学教师	家长
问卷发放	9	19	60
回收数量	9	18	56
回收占比	100%	94.74%	93.33%
有效问卷	9	18	54
有效占比	100%	100%	96.43%

笔者主要从课程目标的达成度、课程设置与实施的满意度、课程组织与教学方式、学前教育课程存在的问题等方面做了一些调查数据的汇总和综述。

（一）课程目标的达成度

从调查中，笔者发现若按各项培养目标在三类调查对象占比平均值的高低顺序，生活自理能力（90.73%）的培养排在首位，其次分别是语言与沟通能力（87.63%）、健康的心理和人格发展（71.63%）、行为习惯（77.17%）、定向与行走能力（77.17%）、良好的身体素质（51.87%）、学习兴趣（50.57%）、个性化发展（38.27%）、社会适应能力（27.13%）。可见，幼儿教师、小学教师和家长都期待并看重学前教育对视障儿童生活自理能力的首位培养，排在第二位的语言与沟通能力的培养幼儿教师和小学教师尤其看重，定向与行走能力的培养都是三类调查对象非常关注的培养目标，

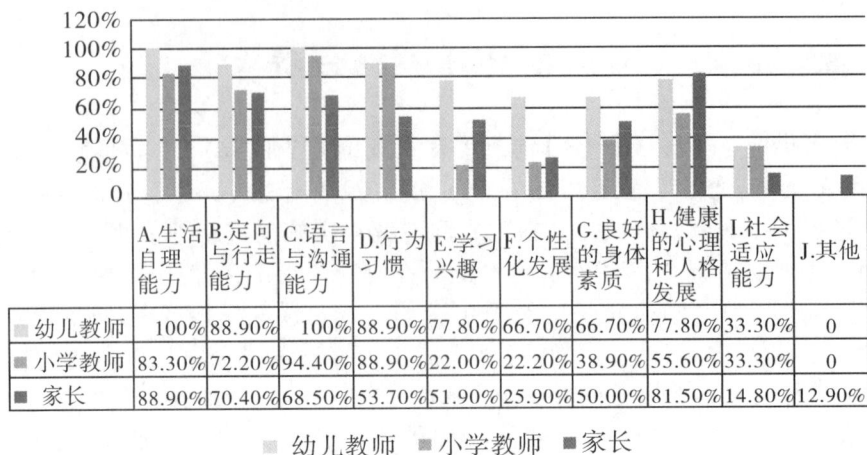

图1 学前教育课程培养目标

	A.生活自理能力	B.定向与行走能力	C.语言与沟通能力	D.行为习惯	E.学习兴趣	F.个性化发展	G.良好的身体素质	H.健康的心理和人格发展	I.社会适应能力	J.其他
幼儿教师	100%	88.90%	100%	88.90%	77.80%	66.70%	66.70%	77.80%	33.30%	0
小学教师	83.30%	72.20%	94.40%	88.90%	22.00%	22.20%	38.90%	55.60%	33.30%	0
家长	88.90%	70.40%	68.50%	53.70%	51.90%	25.90%	50.00%	81.50%	14.80%	12.90%

大家一致认为由于视觉缺陷导致视障儿童的定向与行走能力的培养必须从学前阶段就开始，三类调查对象中的一半都认同学前阶段还应培养视障儿童良好的身体素质和学习兴趣，只有66.70%的幼儿教师认为学前教育还应注重孩子的个性化发展，但小学教师和家长对此的认同率较低，仅分别占22.20%和25.90%。出乎意外的是，三类调查对象对视障儿童的培养目标之一的社会适应能力都未能给予足够的关注和重视，均值占比仅27.13%。此外还有12.90%的家长认为学前阶段的培养目标之一应是盲文学习，理由是担心孩子上了小学跟不上，最好幼儿园阶段就提前学。

（二）课程设置与实施的满意度

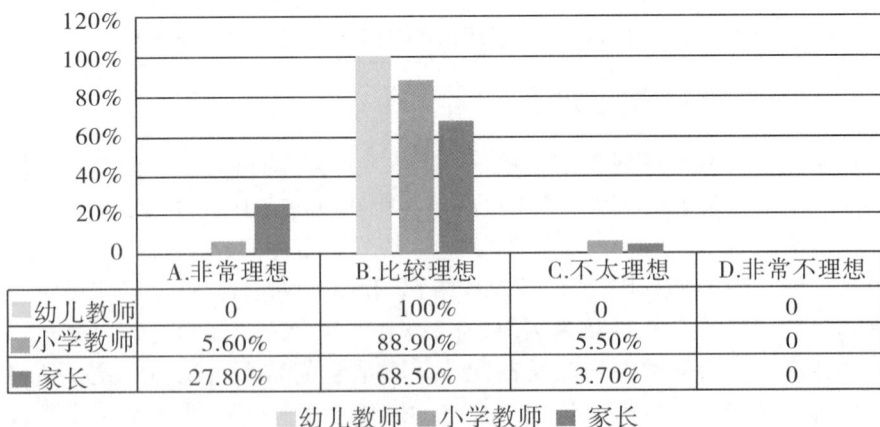

图2 三类调查对象对课程设置的看法

	A.非常理想	B.比较理想	C.不太理想	D.非常不理想
幼儿教师	0	100%	0	0
小学教师	5.60%	88.90%	5.50%	0
家长	27.80%	68.50%	3.70%	0

在课程设置的满意度调查方面，100%的幼儿教师认为课程设置"比较理想"；小学教师方面，其中5.60%认为课程设置"非常理想"，88.90%认为"比较理想"，5.50%认为"不太理想"；家长方面，其中27.80%认为课程设置"非常理想"，68.50%认为"比较理想"，3.70%认为"不太理想"。可见，幼儿教师、小学教师和家长都认为学前课程设置比较理想。

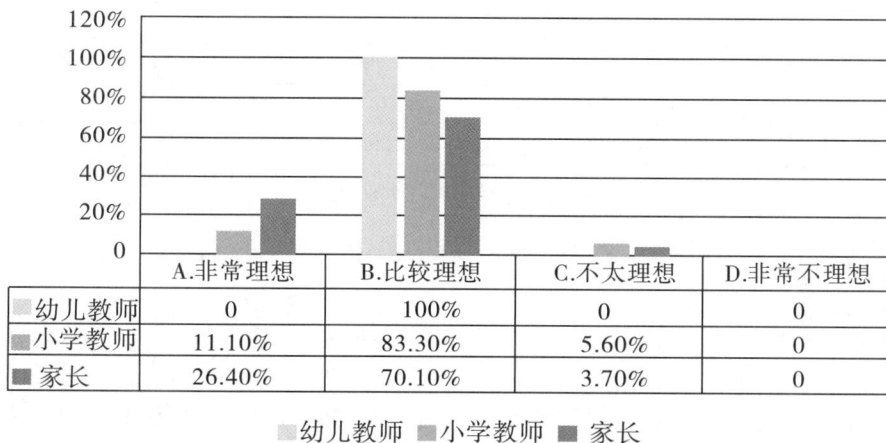

	A.非常理想	B.比较理想	C.不太理想	D.非常不理想
幼儿教师	0	100%	0	0
小学教师	11.10%	83.30%	5.60%	0
家长	26.40%	70.10%	3.70%	0

幼儿教师　小学教师　家长

图3　三类调查对象对课程实施的看法

在课程实施的满意度调查方面，100%的幼儿教师认为课程实施"比较理想"；小学教师方面，其中11.10%认为课程实施"非常理想"，83.30%认为"比较理想"，5.60%认为"不太理想"；家长方面，其中26.40%认为课程设置"非常理想"，70.10%认为"比较理想"，3.70%认为"不太理想"。

（三）课程组织与教学方式

笔者就课程组织与教学方式设计了"注重个别化教学""注重缺陷补偿原则""以适应社会为导向""注重实物、自然情境教学"等问题分别提问了三类调查对象。

从调查来看，在教学方式方面，幼儿教师100%赞同应"注重个别化教学"和"注重缺陷补偿原则"，88.90%赞同教学方式要"以适应社会为导向"，要"注重实物、自然情境教学"，同时还有个别教师认为教学还要"注重生活化"。小学教师中的94.40%认为教学应"注重缺陷补偿原则"和"注重实物、自然情境教学"，同样也以较高（72.20%）的比例认为应"注重个别化教学"，认同"以适应社会为导向"的占比为55.60%。家长方面，59.30%认为教学应"注重缺陷补偿原则"，59.20%认为应"以适应社会为导向"，"注重个别化教学"和"注重实物、自然情境教学"则分别占比

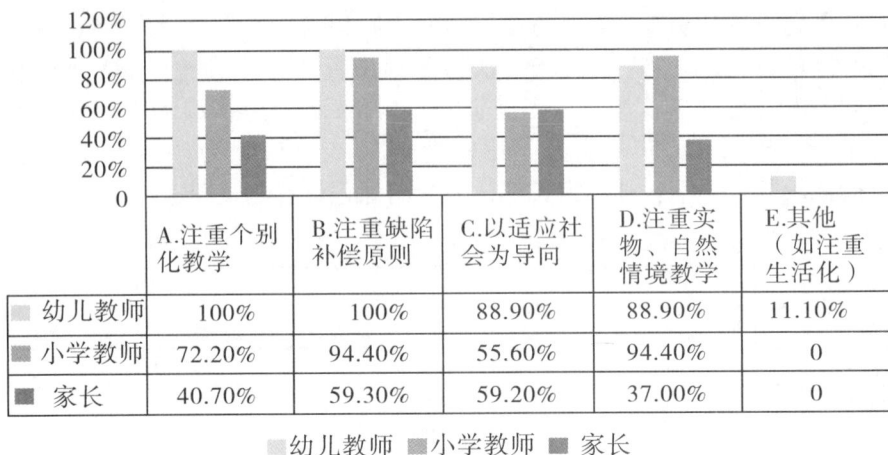

	A.注重个别化教学	B.注重缺陷补偿原则	C.以适应社会为导向	D.注重实物、自然情境教学	E.其他（如注重生活化）
幼儿教师	100%	100%	88.90%	88.90%	11.10%
小学教师	72.20%	94.40%	55.60%	94.40%	0
家长	40.70%	59.30%	59.20%	37.00%	0

幼儿教师　小学教师　家长

图4　三类调查对象对课程组织与教学方式的看法

40.70% 和 37.00%。可见，三类调查人员都比较认同教学应"注重缺陷补偿原则"和"以适应社会为导向"，这与教学对象的身心特点相吻合。另外，作为教学一线的教师，幼儿教师和小学教师都比较认同教学"应注重个别化教学"和"注重实物、自然情境教学"，而这些观点都与国际国内特殊教育越来越趋向个别化、生态化的教育理念相吻合，说明教师的特殊教育教学观念是在不断更新、与时俱进的。

（四）学前教育课程存在的问题

为了能够更加直观地反映个案学校学前教育课程的问题和不足，笔者将可能存在的问题梳理成以下几个方面：①培养目标不够清晰；②课程内容倾向小学化；③没有体现视障儿童的特点；④课时分配不合理；⑤课程结构不合理；⑥缺乏核心的、统一的、规范化的课程纲要指导；⑦幼小课程衔接不够紧密；⑧其他等。幼儿教师、小学教师和家长这三类调查对象对上述罗列的问题都有各自不同、比较分散的看法，每一个可能存在的问题都有勾选。这都有助于研究者对存在问题进行认真、深入、细致的思考，并将在建议和对策中针对存在问题的罗列和梳理提出合理化、符合现阶段的课程设置建议。

从调查中，笔者发现 66.70% 的幼儿教师和 33.30% 的小学教师认为学前教育"缺乏核心的、统一的、规范化的课程纲要指导"，这是存在问题中教师们最为关注的问题，其中 33.30% 的幼儿教师认为"课程内容倾向小学化""课时分配不合理"，22.20% 的幼儿教师认为课程"培养目标不够清晰""没有体现视障儿童的特点""幼小课程衔接不够紧密"，33.30% 的小学教师认为"幼小课程衔接不够紧密"，可见小学教师更关注幼小课程的衔接，还有个别

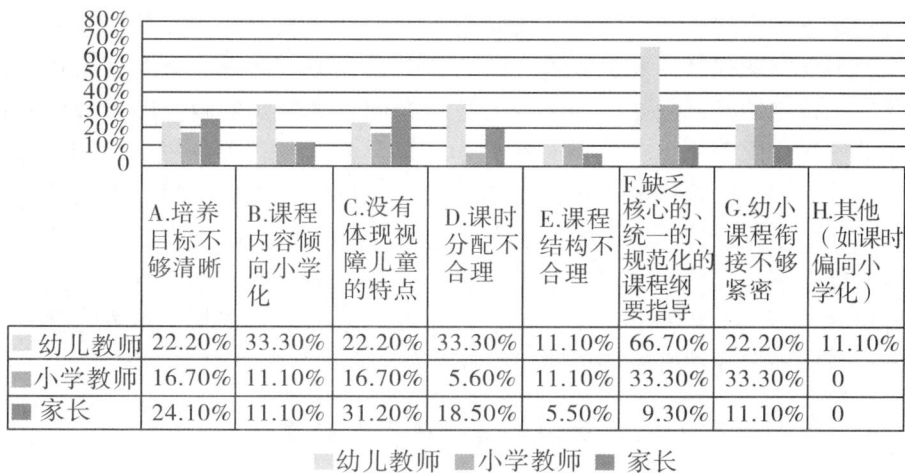

	A.培养目标不够清晰	B.课程内容倾向小学化	C.没有体现视障儿童的特点	D.课时分配不合理	E.课程结构不合理	F.缺乏核心的、统一的、规范化的课程纲要指导	G.幼小课程衔接不够紧密	H.其他（如课时偏向小学化）
幼儿教师	22.20%	33.30%	22.20%	33.30%	11.10%	66.70%	22.20%	11.10%
小学教师	16.70%	11.10%	16.70%	5.60%	11.10%	33.30%	33.30%	0
家长	24.10%	11.10%	31.20%	18.50%	5.50%	9.30%	11.10%	0

幼儿教师 小学教师 家长

图5 学前教育课程存在的问题

幼儿教师认为"课程结构不合理""其他如课时偏向小学化"等；家长最关注的问题则是课程"没有体现视障儿童的特点"，占比31.20%，其次是占比24.10%的"培养目标不够清晰"、18.50%的"课时分配不合理"、11.10%的"课程内容倾向小学化"和"幼小课程衔接不够紧密"。T老师说："现在重度语言障碍的个案越来越多，表现为单纯性没有语言，只有语音、不开口说话等，这样的个案越来越多，建议适当引进医教结合的模式。"Y老师说："本人在课程教学中遇到的教学问题共有三个方面：①教学理念、方法、手段比较落后，如现在最先进的科技与体育教学的融合不够；②适合视障儿童的教学器材、场地缺少，如游泳课程，现今的教学环境不足以满足教学的需要；③个别视障儿童的情绪问题、参与程度等是在教学中较严重的问题，如个别触觉敏感的孩子对沙土十分抗拒等。"

笔者认为，幼儿部的教育课程就目前学校给予的人员安排而制定课程架构、课程内容、课时安排等对智力正常的视障儿童来说还不算大问题，但对多重残疾的视障儿童来说有一定的影响，特别是自闭症的视障儿童，来到幼儿园马上要接触太多的陌生教师，不利于他们适应幼儿园的学习和生活。未来可借鉴普通幼儿园进行课程整合、人员整合安排等。

六、课程开发与实践中存在问题与思考

（一）个别课程落实和实施不到位

启明学校的学前教育遵循了视障儿童身心发展规律的特殊教育课程，课

程设置兼具儿童的心理发展特点又具有鲜明的特殊教育特色，并与普通幼儿园课程纲要的课程目标要求基本一致。但是在课程实施中也有个别课程并没有落实到位的情况，比如电脑游戏，笔者在课堂观摩及资料查阅过程中发现既没有安排到课程表上，也没有在教学计划、教案及教师反思中见到，而幼儿部也没有相关电脑或电子产品如学习机之类的硬件设施。另外，关于音乐治疗方面，幼儿部教师自身并没有参加过系统的、科学的音乐治疗等相关知识和技能培训，因此，虽然音乐治疗排上了课程表，但限于自身能力其实课程开展并不专业。在教学观摩中，笔者发现 S 老师是根据教学对象尤其是多重障碍盲童的情况把音乐治疗课程内容融合到音乐教学当中去。

（二）缺乏核心的、规范的课程纲要和标准

在课程与教学的安排方面，笔者发现幼儿教师有较大的自主权，每学期幼儿部园长 S 老师与老师们讨论每月主题安排，各任课教师一方面都在各自的教学计划中体现主题，另一方面对各自学科或领域内的课程和康复训练等有各自的教学计划和安排，教学内容也完全由老师们自主参照普通幼儿园课程或教材内容进行，或者自编活动教材进行，例如，感觉统合活动课和盲文准备技能课。然而，老师们都希望学校或幼儿部能制定核心的、比较规范的课程纲要和标准，以便让学前教育教学更加系统化、科学化和规范化。

（三）生活化、游戏化、社会实践化的教育课程较少

笔者发现，幼儿教师在实施自己任课的各类课程与教学时，虽然已经采用了相当多的游戏教学手段和方法，但由于课时分配和课程表的教学内容安排显得偏向小学化，游戏化的课程显得比较分散和割裂，导致幼儿部几乎所有活动都是教师主导，幼儿自主选择游戏活动的机会和时间极少。因此如何整合幼儿部的教育课程，如何让教育课程在现有的条件下更加生活化、游戏化和社会实践化就有待于进一步的课程整合设置和安排。因此，笔者认为幼儿部的学前教育课程在综合性的活动课程建设方面可以开阔思路，探讨更完善的视障教育课程。如综合性课程与特色课程结合，儿童认知发展与学科课堂活动相结合。此外，要关注特殊儿童的发展特点，除了关注视障儿童的核心素养方面，还需要重点关注他们身体素质的提高，重视相应的活动课程。

（四）幼儿教师的相关课程培训较少，亟须提高专业水平和能力

启明学校学前教育的整体师资水平较高，发展早期阶段学校很重视教师队伍的建设，先后选送教师参加了一些项目组的课程培训，对幼儿部的课程建设起到了重要的推动作用，但笔者在梳理幼儿教师访谈汇总中发现：一是

近年来随着课题项目的结束，此类课程培训基本没有了；二是幼儿教师参加普通幼儿园的课程培训较少，教师的继续教育课程进修中关于特殊儿童的学前教育与课程培训的内容也几乎没有；三是幼儿部与国内盲校或其他机构学前班、普通幼儿园等教学教研交流的机会很少，关于课程建设与课程设置方面的研讨交流活动也几乎没有。

笔者认为，幼儿教师一方面需要学习普通幼儿园的课程设计和开发，另一方面也需要不断提高专业化的特殊儿童学前教育教学水平和能力。但如何"走出去，请进来"，如何凭借课程建设的推动和变革，进而调整和改进个案学前教育整体性的课程设置，以因应时代潮流的变迁和视障儿童身心发展的需要，给他们提供优质的早期教育服务呢？这是一个值得盲校及幼儿教师思考并亟待解决的重要问题之一。

（五）幼小衔接教育和家园共育需要提高成效

从调查和访谈中，笔者发现小学教师对学前教育课程设置了解较少，基本不太了解学校学前教育的课程设置，如具体开设了哪些课程，课时分配，教师的课堂教学研讨和观摩也极少参与，幼小衔接教育课程设置的参与几乎没有，小学教师认为需要进一步提高幼小衔接教育成效。在幼儿部人手紧缺的情况下，幼儿家长进入课堂的确在一定程度上担当了课堂助教的角色，并协助任课教师积极辅导自家的孩子参与课堂教学，同时也较好地促进了亲子之间的互动，幼儿与家长之间关系变得更加紧密，教师和家长也可以随时因应孩子的表现或存在问题及时反馈和沟通，有效提高了家园共育的成效。但是，家长进入课堂容易造成幼儿对家长的依赖，有时候不利于教学，家长进入课堂担任助教是需要深思的问题，除非是多重残疾的幼儿，比较多的家长对视障幼儿的家庭教育方式方法存在认识误区。针对家园共育，学校的确需要通过专家讲座、座谈交流、观摩研讨等多种方式提高家长的亲子教育质量和水平。

七、课程开发的建议和对策

（一）课程培养目标需兼顾视障幼儿身心发展的特殊性

《国家中长期教育改革和发展规划纲要（2010—2020）》中指出：幼儿园应为幼儿提供健康、丰富的生活和活动环境，满足他们多方面发展的需要，使他们在快乐的童年生活中获得有益于身心发展的经验。应尊重幼儿的人格和权利，尊重幼儿身心发展的规律和学习特点，以游戏为基本活动，保教并重，关注个别差异，促进每个幼儿富有个性的发展。对于没有接受过良好学前教育的视障儿童，往往可能比同年龄的普通儿童心理发展迟缓两至四年。因此，考虑到视障儿童身心发展的普遍性和特殊性，笔者建议：①通过各类整合教育活动，培养视障儿童自立、自强精神，初步融入社会；②通过特殊课程和功能性康复课程，为视障儿童的独立生活能力奠定基础；③通过一般性发展课程，培养视障儿童良好的学习和行为习惯。最终凭借优质的学前教育课程服务，引导视障儿童以自立、自强的生活态度初步融入社会；培养视障儿童初步的生活能力，养成良好的生活及行为习惯；激发视障儿童的学习兴趣，养成良好的学习习惯，使他们保持对世界强烈的好奇心和求知探索欲望，通过教育和康复手段充分促进学前视障儿童的身心健康发展，为儿童终身学习与发展奠定基础。

（二）课程设置的整体结构和内容

学前儿童身心发展的整体性要求整体性教育，整体性教育必须有整体性课程内容来支持。① 对于没有接受过良好学前教育的视障儿童，往往比同年龄的普通儿童心理发展迟缓二至四年。考虑到视障儿童身心发展的普遍性和特殊性，在个案盲校原有学前教育课程设置的基础上，笔者建议今后幼儿部的课程设置应该要在参考普通幼儿园课程体系的基础上首先开设涵括五大领域的一般课程，同时增加适合视障儿童身心发展的特殊课程和因应个体差异需要的功能性康复课程三大类课程。具体如表3所示：

表3　课程计划表

课程	一般课程				特殊课程				功能性康复课程						
类别	涵括五大领域的发展性课程				身心发展特殊需要课程				个体差异与缺陷补偿课程						
名称	语言、沟通和社会交往	计算、自然科学与常识	运动	艺术	定向行走	感知觉	生活自理与休闲娱乐	盲文学习准备	自闭症训练	视功能训练	言语治疗	物理治疗	艺术治疗	情绪与行为问题矫正	工作法治疗

---

① 石筠弢. 学前教育课程论 ［M］. 北京：北京师范大学出版社，1996.

1. 各类课程目标和任务

（1）一般课程。

课程一：语言、沟通和社会交往。

目标：①对于单一视障儿童要让其学会使用言语方式较好地理解、表达日常学习和生活需要；②对于没有言语表达能力的视障儿童要让其学会多使用触摸、表情、手势、肢体语言、实物、图片等非言语方式进行有效的沟通和交流；③逐步发展学前视障儿童的社会交往能力。

内容：听说、谈话、故事、诗歌、游戏等。

实施要点：①语言的呈现必须对幼儿的日常生活有意义，简洁明了，但不是婴儿用语；②在真实的场景中不断鼓励幼儿多进行有意义的对话和交流；③聆听孩子说话，必要时才予以纠正，在每项教育活动、游戏或自然场景中鼓励孩子使用有效的语言进行沟通和交往；④尽可能给予视障儿童与他人交流的机会，尽可能地策划一些有意义的、能够让孩子们在社区中进行自由交往的活动。

课程二：计算、自然科学与常识。

目标：初步学习并掌握早期认知概念；初步学习并掌握学科前知识。

内容：①数的基本概念、简单加减法、物体称量、金钱的价值和用途；②归因概念，如匹配、整理、分类等；③身体器官的名称、身体空间、位置概念（左、右、前、后、上、下）等；④时间（白天、夜晚、大概的时刻、日期）等；⑤对事物的认知（大小、形状、声音、色彩、质地、比较特征、功能、恒久性等）；⑥事物的因果关系等。

实施要点：①按"口头数数、给物数数、按数取物、掌握数的概念"的顺序进行简单的数的认识，之后是简单的图形、钱币、长度和重量单位的认识；②先从认识自己的身体、家庭、学校和身边的人等开始，再认识简单的自然现象、动植物、食品以及交通工具等，丰富幼儿的社会生活经验；③事物的探索、认知和因果关系等需遵循其认识发展规律，并根据视障儿童的身心特点，建立起早期认知以及空间、时间关系等概念。

课程三：运动。

目标：①让学前视障儿童具备健康的体魄；②初步掌握一定的手指精细动作技能。

内容：大肌肉运动（体育活动、健身运动）；小肌肉运动（手指精细技能运动）。

实施要点：①大肌肉运动主要训练全身肌肉的运动、协调能力，包括走、跑、蹲、跳、爬等促进身体各关节灵活运动，协调、平衡能力以及手部大肌肉的训练；②小肌肉运动最重要的是训练手指的灵活性，同时也包括手部肌肉的整体协调，如肩膀、手臂、手腕与手指等部位。

课程四：艺术。

目标：丰富幼儿的情感，培养初步的感受美、表现美的情趣和能力；让幼儿积极参与艺术活动，愿意自由地表现和表达自己的所思、所想和所感；帮助幼儿掌握一些基本的艺术技能和方法；让幼儿学会通过艺术活动，初步感受并喜爱生活和艺术中的美。

（2）特殊课程。

课程一：定向行走。

目标：①建立与定向行走有关的身体部位、动作行为、方向方位、空间、时间、路形、路况等正确的基本概念，为定向与行走奠定必备的基础；②提高视障儿童的感知觉能力，让他们学会使用各种感觉器官综合收集到的信息线索确定自己在环境中所处的方位，判断行进的方向；③初步学会独立行走能力，在室内、学校和家庭社区等环境中能自然、有效行走；④掌握简单的集体行走方法，在行走中学会灵活运用简单的自我保护方法。

内容：①空间方位概念的认知，周围环境的认知，如关于楼梯、地板、窗户、房间、门、边、直、斜坡、拐角等认知；②感知觉训练，如触觉、听觉、嗅觉、肌肉记忆动觉等技能训练，物体的硬、软、光滑、粗糙以及热、冷、温、凉、潮湿、干燥等认知概念；③导盲随行、沿物慢行、前盲杖应用、校外行走、大群体平路行走路线训练等行走训练。

实施要点：定向行走能力主要依赖视障儿童本身的感知运动和认知能力、定向行走的环境特点、定向行走活动的复杂程度等因素，课程实施需要围绕这几个方面进行。

课程二：感知觉。

目标：感知觉能力得到锻炼和提高，提高缺陷补偿水平。

内容：感知觉训练及统合活动等。

实施要点：进行感知觉统合活动前需要先对幼儿进行专业的感觉统合测评，之后设计有针对性的训练课程和生动的游戏活动，借助特殊、专业的感觉统合器械，帮助视障儿童调整脑神经与身体的整体配合，促进身体协调能力的综合发展。

课程三：生活自理与休闲娱乐。

目标：①让学前视障儿童懂得一些简单的卫生健康以及疾病预防等常识；②初步培养学前视障儿童的独立生活能力，建立生活常规，学会生活自理；③初步培养视障儿童的自主休闲与娱乐的能力，懂得自我愉悦，培养自主精神和自我意识。

内容和实施要点：①饮食洗漱、卫生疾病预防等常识；②自选游戏玩玩具、唱歌、跳舞、听故事、参与娱乐活动、收听广播、使用操作一些简单的健身器材等；③让视障儿童在真实场景中体验并进行生活自理技能的训练；④让视障儿童积极主动地参与各项生活技能的训练或休闲娱乐活动游戏等。

课程四：盲文学习准备。

目标：初步认识盲文点字及养成初步盲文阅读学习习惯。

内容与实施要点：第一，盲文摸读的前提准备：创设盲文点字环境、方位概念知识、触摸辨别能力、手指灵巧和手部运动。①创设盲文点字环境：幼儿接触的物品、玩具贴上盲文名字标签；②方位概念知识：左、右、上、下、前、后、左上角、右上角、左中间、右中间等，主要在各种游戏活动中有意识地加强训练；③触摸辨别能力：主要结合感觉训练课进行，鼓励孩子触摸物体时，能够用上"粗糙的、光滑的、柔软的、坚固的、参差不齐的"等各种描述词语；④手指灵巧和手部运动：手指操游戏、沙池游戏、豆子游戏等。

第二，盲文阅读中的精细动作技能训练：处理、堆放和安置一些物品；把一些物品放在一起或者分开；绕紧物品；使用钉板；使用拼图、形状板，并把东西凑在一起；推拉物品；开关物品；拧、扭或旋转物品等。

第三，盲文阅读中使用的触摸技能训练：感觉训练课、改造故事书、制作经验书、制作触摸训练书、盲文点字插写板训练等。

（3）功能性康复课程。

功能性康复课程要根据视障儿童的个体差异和特殊需要设置，主要采取个别教学和小组教学的方式进行，内容可以涵括以下几个方面：自闭症训练、视功能康复训练、言语治疗、艺术治疗、物理治疗、情绪与行为障碍矫正等。由于这部分的课程内容专业性较强，未经专业训练的幼儿教师原则上不建议开展此类课程，未来个案盲校应考虑康复专业人员的配备，让课堂教师和专业康复人员各司其职，各负其责，给视障儿童提供更专业的早期教育与干预服务。

表4 幼儿一日生活安排表

时间1	活动	时间2	活动	时间3	活动	时间4	活动
7：30—8：25	入园接待，晨间活动	9：00—9：30	教育教学活动（一）	11：50—12：00	睡前准备（如厕）	14：55—15：00	点心前准备（如厕、洗手）
8：25—8：30	晨练准备（喝水、如厕）	9：40—10：00	休息（喝水、如厕）、吃水果	12：00—14：20	午睡	15：00—15：20	吃点心

（续上表）

时间1	活动	时间2	活动	时间3	活动	时间4	活动
8：30—8：55	晨间锻炼（各班级）	10：00—10：30	教育教学活动（二）	14：20—14：45	起床、盥洗、午间操准备	15：20—15：50	康复训练活动
8：55—9：00	休息（喝水、如厕）	10：30—10：50	游戏（户外活动、区角活动）	14：45—14：55	午间操	15：50—16：00	休息（喝水、如厕）
						16：00—16：20	游戏（户外活动、区角活动）
						16：20—16：30	离园
备注：16：30之后住宿幼儿生活活动（晚餐、盥洗、晚上睡前自选游戏、娱乐休闲等）							

（三）注重课程实施的实践性、综合性和游戏性

在课程实施的实践性方面，幼儿园目前提倡开展社区活动，类似社区化教学，带视障儿童走出校园，安排社会实践活动，把他们带到真实社区，生活场景如邮局、菜场、车站，去学习、了解和认知，这样既增加视障儿童的社会交往活动，也可增加视障儿童与普通儿童进行融合教育活动的机会。

在课程的综合性方面，笔者建议课程实施方面以主题统领的形式串接各个课程，以课程分化主题活动的方式落实体现每个月的教学主题，最后以统整式的整合游戏活动检验、小结每月教学主题的活动成果，促使教学活动综合化、生活化，让一般性的发展课程不再处于比较零散和单一的状态。

此外，要保证视障儿童的自由游戏时间，可以考虑构建游戏化活动区域，区域内不只是做游戏，还可以开展各种各样的活动，这些活动一定是孩子们感兴趣的，活动材料数目要充足、种类要多，对儿童的发展要适宜。还可以收集、挖掘、整理和构建一个游戏课程资源库，让资源库里所有的资源都能为孩子们的发展服务。

（四）教学原则和教学策略

在开展学前视障儿童教育课程的教学实施过程中，通常需要根据学前视障儿童的身心特点和状况，选用恰当的教学原则来指导教学实施工作。

笔者认为在学前视障儿童教育课程的教学实施中要遵循以下教学原则：①个别化原则，要注重教学组织形式个别化，各类教学活动的组织要尽可能的个别最大化，注重因材施教，差异性教学；②参与性原则，师生共同参与课程教学实施的建构过程，充分结合视障儿童的实际生活经验，根据视障儿童的学习和思维特点，帮助他们习得、重构知识和技能；③直观性原则，教学活动要直观、具体、形象，能让视障儿童充分参与、体验，获得感性经验；④缺陷补偿原则，尽可能多的组织各种形式的多感官刺激和统合活动，最大限度地促进视觉缺陷补偿；⑤游戏化原则，要注重教学活动过程的游戏化、趣味化，激发视障儿童的学习动机和兴趣。

笔者认为，学前视障儿童教育教学的方式和策略有如下几个方面：①个别、分组、集体教学活动交叉有序进行；②分科或单项技能教学（个别康复训练）要与综合主题教育活动形式结合起来；③为孩子多提供实物教具，尽可能在真实自然的场景中教学；④尽可能地不包办、不替代、向后退，教师要逐步减少协助行为；⑤注重教学活动的小步子分解任务，要尽可能让视障儿童全程参与，充分体验。

基于此，我们可尝试进行区角活动。充分利用幼儿部室内有限的空间合理布局，提供场地、材料，创设物质环境，为学前视障儿童设立特别的区角活动区。可以根据视障儿童的智力、情感、动作、社会性、语言等方面发展的需要，设立语言角、数学角、感觉训练角、摸读角、音乐角、手工角、大肌肉活动区等。

（1）语言角：主要为幼儿提供各种各样的盲文故事书，让幼儿摸读。在整理箱里放入各种毛绒动物、布娃娃，让幼儿练习讲故事。

（2）数学角：主要为幼儿提供各种各样的几何体、大小插棍、宝贝算盘、珠算架、三角形手抓认知器等数学操作材料。

（3）感觉训练角：幼儿由于视觉的缺损，只能通过触觉或听觉来感知事物，应该尽可能让他们亲自动手操作，从做中学。主要为幼儿提供纽扣穿线、木珠、大小触摸球、穿衣动物拼图、质地不同的布料、动物投靶、螺母对碰、回力圈等感觉训练操作材料。

（4）摸读角：主要为幼儿提供教师自己制作的几何盲点图书、盲文前盲点摸读书等摸读操作材料。

（5）音乐角：主要为幼儿提供响铃、圆舞板、摇铃、沙槌、大鼓、电子琴、铃鼓、碰铃、三角铁等音乐操作材料。

（6）手工角：主要为幼儿提供胶泥、大花边剪刀、各色轻泡海棉纸、卡纸、蜡光纸等手工操作材料。

（7）大肌肉活动区：主要为幼儿提供波波池、三角滑板、袋鼠跳布袋、长方滑板、走步机、滑踩踏协力车、摇滚跷跷板、摇滚圈、脚踏海豹车、太空车等大肌肉活动器材。

（五）课程评价方式应多元化、科学化和规范化

1. 评价的目的和内容

①评价学前视障儿童通过课程的教学实施是否能够达到既定的个别化教育课程目标；②通过评价找出需要下一步关注或制定的教育课程目标；③通过评价总结教育实施活动中亟待改进或需要注意的方面；④综合评价所设计的教育课程目标、选择的课程内容、实施的途径和采用的方法，并将评价结果作为制订下一阶段的个别化教育计划的参考依据。

2. 评价方式和注意事项

①协调各学科课堂教师及专业康复训练人员对照个别化教育计划，对学前视障儿童进行个别化的评估，之后召开阶段性进展评估会议，最后形成一致的评价结果，将学前视障儿童的进展和不足等信息作为下一阶段的个别化教育计划的制订依据，在评价→教学→再评价→再教学的循环过程中促进每个视障儿童的最大发展；②不仅仅要进行课程目标达成度的评价，同时还要进行视障儿童学习过程中的参与性评价，注重全程参与的积极性与主动性；③不对视障儿童的学习结果作过多的横向比较，应以发展的眼光看待评价他们的学习成果，对视障儿童要多进行纵向评价，鼓励并赞赏他们一点一滴的积累进步。

此外，笔者认为，随着特殊教育的向前发展，多重视障儿童将会越来越多，并不断地挑战现有的教育课程设计，教育课程设计方面注重评量结合以及课程本位评估等发展趋势日益明显。可以参照欧美、日本以及中国台湾和香港等地的学前教育课程与评量方式，将课程与评量相结合，在制定了校本课程标准和课程纲要之后，可以设计课程评量表，在课程结束之后及时进行评量，又或者可以参我照国的3~6岁幼儿发展指南进行教育评量。

（六）加强专业化在职培训，提高幼儿教师参与课程开发的建设力度

幼儿教师的课程观念、课程设计能力、课程资源开发能力等在课程建设过程中显得特别重要。视障儿童个体差异更大，为了满足他们身心健康发展的需要，要充分调动幼儿教师的积极性和主动性，让每位教师都成为课程建设的实践者、思考者和创造者。幼儿教师在调查与访谈中普遍认为需要核心的课程指导纲要，而园本课程则满足了幼儿自身发展的需要；园本课程促进教师专业成长；园本课程符合我国学前课程改革的要求；园本课程契合世界

课程改革的趋势（崔振燕，2011）。学校幼儿部可以参照普通幼儿园的做法，尝试开展编写校本课程纲要与教材，为幼儿教师提供更多的教学指导和参照。此外，笔者认为学校幼儿部的教育教学管理制度方面的资料较少，例如，幼儿部教育管理规程等，由于幼儿都是学校的附属幼儿部，在许多地方仍然是参照小学甚至是中学的管理制度，如教师的岗位考核标准、课程评价标准和方式等，建议应多向普通幼儿园学习并完善幼儿教育教学管理规章制度，充分体现幼儿教育特色。

（七）家园共育和幼小衔接教育助力课程实践

笔者认为，不管家长是否进入课堂辅助教学，家庭亲子教育培训都刻不容缓，家园共育需要家庭和学校双方齐心协力共同努力。家长尤其迫切需要学习了解视障儿童的身心发展特点以及家庭教育的方式和方法，关于家园共育和亲子活动课程，未来也是值得个案盲校学前教育去思考和设计的方面。在家园共育中，我们要充分利用家长资源优化教育活动，开展家长助教活动。让家长积极地参与到学校的教育教学活动，形成良好的家园共育氛围。在实践过程中，激发家长、教师与学生之间的互动，让家长充分体验、认识到新的教育观念和方法的价值，拉近心理距离和感情，从而达成共识，使家园共育达到应有的效果。

在幼小衔接方面，首先，笔者建议定期开展幼儿教师与小学低年级教师的座谈，使幼儿教师能够清楚地知道幼儿将要达到的目标和生活作息情况，并根据当前幼儿的实际水平为每位幼儿制订进入小学的各方面的教育计划。其次，要对视障儿童进行学习习惯、纪律意识的培养，让他们提前适应小学课堂常规。每位准备进入小学学习的幼儿都必须有一次或以上到小学课堂的见习机会，亲身感受小学的学习生活。学校应及时有效地总结幼小衔接的工作经验，并形成学习指南，以便幼儿教师有目标、有重点地开展教育活动，同时可以提供给家长作为指导等。

八、结语

总体而言，个案学校的学前教育课程开发尝试在国内盲校中是比较先进、比较成熟的，从开办起，幼儿部能充分学习和吸收国内外学前视障儿童的教育理念，并能够结合学校实际情况在学前教育课程开发方面开展较长时间的探讨。在发展过程中，教师们也积累了一定的课程建设经验，能够应学生个体差异变化和身心发展特点不断调整、改进和完善课程设计和课程设施。学前教育对视障儿童入读小学阶段的学习和生活有着不可磨灭的影响，与同龄没有接受过学前教育的视障儿童相比，接受过学前教育的视障儿童学习更加专注，身体比较强健，触觉、听觉等感知觉更加灵敏，盲文学习技能掌握较好，语言发展以及社会沟通交往方面有着更为明显的良好表现，也更加能适应学校的学习与生活。

然而，与普通幼儿园相比，视障儿童的学前教育水平仍然存在较大差距，课程设计的科学性、系统性、规范性远远达不到应有的专业水平。此外，视障儿童的学前教育课程开发对教师和专业人士等提出了更高的专业教师知识结构要求，单一的分科教师并不能完全适应以个别化教育计划统领并贯穿教育课程开发整个过程的发展趋势，这就要求教师包括笔者在内需要与时俱进，不断重构专业知识和技能，以适应视障儿童学前教育课程开发的需要。

近年来，不论是国家法律层面还是各级教育行政管理层面，都在推动特殊教育的快速发展，可以说，越来越多的盲校或其他特殊学校开始意识到视障儿童早期教育的重要性和迫切性，并尝试努力把学前教育纳入学校的办学体系之中，而视障儿童的学前教育也有了一定的发展，进行了许多有益的探索和实践研究。然而，纵观全国，到目前为止，仅有十多所盲校开办学前教育，每间学校招收的幼儿人数也并不多，幼儿教师和专业康复人员的配置亟待加大比重，配套的教育场所和教学设施设备等需要加大投入，同时希望各级教育行政部门、社会人士、专家学者以及同行们能够更多关注特殊儿童的学前教育，为更多视障儿童提供优质的早期教育课程服务。

参考文献

1. 张巧明，杨广学. 特殊儿童心理与教育［M］. 北京：北京大学出版社，2012.

2. 李子建，黄显华. 课程：范式、取向和设计［M］. 2 版. 香港：香港中文大学出版社，2002.

3. 刘焱. 学前教育原理［M］. 大连：辽宁师范大学出版社，2002.

4. 哈拉汉. 特殊教育导论［M］. 肖非，等译. 北京：中国人民大学出版社，2010.

5. 傅秀媚. 特殊幼儿教材教法［M］. 台北：五南图书出版公司，1997.

6. 石筠弢. 学前教育课程论［M］. 北京：北京师范大学出版社，1996.

7. 彭霞光. 视力残疾儿童的教育理论与实践［M］. 北京：华夏出版社，1997.

8. 罗观怀，布文锋. 广州市盲人学校定向行走校本教材（1—6 年级）［M］. 广州：羊城晚报出版社，2009.

9. 虞永平. 试论幼儿园课程及其特质［J］. 早期教育，2001（1）.

10. 郝明君. 我国特殊教育课程研究的发展、现状与走向 [J]. 重庆师范大学学报（哲学社会科学版），2008（6）.

11. 李秀. 特殊教育课程理论的发展趋势 [J]. 现代特殊教育，2007（Z1）.

12. 黄汝倩. 视力障碍儿童学前教育课程设置探索 [J]. 中国特殊教育，2002（4）.

13. 王莉. 视力残疾幼儿学前课程设置的探索和思考 [J]. 现代特殊教育，2011（6）.

14. 徐素琼，罗婧，黄万玲. 学前阶段视觉障碍儿童的课程编制与应用 [J]. 毕节学院学报，2011（5）.

15. 吴扬，钱志亮. 盲校学前教育课程设置现状的调查研究 [J]. 中国特殊教育，2016（8）.

16. 徐海英. 视障儿童的早期关怀与教育——以江苏省盲人教育资源中心0～6岁盲童的早期关怀与教育的国际合作项目（ECCE）为例 [D]. 南京：南京师范大学，2008.

17. 王春燕. 中国学前课程百年发展、变革的历史与思考 [D]. 南京：南京师范大学，2003.

18. 罗勤. 儿童福利机构学前特殊教育模式回顾与展望 [D]. 武汉：华中师范大学，2011.

19. 李芳. 游戏与特殊教育 [D]. 武汉：华中师范大学，2004.

20. 崔振燕. 园本课程的开发现状、问题及对策研究 [D]. 济南：山东师范大学，2011.

多重残疾视力障碍儿童教育课程设置初探

谭间心

一、问题的提出

多重残疾儿童是指在生理、心理或感官上出现两种或两种以上障碍的儿童，如盲聋儿童、盲弱智儿童、盲情绪障碍儿童等。障碍的合并出现对这些儿童的感官功能和个人活动造成严重的影响，同时造成他们更加特殊的教育需求，使他们成为特殊教育领域中最特殊、最困难的群体。残疾情况的复杂性和残疾程度的严重性造成了多重残疾儿童非常特殊的教育需求，使得任何一种专门为某一类障碍设计的特殊教育方案都难以满足他们的教育需要。以前，这些儿童往往因为无法适应常规教育而被拒绝在校门之外，即使有个别入学的也只是随班混读，学校并没有为之制订有针对性的教育方案。随着社会的进步和我国特殊教育的蓬勃发展，人们越来越清楚地认识到，与其他儿童一样，多重残疾儿童也有受教育的权利。

近年来，我国上海、北京、浙江、广州、成都、青岛地区的盲校开办了多重残疾儿童教育实验班，这是全国最早开展多重残疾儿童教育的六所盲校，他们在很多方面都作了有益的尝试。但总的来说，教育内容还是各个学校自行安排，目前没有统一的标准。我国多重残疾视力障碍儿童的教育课程依然还是空白。课程是教育的核心，要发展多重残疾视力障碍儿童教育，首先应该研究和开发课程，并以此为核心，推动整个视力障碍儿童教育的快速发展。

二、多重残疾视力障碍儿童教育课程的特性分析

多重残疾视力障碍儿童教育课程的内容应遵循缺陷补偿与功能代偿的原则，与社会生活密切结合，根据"满足学生特殊需要"的指导思想，充分考虑多重残疾视力障碍儿童的身心发展特征，从他们的需要出发，为他们设置课程内容，以整体性的课程内容完成缺陷补偿、功能代偿的任务。

（一）生物学理论依据

生物学理论依据支持多重残疾视力障碍儿童教育课程内容选择应该遵循缺陷补偿与功能代偿的原则。

视力障碍导致儿童在感知事物时丧失了视觉所特有的优越性。失去视觉，听觉和触觉就很自然地成为个体认知的主要途径，但听觉、触觉等器官的敏锐及其缺陷补偿、功能代偿并不会因为视力障碍而随之发生。"用进废退"是生物学中的基本观点，而器官的功能代偿是生物的一种特性。生物学家认为，这种特性，并不能自觉产生，而是要通过一定的条件建立新的联系才能产生。朴永馨教授认为："在这种有特殊性的适应和发展的过程中，被损害的机能可以被不同程度的恢复、弥补、改善或替代"。对于视力障碍儿童，这就意味着为了适应周围环境和自己受损的视觉器官，要用未被损害的听、触、嗅等感知觉的部分或全部代替、弥补已损伤的视觉功能，使视觉残疾为其带来的不利影响得到最大程度的克服。然而缺陷补偿并不仅仅决定于机体的生理基础，还受机体所处环境的影响。彭霞光认为："教师在视障儿童的教学过程中，不仅要进行知识技能的传授，而且要对他们的听、触、嗅觉和残存的视觉等进行有计划的训练以补偿其缺陷，使潜能得到最大限度发挥。"由此可见，多重残疾视力障碍儿童教育在选择课程内容时应当遵循缺陷补偿和功能代偿的原则，使残余感官的"潜能得到最大化的发挥"。

（二）社会学理论依据

社会学理论依据支持多重残疾视力视障儿童教育课程内容的选择应与社会生活密切结合，提供平等的发展条件。

不同的生理条件为不同的儿童提供不同发展的可能性，但儿童的心理发展依托环境和教育，只有在具备丰富的社会特征的环境和教育中，个体才能获得人类具体的种族特征。多种障碍和视力残疾使多重残疾视力障碍儿童心理发展的生物前提受到影响，同时也间接地影响着他们的生活环境和受教育条件。以前，这些儿童根本没有与社会生活全面接触的机会和条件，入校读书对他们来说更是天方夜谭。脱离了社会的生产发展，个体的生存与发展势必受到影响。其实，早在1948年的《世界人权宣言》中就已提出了"人人享有受教育的权利"的思想。1994年的《萨拉曼卡宣言》强调指出"每一个儿童都有受教育的基本权利，必须获得可达到的并保持可接受的学习水平的机会"，这更进一步说明，与正常儿童一样，多重残疾视力障碍儿童也有受教育的权利。多重残疾儿童教育要为多重残疾视力障碍儿童提供合乎需要的教育内容、丰富的社会生活经验，使他们在身体、认知、个性等方面得到更好的发展，掌握基本的社会生活技能和社会适应技能以及实用的社会文化知识技能，为使他们获得自身成长和享受基本的社区生活能力打下基础。这是多重残疾视力障碍儿童平等参与社会活动和获得自身发展的前提条件。

（三）发展心理学理论依据

发展心理学理论依据支持多重残疾视力障碍儿童教育课程内容的选择应以多重残疾视力障碍儿童的身心特点为科学依据、以多重残疾儿童的"障碍"为中心。

瑞士著名心理学家皮亚杰（J. Piaget）关于儿童心理发展的理论依据可以作为多重残疾视力障碍儿童认知发展的准则。皮亚杰认为正常学前儿童心理发展处于前运算思维阶段，而对于没有接受过良好康复教育和培训的多重残疾视力障碍儿童，专家们则发现这些儿童比同龄的正常儿童的心理发展迟缓二到四年。也就是说，这类儿童的心理发展往往还停留在感知运动阶段或刚刚进入前运算思维阶段。目前，国内多所盲校招收的多重残疾视力障碍儿童中就存在这种情况，其程度甚至更加严重。因此，多重残疾视力障碍儿童教育课程的内容选择应根据自身对象的特点，不仅要区别于普通学前儿童教育课程内容，而且与正常盲校学前儿童的教育课程内容也应有所不同。

（四）哲学理论依据

哲学理论依据支持多重残疾视力障碍儿童教育课程内容选择应该具有整体性，充分发挥多重残疾视力障碍儿童残存的功能，使其达到身体与智力协调统一、尽量发展的目的和任务。

马克思主义全面发展学说是制定我国教育目标的理论依据。儿童全面发展包括身体、智力、德育、美育各个方面。在统一的身心机构发展中，这些方面相互制约、相互促进。长期的实践经验证明，只有"对儿童进行初步的全面发展教育，儿童身心才能健康发展"。1986 年，北京医科大学对北京、天津等地的 256 名盲生的调查显示：盲童身心发展的各项指标均低于正常儿童，体质虚弱。国内学者认为：失明会导致儿童寡动，进而导致新陈代谢减缓，抑制小脑正常发育，四肢运动不协调，内分泌失调，个子矮小、身体瘦弱，甚至影响心理健康。那么，多重残疾的综合作用给多重残疾视力障碍儿童的身心发展带来的副作用就更为严重了。身体发展是智力、德育、美育等方面发展的前提和基础，位于儿童全面发展的首要地位。因此，我们应该高度重视多重残疾视力障碍儿童的身体发育状况和健康状况，打好基础，才能全面发展。"学前儿童身心发展的整体性，要求整体性教育，整体性教育必须有整体性课程内容来支持"。多重残疾视力障碍儿童的教育应建立起整体性的课程体系，兼顾教育对象各个方面的发展，从而达到身体与智力协调统一、使其更好发展的目的和任务。

三、多重残疾视力障碍儿童教育课程设置探索

（一）课程特点

多重残疾视力障碍儿童教育的最大特点是注重生活内容，处处以生活为准绳，以生活独立为教育的最终目标。其课程具有以下特点：

1. 生活化

多重残疾视力障碍儿童往往难以将知识和技能进行迁移和运用，生活化的教学内容和真实的场景能帮助学生更容易地掌握并在实际生活中运用知识技能。

2. 实用化

多重残疾视力障碍儿童由于自身障碍的影响和发展水平的低下，观察与模仿能力比较缺乏，日常生活中常用的知识必须通过系统教学才能掌握，这决定了课程内容的基本要求是注重实用性。

3. 综合化

传统的课程对正常盲童进行分科教学，但多重残疾视力障碍儿童往往存在信息加工上的困难，学习内容的综合化可以帮助他们解决在传统课程中学习了孤立的知识后难以进行加工整合的问题。

4. 个别化

多重残疾视力障碍儿童间显著的个体差异决定了教学的内容和手段都必须坚持个别化的原则。对程度相近的儿童可以组织小组学习，若程度差异大的应实行个别辅导。

（二）课程设置

1. 康复性的（补偿性的）特殊课程

（1）日常生活技能。

多重残疾视力障碍儿童由于种种原因导致其在吃饭、穿衣、清洁等方面常常落后于正常的视力障碍儿童。因此，要针对他们的情况教授一些简单的、力所能及的生活技能。如：抓握勺子吃饭、捧杯子喝水、洗手、如厕、穿脱衣服等。

（2）社交技能。

多重残疾视力障碍儿童常常会表现出一些不适当的行为，如攻击别人、

自我虐待、大叫等，这些行为往往会影响他们与别人的交往。因此，多重残疾视力障碍儿童需要获得适宜的社会交往技能以使他们在学校或社区中被大家接纳。他们需要学会简单、正确的社交技能，培养与小伙伴玩耍的兴趣，学习正确与他人相处的方法。

（3）运动技能。

多重残疾视力障碍儿童的运动技能大多发展迟缓，而运动技能的发展对儿童的成长非常重要，它包括大小肌肉的运动训练。多重残疾视力障碍儿童运动技能的发展需要许多专业人员的协作，包括教师、专业理疗师、体育教师及父母的共同努力。

①粗大肌肉运动：训练全身肌肉的运动、协调能力。包括脚部的走、跑、蹲、跳、蹦；身体各个关节的灵活运动和协调、平衡能力以及手部大肌肉的训练。

②精细肌肉运动：最重要的是训练手指操作的灵活性，同时也包括手部肌肉的整体协调，如肩膀、手臂、手腕和手指等部位。特别要注意通过纠正改善多重残疾视力障碍儿童的手部僵硬情况。

（4）语言和认知技能。

部分多重残疾视力障碍儿童兼有语言障碍，要根据不同的障碍类型确定不同的课程内容以进行训练纠正，如发音练习、沟通练习、说话练习等；认知方面，可教授日常生活中的排序、分类等方面的知识，帮助多重残疾视力障碍儿童建立空间、时间关系等概念。

（5）定向与行走技能。

对多重残疾视力障碍儿童来说，学会定向与行走，可以帮助他们发展正确的自我概念、增强体魄以及增加社交的机会。这门课程主要教授一些简单的技能：熟悉学校、家庭等经常接触的环境，并在其中安全行走；利用身体或最方便的参照物进行定向；学习正确的坐、立、行、跑、爬、蹲、跳等动作。

（6）感知觉技能。

①听觉技能：对听觉的感知、辨别、选择等多方面的能力进行初步训练，发展"缺陷补偿"和"感觉适应"以提高听觉能力。

②触觉技能：通过一些简单的手工活动锻炼手指的精细动作；运用触觉感受质地、形状、大小不同的物品。

③嗅觉、味觉技能：利用鼻、舌分辨不同的气味和味道及其来源，开展其认识事物的途径，丰富生活经验。

④本体感觉技能：通过训练，让身体的各个部位都变得灵活起来，使之成为个体感知事物的通道。训练内容包括用脚踩踏、面部感受、躺卧感受，

甚至鼻子、嘴唇等的感受。

⑤残余视觉技能：进行注视、光追踪、定位等视觉技能的训练，教会多重残疾视力障碍儿童利用残余视觉进行感知，鼓励他们尽可能使用剩余视觉辨别物体以进行生活。

⑥感觉统合技能：先天或后天环境中可能有很多不良因素导致多重残疾视力障碍儿童的感觉统合功能失调。在教育中要重视通过运动等相关训练帮助多重残疾视力障碍儿童把感知到的各种信息输入并组合起来，进行感觉统合，开发智力，让个体在外界的刺激中和谐有效地运转。

（7）娱乐与休闲技能。

多重残疾视力障碍儿童的娱乐、休闲能力的培养越来越被人们重视，教会他们如何充分有效地利用空闲时间做自己喜欢的事也是教育训练的重要内容之一。教授多重残疾视力障碍儿童娱乐与休闲技能的一个重要原则是可以将学会的技能应用于他们将来的社区生活中，如：听音乐、唱歌、进行简单的手工制作、玩各种运动健身器械、听故事、打盲文牌、下盲棋等。

2. 分领域实用学业课程

多重残疾视力障碍儿童的学业课程应本着"实用"的原则，凡是对多重残疾视力障碍儿童的生活有帮助的课程，如实用语文、实用数学、音乐、体育运动、健康常识等都可以设置，但所教授内容的深浅要以儿童的接受能力为准。

3. 综合性主题课程

多重残疾视力障碍儿童综合性主题课程是指在多重残疾视力障碍儿童教育中，围绕特定的、与日常生活密切相关的主题从每个儿童的智力、能力水平出发，开展有计划、有组织的教学活动，从而发展儿童认知、适应能力及技能水平的课程。综合性主题课程以其形式的灵活性和内容的实用性，迎合了多重残疾视力障碍儿童复杂的特殊需要并能照顾到儿童间巨大的个体差异，同时使他们学到更加实用且有意义的知识和技能。综合性主题课程的内容设计应以多重残疾视力障碍儿童的生活为线索，范围上按从小到大、从中心到周边的顺序进行。如：我→家庭→学校→社区→社会。在"我"这一主题中，可以安排"我的双手""我的身体""个人卫生""健康常识"等小主题。"学校"这一主题可以包括"老师和同学""学习用品""学习环境""校内活动"等。

以多重残疾视力障碍儿童生活范围为线索设计主题课程的优越性在于它符合儿童认知发展的基本顺序，且内容与生活紧密相连，是目前采用较多的课程方案。

4. 个别纠正课程

集体训练要兼顾个别差异，同时对存在语言、行为等问题的多重残疾视力障碍儿童还要有针对性地进行个别纠正训练，将其引上健康发展的正轨。

四、思考和总结

第一，各个课程只要安排恰当、操作规范都能取得较好的效果。

第二，补偿性的特殊课程有其独特的优势，对培养多重残疾视力障碍儿童某些方面的能力显得特别有效。如定向与行走技能和社交技能在培养多重残疾视力障碍儿童解决实际问题、应对社会生活方面有突出表现。

第三，没有任何一种形式的课程可以作为唯一有效的方法。对于多重残疾视力障碍儿童来说，课程的内容应为他们提供长期、有效、灵活的连续干预，每个学校都可以对课程内容进行选择，但一定要根据多重残疾视力障碍儿童的自身特点和学校本身的价值观来设计课程。

第四，多重残疾视力障碍儿童的课程应该是一个开放的课程，要能随时为其他特殊课程的介入提供时间和空间。因为多重残疾视力障碍儿童常常需要阶段性地接受各种特殊的服务，例如：物理治疗、语言矫治、感觉统合训练等。

第五，课程的内容必须涉及家庭的教育，包括家长的参与。一个好的课程应为家长预留出决策和施教的空间，同时为家长提供必要的帮助。

参考文献

1. 黄人颂. 学前教育学［M］. 北京：人民教育出版社，1989.

2. 石筠弢. 学前教育课程论［M］. 北京：北京师范大学出版社，1999.

3. 彭霞光. 视力残疾儿童的教育理论与实践［M］. 北京：华夏出版社，1997.

4. 茅于燕. 智力落后儿童的早期发现和早期干预［M］. 北京：科学普及出版社，1990.

5. 王雁. 早期干预的理论依据探析［J］. 中国特殊教育，2000（4）.

（本文在 2008 年 8 月获得由广东教育学会主办的全省学术论文讨论会二等奖）

盲幼儿语言活动校本课程研究

谭间心

一、盲幼儿语言活动校本课程的含义

盲幼儿是指有视力缺陷的学龄前儿童，因为视力的障碍导致孩子其他身心缺陷从而使他们与普通的学前儿童存在很大的区别。他们的显著特征包括，一是眼睛看不见；二是生活经验少；三是缺少与同伴的交流；四是不主动表达自己的意愿与感受。因此，普通学前儿童的语言活动课程难以适应盲幼儿的特殊学习需要，而目前国内还没有专门针对盲幼儿语言活动的课程，这就迫切需要有开办盲幼儿项目的盲校进行积极有效的开发和研究。

我校是国内盲校开办盲幼儿教育项目较早的盲校之一。在进行探索的过程中，我们分别对盲幼儿尝试进行了各种校本课程的训练，并取得了一定的教育成果。作为盲校学前部的一名语言活动校本课程教师，笔者在自己教学实践的基础上，对盲校盲幼儿的语言活动校本课程进行了一系列的探索和研究。

盲幼儿的语言活动校本课程是指在对盲幼儿的教育训练中，围绕与盲幼儿日常生活密切相关的语言或非语言的信息、材料等，从每个盲幼儿的语言能力水平出发，开展有组织、有计划的语言教学活动，从而提高盲幼儿的语言能力、改善他们的语言状况，更好地发展每个盲幼儿的语言能力。

二、盲幼儿语言活动校本课程的目标

盲幼儿语言活动校本课程的目标，总的来说是使每个盲幼儿的语言能力在自己原有的基础上有所发展和提高，具体目标有以下几点：

第一，培养盲幼儿的倾听意识和倾听行为技能，学习与人交谈，理解日常用语。

第二，激发盲幼儿对口语表达的兴趣，帮助盲幼儿学习运用口头语言进行表达，听懂并学说普通话。

第三，引导盲幼儿进行口头语言练习，培养口语交际的能力。

第四，培养盲幼儿听儿歌、散文、故事等的习惯，初步感知文学作品。

第五，能主动、积极、专注地倾听别人说话，基本理解他人讲话的主要内容。

第六，基本能围绕主题与他人交流；在集体面前说话时态度大方。基本能够表达自己的情感，能说出自己想说的事。

第七，培养盲幼儿对儿童故事、童话等文学作品的兴趣。初步了解盲人文字，引发盲幼儿对书面盲文和书面语言的兴趣。

三、盲幼儿语言活动校本课程的特点

盲幼儿语言活动校本课程与普通学前儿童语言活动课程既有相同之处，又有不一样的地方。相同点是二者都是通过语言活动的方式达到语言教学的目的，都体现了以孩子为主体，从孩子的需要出发的教育理念。不同点是盲幼儿语言活动校本课程是专门为视力障碍的学前儿童设计的，它侧重于通过各种适合盲幼儿的生理和心理特点的语言活动来促进和提高他们的语言能力，从而推动、提高他们的认知或其他技能水平。盲幼儿语言活动校本课程强调的是，以盲幼儿特殊的语言学习需要为中心，以带动发展盲幼儿的各种功能水平为重点。这也是盲幼儿教育的本质。

综上所述，可以总结出盲幼儿语言活动校本课程的特点：第一，活动教育的特点。儿童的语言是在与周围环境的相互作用中发展起来的，盲幼儿也不例外。和普通儿童一样，盲幼儿的眼睛虽然看不见或者看不清，但他们的语言发展也要通过主动与周围环境中的语言和非语言信息、实物、事物等的相互作用，才能得到更好的发展。因此，语言教育的一个突出特点就是要以活动的形式来帮助盲幼儿学习语言。鼓励盲幼儿运用视觉以外的其他感觉器官，动脑、动嘴、动手，积极主动地参与到语言活动学习中来。第二，综合教育的特点。本课程是和其他领域相互渗透的语言综合活动。本课程的内容综合各科的知识，渗透了其他领域的内容。和普通幼儿一样，盲幼儿的日常经验是一个整体，语言经验是其组成部分，与其他经验有着多种联系，他们的语言发展与其他方面的发展是整合在一起的。对于盲幼儿来说，更应该紧密联系他们的日常生活，将语言知识、认知和社会等知识融为一体。因此，本课程是以语言为主的综合教育活动。第三，完整语言原则。盲幼儿和普通孩子一样，从出生时起就具备学习语言的条件，因此，在他们语言发展的关键时期，为帮助他们更好地获得语言发展的能力，有必要给他们提供完整的语言学习机会。盲幼儿的生活面相对狭窄，应当为他们提供尽可能丰富的语言环境，不仅可以促进他们的口头语言发展，而且能够帮助他们做好学习书面语言的准备；不仅能够提高他们日常交往语言表达的水平，还可以锻炼他们在不同场合和不同情境下使用不同语言表达方式的能力。因此，本语言课程在活动过程中应当遵循完整语言的原则。

四、盲幼儿语言活动校本课程的活动类型及其说明

基本教育活动是为盲幼儿提供一种比较正式的语言交际环境，使盲幼儿在教师的直接指导和参与下进行比较系统的语言学习，使他们获得满足全面发展的最基本的语言知识、能力和情感态度。盲幼儿语言活动校本课程可以分为以下几种类型：

（一）谈话活动

谈话活动是培养盲幼儿学习运用语言与他人进行交流的语言教育活动类型，它可以帮助盲幼儿学会倾听他人的谈话，学习运用语言进行交流的基本规则，并逐步掌握语言倾听技能，提高盲幼儿的语言交际水平。

（二）讲述活动

讲述活动是以盲幼儿的语言表述行为为主的语言教育活动类型，可以培养盲幼儿在集体场合自然大方地讲话、运用语言与他人进行交往的技能。

（三）听说游戏

听说游戏是采用游戏的方式开展的语言教育活动。在活动的过程中，可以帮助盲幼儿进行发音、词汇组合等练习，培养盲幼儿口语表达的能力，提高盲幼儿积极倾听的水平。

（四）早期阅读活动

早期阅读活动是早期阅读和初步学习文学作品的语言教育活动类型。可以引导盲幼儿欣赏文学作品，帮助盲幼儿感受文学作品的语言美，使盲幼儿认识书面语言和口头语言的对应关系，初步了解盲人文字。可利用故事盒、盲文故事改造书等帮助盲幼儿理解故事情节，感受故事内容。

这几类语言活动，可以为盲幼儿创设不同性质的语言交际环境，使他们在这些环境的共同作用下获取语言知识、技能和情感态度的全面发展。

五、盲幼儿语言活动校本课程的设计

（一）活动步骤的设计

1. 谈话活动的设计和组织

谈话活动是为盲幼儿创设日常口语交流的情景，让盲幼儿调动其已有的经验，围绕一定的话题倾听他人的意见，并表达自己的想法。在设计和组织时要经过三个步骤：第一，创设谈话情景，引出谈话话题。谈话活动利用实物创设谈话情景，如在"岭南的水果"一课中，针对盲幼儿的视力障碍现状，可以把荔枝、香蕉、龙眼等实物水果带到课堂上让学生触摸，在讨论水果的样子、味道等问题时引出谈话话题；也可以利用盲校学前部本身的触摸墙饰、实物摆设等，向盲幼儿提供相关的谈话对象。第二，引导盲幼儿围绕话题自由交谈。这是让学生运用已有的谈话经验交流个人见解，进行时要注意鼓励盲幼儿积极参与，以保证谈话的气氛融洽宽松。第三，引导盲幼儿扩大谈话的范围。与正常孩子相比，盲幼儿的生活范围相对较为狭小，且生活经验相对不足。通过逐层深入，启发盲幼儿新的谈话经验，可以帮助他们逐渐学会一些谈话的规则，掌握正确的谈话思路和谈话方式。如可以引导盲幼儿谈谈自己新认识的小伙伴、从家里如何到学校等。在谈话的过程中允许盲幼儿根据自己的个人感受发表见解，不要求他们统一认识、统一讲述，只是针对谈话的主题说自己想说的话；也不强调盲幼儿一定要使用准确无误的句式和完整连贯的语句。

2. 讲述活动的设计和组织

讲述活动主要是为盲幼儿创设正式的口语表达情景，使他们有机会在集体中表达自己对某些实物或者情景的认识和看法等，让盲幼儿初步学习表达的方式和技能，并尝试培养他们独立构思和表述一定内容的语言能力。讲述活动的设计安排：第一，观察理解讲述的内容或者对象。对于盲幼儿，要尽量避开图片的讲述，而采用实物讲述或者情境表演讲述。但无论采取什么讲述，都要先从引导盲幼儿的观察入手，帮助他们学会观察实物和情境的方法，理解需要讲述的内容。如在讲述活动"糖果"中，带领盲幼儿通过触摸、嗅和尝来观察各种糖果，让他们充分了解糖果的外形特征和味道，再引导他们用描述性的语言讲述糖果的外形特征。第二，利用已有经验讲述。在初步理解讲述的内容之后，要给予盲幼儿运用已有的语言经验充分表达和锻炼的机会，让盲幼儿一个一个地进行讲一讲、说一说，鼓励他们大胆地表达自己的见解。第三，积累新的讲述经验。通过前面的两个步骤之后，根据本次的活动目标要求，帮助盲幼儿积累新的讲述经验。如：在讲述活动"我的小礼物"中，先帮助盲幼儿由特征到用一般触摸、观察方式进行感知、表述，再指导他们学习有序地运用描述性、陈述性或者是议论性的语言进行表述。每一次的讲述活动都应有盲幼儿学习的讲述重点，而这些又有助于使盲幼儿学会讲述的新方法。第四，巩固迁移新的讲述方法。在向盲幼儿示范或者营造出新的讲述方法之后，可以启发他们用相同的思路和方法说一说其他内容，以进一步迁移巩固所学的新的讲述方法。

3. 听说游戏的设计和组织

听说游戏为盲幼儿提供一种游戏情景，使他们在游戏中按照一定的规则练习口头语言，以培养盲幼儿在口语交际活动中快速、灵活地倾听和表达的能力。听说游戏的设计和组织：第一，设置游戏情景。在听说游戏刚开始的时候，需要调动一些手段去设置游戏的情景。如用物品、动作或语言创设游戏的情景，向盲幼儿展示听说的氛围，激发他们参与游戏的兴趣。第二，向盲幼儿交代游戏规则。这一环节是向盲幼儿布置任务，说明讲解要求，引导盲幼儿理解游戏的规则。实施这个步骤需要注意帮助盲幼儿克服眼睛看不见而造成的困难，有必要引导他们到游戏情景中实地走一走、摸一摸，让他们充分熟悉游戏的真实场景。第三，指导盲幼儿开展游戏。在向盲幼儿介绍了游戏的规则之后，老师此时要作为主角带领盲幼儿进行游戏，这样可以更有效地指导盲幼儿的游戏。这时候可以采取先让一部分盲幼儿参与游戏再实行轮换的形式，等到他们熟悉游戏后再全部参加。第四，盲幼儿自主游戏。在准备充分的情况下，老师可以尝试放手让盲幼儿自己开展活动，但要注意对个别盲幼儿进行指导，解决游戏过程中可能出现的困难和矛盾，从而促使盲幼儿更加积极主动地参与活动，力求完成听说游戏的语言教育任务。

4. 早期阅读活动的设计和组织

盲幼儿的早期阅读活动是利用盲文故事改造书、发声图书、有声读物等，为他们创设一个书面语言的学习情景，使盲幼儿有机会接触盲文的书面语言，了解语言的基本文字内容，获得阅读盲文图书的经验、书写盲文的前经验。盲幼儿早期阅读活动设计和组织：第一，引导盲幼儿"自己阅读"。"自己阅读"并非让盲幼儿真正自己去摸读盲文书籍，而是在阅读活动课中，老师提供盲文故事改造书，并让盲幼儿在自由"接受"所要阅读的学习内容的同时初步接触自己的文字，观察自己将来的学习用书，获得相关的信息。第二，在盲幼儿自己阅读之后，老师和他们一起阅读。这是在盲幼儿观察、认识并接触到的书面语言信息的基础上，由老师带领进一步学习理解这些书面的语言信息。第三，组织盲幼儿围绕学习重点开展活动，着重帮助盲幼儿掌握阅读内容，获得正确的学习方式。第四，归纳阅读内容。目的在于帮助盲幼儿巩固消化所学的内容。

（二）活动内容的设计

1. 谈话活动

①围绕自己熟悉的一个人或一类人进行谈话。②谈论自己熟悉的一件事。③围绕某一熟悉的场景表达个人看法。

2. 讲述活动

①用简单明了的语言，把某一实物的特征、功能解说清楚。②用较恰当的语言讲述老师所阐述的某一图片中的主要人物和事件。③用较为生动形象的语言，讲述在某一情景中的人物的状态和动作。

3. 听说游戏

①巩固能发的音和方言干扰音，练习声调和发声用气。②扩展、丰富词汇量，练习词的用法。③在游戏中尝试运用某些类型的句子。

4. 早期阅读

①前盲文改造图书阅读：包括积累翻阅盲文改造图书的经验，理解老师讲解图书的画面，了解盲文与口语有对应的关系，初步了解盲文改造图书的制作。②前盲文认识：知道盲文可以念出声音来，懂得把盲文、口语和概念对应起来，初步理解盲文的功能，初步掌握学习盲文的规律。③前盲文书写：初步了解盲文的基本结构，初步触摸认识盲文的书写工具和反写正摸的书写特点，初步了解并学习正确书写和摸读盲文的姿势。

六、盲幼儿语言活动校本课程的实施原则

（一）自由、宽松、有趣的交谈原则

有些刚入校的盲幼儿，对新的环境和陌生人很抗拒，不能很好地控制自己的情绪；有的盲幼儿腼腆、害羞、沉默寡言，不敢或不懂如何表达自己的想法，这对学习语言非常不利。老师应该鼓励他们大胆交流，积极说话，进一步学习表达自己的方法。在本原则实施的过程中，不要求盲幼儿有统一的认识和表达，允许并鼓励他们根据自己的个人感受发表见解。

（二）相对正式的语言情景交流原则

在语言活动的时候，要为盲幼儿创设正式的口语表达情景，使他们有机会在大家面前表达自己对一些事物或实物的认识和看法，进而学习表达的方式和技巧，慢慢地培养盲幼儿在集体场合清楚连贯地表达自己见解的能力。

（三） 寓学习于游戏的原则

在语言活动学习中，教师根据教育目标，选择适当的语言学习内容，并将本次的语言学习重点转化为一定的游戏内容。当盲幼儿跟随老师进行游戏时，必须遵守一定的游戏规则，按照规则进行游戏，并在游戏活动中锻炼听、说等语言能力。

（四） 整合学习的原则

在盲幼儿的语言学习活动中，特别是早期盲文书籍阅读中，应尽量使书面语言和口头语言相结合，以帮助盲幼儿将阅读内容和口头语言连接起来，并产生表象意义的联想。这对于对事物表象特征感受缺失的先天失明的盲幼儿尤为重要，可以预防在表达时出现"词不达意"的现象。

（五） 个别化教学的原则

在普通的盲幼儿中，有一部分是盲兼其他障碍的多重残疾儿童，他们有明显的语言表达和理解障碍。这就需要针对他们的语言发展水平和现有的语言特点，为他们制订有针对性的语言教学计划，并采取相应的教学手段。例如，个别盲幼儿，说话模糊不清，并伴有语言理解的困难。可采用仿句说话的方法，指导他们模仿句式，练习说一句完整的话。如带领盲幼儿观察教室里有什么实物，让他们一边触摸一边大声读出来：桌子、钢琴等，并指导其学习字词发音，理解词义，最后经指导说出"教室里有什么"，强化他们的语言表达能力。

七、盲幼儿语言活动校本课程的评价

教学评价是课程中的关键性环节，能够检验教学目标是否达标，并为下一阶段教学目标的制定提供依据。在盲幼儿语言活动校本课程中，采取的是过程性评价，也就是在教学过程中对盲幼儿的学习状态进行持续性评价。这种评价比阶段性评价更适合盲幼儿，它能够动态地反映盲幼儿的语言发展状态及语言能力的进步。

经过实践教学检验，证明盲幼儿语言活动校本课程是适合盲校学前部盲幼儿的学习需要的。通过盲幼儿语言活动校本课程的学习，他们的语言理解和表达能力都有不同程度的转变，语言能力在自己原有的基础上都有所提高，语言的教学取得了一定的效果。

参考文献

1. 汤盛钦. 特殊教育概论：普通班级中有特殊教育需要的学生［M］. 上海：上海教育出版社，1998.

2. 陈帼眉. 学前儿童发展与教育评价手册［M］. 北京：北京师范大学出版社，1994.

3. 周兢. 语言［M］. 南京：南京师范大学出版社，2006.

4. 林雯. 活动课程的设计［J］. 课程·教材·教法，1996（5）.

多重障碍盲童教育中实物日程表的运用

周海云

多重障碍盲童除了视力障碍外，还兼有其他生理、心理或感官上的障碍。多重障碍的合并出现，导致他们在认知、表达、沟通和适应等方面能力低下，严重影响了他们的生活和学习，这使得教师难以与他们进行有效的沟通，让他们学会安排和做好每天的事情。但利用实物日程表，可以很好地与多重障碍盲童进行沟通与交流，在最短的时间内给予多重障碍盲童最直接有效的信息提示，使其知道如何理解和表达相关信息，了解并学会安排和处理每天需要完成的事情，从而帮助他们获得相关的知识和技能。

一、使用实物日程表的好处

实物日程表是用多重障碍盲童能够感知和理解的实物、图片、符号、代表物等来代表他们将要经历或已经历的事情，是对每天所有事件的一种特殊的表达方式。主要包括卡片式、触摸式、书本式、板式、盒式、语音式等多种类型。在多重障碍盲童的学习与生活中，实物日程表具有非常重要的作用。

（一）帮助多重障碍盲童规划一天的活动

多重障碍盲童特别是中度或重度智力障碍盲童，他们的理解、记忆和自我管理能力都比较差，往往不会组织安排自己每天的活动，对未来要发生的事情也不会规划。实物日程表是对每天所有事件的安排，因此通过日程表可以帮助多重障碍盲童有序地安排每天的活动，对未来的事情进行规划。

（二）稳定多重障碍盲童的情绪

实物日程表可以帮助多重障碍盲童从喜欢的活动过渡到不喜欢的活动，因为许多多重障碍盲童的安全感低、情绪稳定性较差，而一个具体的实物日程表可以让他们明白自己喜欢的活动将在什么时间开展。这样，他们就可以对将要发生的事有所预期，起到稳定情绪和增强安全感的作用。

（三）有效发展多重障碍盲童的各种技能

多重障碍盲童除了可以通过实物日程表安排一天的学习和生活外，还可以在使用实物日程表的过程中发展阅读、书写和数学等方面的能力。例如，低视力学生的各项能力达到一定的水平后，可以将实物日程表中的实物换成汉字，提高他们的阅读能力，如实物日程表上加入"到了……的时间了"等句子，上生活课时学生就可以学习"到了上生活课的时间了"这句话，上体育课时就可以学习"到了上体育课的时间了"这句话等。

通过每天活动的顺序安排、不同的时间节点等，还可以发展学生的数学能力。如对于数字概念一般的学生，可以学习数字的顺序，也可以学习第一、第二、第三和下一个概念等。对有一定数字概念的学生，可加入活动开始和结束的时间以增强其时间概念。根据学生实际水平的不同，可以要求有的学生抄写实物日程表上的字或数字，有的学生可以用笔描写实物日程表上的数字，有的学生可能念出数字或指出正确的数字。

通过抄写实物日程表上的内容，还可以发展多重障碍盲童的书写技能。如实物日程表中，通常要求配上文字或数字，因此在使用的过程中可以训练多重障碍盲童的书写技能。例如，有的学生可以抄写实物日程表上的汉字或数字，其中可以要求能力强的学生将简单的对话写在实物日程表上，弱一点的可以要求他把汉字贴在图片或代表物下方，也可以拿卡片校对实物日程表中的汉字。同样，也可以通过实物日程表教盲童学习盲文等。

（四）培养多重障碍盲童的社会交往能力

在实物日程表的使用过程中，教师和学生之间可以询问今天的安排是怎样的，有没有特殊的改变。学生与学生之间可以交流某节课的感想或问询某项活动，家长也可以了解孩子在学校一天的情况、与孩子进行学习上的交流等，培养学生的交际能力。久而久之，在这个连续的过程中，孩子能够慢慢学会组织、管理自己的活动，学会与教师、同伴的交谈并掌握社交技能。

二、实物日程表的使用方法和步骤

学生一开始并不知道使用实物日程表有什么意义，这就需要教师先示范使用，让学生明白代表物与活动之间的关系，知道使用实物日程表有怎样的作用。以学生冯某某为例。小冯，全盲，兼有智力和语言障碍。在一天的活动中，他最喜欢每天上午的音乐律动课。但是他几乎没有时间概念，今天做的事情明天就会忘记，对于自己每天需要做什么事更是没有目的性。鉴于此，我们为他量身定做了一个实物日程表。

他一天的活动，从晨练开始，依次为实用数学、上厕所、音乐律动课、感觉训练、吃午饭、午休、感觉统合活动、生活技能课和课外活动。相应代表物为：一捆小棒、手纸、小玩具鞋、一片小砂纸、小勺子、小玩具枕头、小呼啦圈、牙刷和波波球。

在制定好实物日程表后，就要教他如何使用实物日程表，使其更好地参加每天的各项活动。下面就以其中的生活技能课的"刷牙"为例，谈谈实物日程表的使用。

第一步：任教老师首先要明确每个学生的特点和学习需要。

第二步：教师和学生一起发现某项活动的代表物。从实物日程表中选取"牙刷"这个代表物，明白活动的开始时间以及即将要做的事。

第三步：教师向学生介绍活动内容。教师要与学生讨论在什么时候才可以刷牙，刷牙的时候应该要做些什么，并且还要告诉他们某些行为是应该在某个时候发生的。

第四步：寻找活动需要的资料。刷牙的时候我们应该要准备哪些东西？（牙刷、牙膏、杯子等）

第五步：寻找适合开展活动的场地。我们可以在什么地方刷牙？（换洗室、洗手槽、洗手间等）

第六步：在一系列代表物的帮助下完成活动。在这里，可能会再次回到第一环节。

第七步：将用过的资料放回去。完成活动后将代表物（小牙刷）放回结束盒里，结束盒要用与实际环境相匹配的代表物来命名，例如，"我们把牙具放回洗漱室或洗手间"等。这样就可以通过使用实物日程表帮助学生安排自己的活动，让他们不仅学会生活常识和掌握生活技能，同时也可以学习其他相关学科领域的知识。

第八步：讨论活动。

三、使用实物日程表应当注意的问题

（一）要帮助多重障碍盲童建立实物日程表与每项活动的关系

在使用实物日程表时，教师不一定一开始就要求多重障碍盲童知道如何使用，但是教师在示范时要连续使用，不能轻易放弃。要在使用中不断强化，让学生明白使用实物日程表的目的以及与每天的每项活动的关系，逐步过渡到帮助学生了解活动的内容等。

（二）让多重障碍盲童明白活动的开始与结束同样重要

对实物日程表中某项已经完成的活动，可以将代表物拿掉或在其旁加特殊的符号，这样学生就明白哪些活动结束了，也知道哪些活动刚开始，哪些活动还没开始。这样可以使他们初步形成条理意识，对事情的始终有较为明确和准确的判断。

（三）帮助多重障碍盲童在活动与时间之间建立某种联系

在实物日程表的使用中，对于不用翻看日程表就能知道下节课是什么的多重障碍盲童，教师应当将重点放在阅读、书写和数学等方面的技能培养上，帮助他们在活动与时间之间建立某种联系。

（四）教师组织开展的活动要与实物日程表的活动安排保持一致

教师组织开展的活动要尽可能与实物日程表的活动安排保持一致，不要出现太多的突发事件，不要让多重障碍盲童产生困惑和不适应。此外，每天的日程活动所负责的教师也要尽量保持一致，即今天这个活动是这位老师，明天同一个活动还应该是这位老师。活动和教师保持一致，这样学生就能预知到下一个活动将由哪位教师来进行，不会产生不适应感和惊慌感。

参考文献

程小兵，项芳芳. 盲多重残疾儿童实物日程表的建立和使用［J］. 中国残疾人，2011（10）.

（此文在《现代特殊教育》2015年第5期上发表）

盲多重残疾儿童教育安置及课程设置的实验研究①

周海云

一、问题的提出

盲多重残疾儿童是指除盲以外还兼有其他生理、心理或感官上障碍的儿童，这类儿童是教育中最困难的群体②。多重的合并出现造成了他们在感官功能和个人活动上的巨大困难，严重影响了他们的生活和学习；同时，残疾情况的复杂性和程度的严重性造成了他们更加特殊的教育需求，使得任何一种专为某一类障碍设计的特殊教育方案都难以完全满足他们的教育需要。这些儿童以前往往因无法适应特殊学校的常规教育而被拒绝在校门之外，即使有个别入学的也往往是随班混读，受教育状况很不理想。在许多发达国家，多重残疾儿童的教育问题已经引起了广泛关注，并进行了大量的研究，取得了很多成果。近年来，随着中国经济的发展和医疗条件的改善，盲校中的盲多重残疾儿童数量在逐年增多，目前已成为盲校无法回避的教育对象。由于盲多重残疾儿童的特殊需求，教育部颁布的国家统一课程无论是在教育内容上，还是教育形式上都难以满足盲多重残疾儿童的需求。如何坚持以人为本，从盲多重残疾儿童的个别需要出发，在教育目标、课程设置、教学内容、教学策略等方面体现以盲多重残疾儿童为中心，满足这类儿童的特殊需要是盲校目前必须面对的新挑战。本文在吸收国内外盲多重残疾儿童教育成果的基础上，着重梳理广州盲校多重残疾儿童的教育安置及课程设置经验，以期能够为未来中国其他盲校开展盲多重残疾儿童的教育提供借鉴，推动中国盲多重残疾儿童教育的发展。

---

① 本文是中国教育科学研究院与美国柏金斯盲校合作"盲多重残疾和盲学前儿童实验研究"项目的阶段性成果。

② 郭小牧，袁进兴. 多重残疾儿童教育研究与实践［M］. 内部资料，2007.

二、盲多重残疾儿童的教育安置

提供盲多重残疾儿童需要的灵活多样的教育安置形式，是帮助他们实现尽可能独立生活的教育目标的重要保证。由于盲多重残疾儿童是残疾儿童中最困难的教育群体，因此其教育安置与盲校中的普通盲童有较大区别，盲多重残疾儿童的教育安置原则、安置类型更加需要多样性和人性化。

（一）盲多重残疾儿童安置遵循的原则

1. 从学生的实际情况和需要出发①

学校在招生时首先对盲生进行初步的筛查，然后依靠团队收集盲童的各种相关资料对其进行教育诊断、评估，摸清学生的特点，结合医学、心理学、教育学，甚至包括对儿童环境深入、多层次的评价工作，达到全面细致地了解儿童在教育上的需求。然后依据残疾程度和教育评估诊断的结果进行教育分类安置。残疾程度较重且学习能力较低的盲生进入盲多重残疾儿童的特训班，要参考国家盲校课程设置方案，根据学生的需求，采用功能性和发展性课程相结合的方式单独设置课程；残疾程度较轻、尚能学习部分学科知识的盲多重残疾儿童进入常规班级随班就读，但部分不能随班的盲多重残疾儿童与特训班学生一起学习；年龄较小但残疾程度较重的盲多重残疾儿童接受教师的走教训练。

2. 尽量提供最少受限制的环境

所有残疾儿童，在最大的范围内都应该与正常儿童一起接受教育。最少受限制的环境就是要缩小残疾儿童与正常儿童的差距，尽可能减少对残疾儿童接受普通教育的限制，使残疾儿童尽可能达到正常儿童的发展水平，实现正常化。盲多重残疾儿童应尽最大限度被安置在最少受限制的环境中接受教育，即能与正常盲童一起接受教育的，决不能将其安置在特训班中。安置的原则是尽量就轻不就重，能在普通盲班随班就读，尽量安排在普通盲班随班就读，尽量提供最少受限制的教育环境，但必须保证多重残疾儿童能学有所得。对于轻度盲多重残疾儿童来说，他们大部分时间可以和同龄的学生一起学习、生活，在有特殊困难的领域得到额外的特殊帮助。对于严重的盲多重残疾儿童，尽管特训班是一种限制较多的环境，由于其学习和个体教育需要也必须要予以考虑，但可以采取一些积极的措施为其提供更多与其他人接触交流的机会，如尽量将特训班的孩子与学前部同龄的盲童组织在一起活动，

---

① 郭小牧，袁进兴. 多重残疾儿童教育研究与实践［M］. 内部资料，2007.

打破班级的界限，一起做操、一起活动、一起外出春游等，以提高其社会交往能力。

3. 建立一种灵活的安置调整机制

所谓机制，就是一种制度。通过建立盲多重残疾儿童常规化的教育评估制度，根据学生的学业程度和需要，及时调整现行教育安置。特训班安置的盲多重残疾儿童，有些非学业课程可以与正常盲童一起学习，随班就读的轻度盲多重残疾儿童，某些课程也可在特训班上课。所有盲多重残疾儿童的教育安置不受学期、学年等教学周期的限制，宜长则长，宜短则短，因人而异，因教而异，采取灵活的安置办法，以便提高盲多重残疾儿童的学校教育质量。

4. 提供特殊的服务

为盲多重残疾儿童提供合适的教育安置后，还必须根据每个盲童的个体差异，为他们提供一些特殊的、有针对性的服务，更好地体现"适宜教育"的本质。如针对在某一学科中学习困难的盲多重残疾儿童进行加强性的训练和辅导，针对运动障碍的盲多重残疾儿童进行个别的康复训练并配备特殊设备。

（二）盲多重残疾儿童安置的形式

盲多重残疾儿童的教育安置形式主要有特训班、资源班、随班就读、走读训练等。通常盲多重残疾儿童的教育安置形式不是固定不变的，在评估的基础上，可以根据其教育需要在几种安置形式之间互相转换。

1. 特训班

学生被安置在专为盲多重残疾儿童开设的特训班，主要是对中度、重度或三种以上多重残疾盲童进行教育与训练。课程主要是功能性课程和发展性课程、学科课程和综合主题课程互相融合，采用集体、小组教学和个别训练等方式进行教育训练。适合残疾程度较重，无法适应常规教学的盲多重残疾儿童。

2. 资源班

学生部分时间在常规班，部分时间在特殊班。以年级为单位，把轻度、中度的盲多重残疾儿童组成小班级，进行个别化和小班化的教育训练。这适合可以在常规班学习部分学科的学生。

3. 随班就读

学生大部分时间在常规班就读，个别学科接受特殊教育的辅导。主要针对轻度或有学习障碍、行为障碍等的盲生。在本校的普通班级随班就读，教师面向全体学生的同时，要对这些学生制订个别化教育计划并进行教育训练。这适合有较少学习困难的学生。

4. 走教训练

走教训练主要是针对年龄较小或残疾程度较重，无法适应集体教学的盲生。盲多重残疾学生每周定期由家长带到学校，由教师对学生进行个别训练，并辅导培训家长对学生进行日常指导和训练。

三、盲多重残疾儿童的课程设置

由于盲多重残疾儿童的残疾种类非常复杂，残疾程度也日趋严重，而盲多重残疾儿童的教育评估又比较落后，他们不仅需要学习学科知识，而且也需要其他康复训练，为其设置适合其群体需要的集体课程非常困难。因此，盲多重残疾儿童的课程应根据儿童的具体实际进行调整，使之更具个体化。只有个体化的课程和充足的康复专业师资队伍才能真正满足盲多重残疾儿童个体化学习的需求。

（一）盲多重残疾儿童的课程设置模式

1. 以日常生活学习为主要内容①

盲多重残疾儿童的教育，大多是以教授实用性技能为主，兼顾发展性技能，通常要遵循"有用才学"的原则。对于不同程度障碍的盲童，发展性和功能性的课程设置是不同的。对于程度较轻的盲童，发展性课程为主，功能性课程为辅；对于程度较重的盲童，绝大部分教学内容与生活有关，其课程大多是实用性课程。体现处处以生活为准绳，一切为了生活的教学内容。

2. 以学科综合性主题形式为主线

以盲多重残疾儿童的个人生活、家庭生活、社会生活领域为核心，主要解决多重残疾儿童生活中需要解决的问题，针对问题形成主题单元课程。通常学科综合性主题形式是以特定主题为线索，具有生活化和应用性，将各个学科的知识点和技能融入综合主题活动中。综合主题是多领域、多学科、多技能的主题教育，如中秋节、元宵节和超市购物等主题，每个科目选取与此相关的内容进行教育教学。以购物主题为例，具体设置见下图。

3. 融入生活，走出课堂

盲多重残疾儿童最终是要回归家庭和社会的，因此，如何以儿童所处的社区和生活环境为参照，预期学生未来的需要，为儿童提供由儿童向成年人的生活过渡做准备是非常重要的。鼓励家长共同参与到学校的教育教学中来，考虑到儿童在如独立生活技能和社会生活参与、劳动与职业技能训练、就业

---

① 彭霞光. 视力残疾儿童的教育理论与实践［M］. 北京：华夏出版社，1997.

的可能性等领域的发展情况，以个人为中心，为大龄盲多重残疾儿童制定"由学校向成人社会过渡——远景规划/发展目标"，从而帮助他们适应家庭和社会生活，提高其生活自理能力。

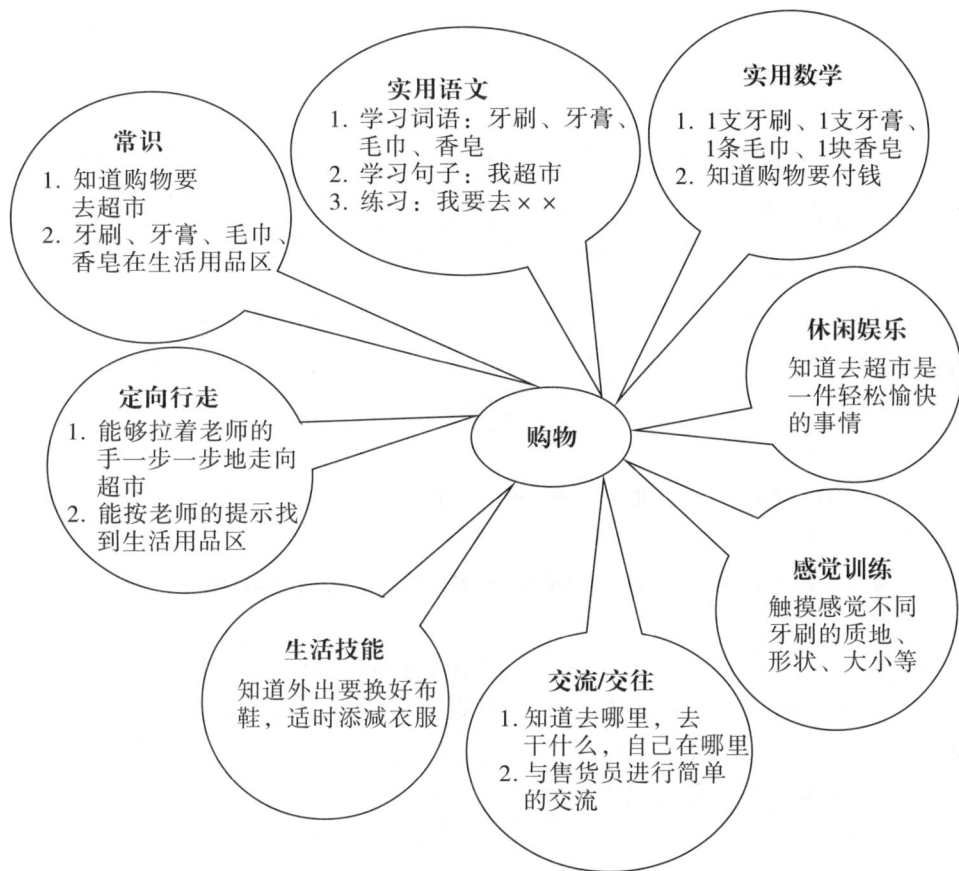

实用语文
1. 学习词语：牙刷、牙膏、毛巾、香皂
2. 学习句子：我超市
3. 练习：我要去××

实用数学
1. 1支牙刷、1支牙膏、1条毛巾、1块香皂
2. 知道购物要付钱

常识
1. 知道购物要去超市
2. 牙刷、牙膏、毛巾、香皂在生活用品区

休闲娱乐
知道去超市是一件轻松愉快的事情

购物

定向行走
1. 能够拉着老师的手一步一步地走向超市
2. 能按老师的提示找到生活用品区

感觉训练
触摸感觉不同牙刷的质地、形状、大小等

生活技能
知道外出要换好布鞋，适时添减衣服

交流/交往
1. 知道去哪里，去干什么，自己在哪里
2. 与售货员进行简单的交流

图1　学科综合性主题示例图

（二）盲多重残疾儿童课程设置的内容

参考国内外同类课程设置方案，结合学校的具体情况，初步确立以下盲多重残疾儿童课程。

1. 特训班课程

以综合性主题课程为主，主要包括生活技能（自我照顾、健康安全、家务劳动、社区生活技能），感知技能（小肌肉运动技能、盲文前技能），体育活动即大肌肉运动技能、感统训练、定向与行走技能、音乐活动、社交技能、休闲娱乐等。盲多重残疾儿童综合性主题课程是指在盲多重残疾儿童教育中，围绕特定的、与学生日常生活密切相关的主题，从每个学生的智力、能力水平出发，开展有计划、有组织的教学活动。从而发展学生认知、技能水平及适应能力的课程①。该课程以其形式的灵活性和内容的实用性，迎合了盲多重残疾学生复杂的特殊需要，并能照顾到学生间巨大的个体差异，同时使学生获得实用而有意义的知识和技能。

2. 资源班课程

以发展性课程（包括粗大运动和精细动作、交流、认知、学科、社交、日常生活技能、感知觉技能、前职业/职业技能）为主，实用性（功能性）课程（包括独立生活技能、休闲娱乐、社区生活技能）为辅。

3. 随班就读课程

基本上开设与正常盲童一样的课程，主要是学科课程，但个别学科如语文、数学、英语有学习困难的盲生，则以小组或个别的形式进行辅导，根据个体差异适当降低要求或调整学科知识内容。

4. 走教训练课程

主要提供早期的康复训练，并给家长提供一些指导与建议。

四、盲多重残疾儿童的教育原则和策略

对于许多盲多重残疾学生来说，尽管获得独立的生活能力是一种奢望，需要教育他们的人付出巨大的精力、创造力和耐心，但如果教育得当，独立生活也并非完全不可能，重要的是为孩子们创造成功的机会。通常来说，盲多重残疾儿童的教育是一件非常艰辛和具有挑战性的工作，需要遵循一些原则和策略②。

（一）教授实用性的技能

盲多重残疾儿童的课程大多是实用性课程，教授实用性技能。原因主要是盲多重残疾儿童要花很长一段时间才能掌握一项新技能。"适合才好，有用才学"是对盲多重残疾儿童进行教育训练的准则。教师教授的技能要从学生的实际生活出发，直接教授生活中所需的技能，而且要与学生的年龄与认知水平相适应。决定一项技能是否能够教会学生，需要考虑：为什么要掌握这些技能？学生本身很需要吗？这项技能有助于发展学生其他重要的技能吗？

---

① 郭小牧.多重残疾儿童综合性主题课程研究［J］.中国特殊教育，2001（1）.
② 彭霞光.视力残疾儿童的教育理论与实践［M］.北京：华夏出版社，1997.

它能促进学生的独立吗？就目前来看，并不是所有的技能都是实用的，有些技能可能是以后一些实用技能的准备技能。此外，为了促进盲多重残疾儿童与同龄的其他正常孩子进行交流、交往，教师也教授他们一些其他正常孩子都会的技能，以便盲多重残疾儿童将来能有机会与正常孩子交朋友。

（二）尽可能使用实物教学方法

对于一个年幼的，又发展严重滞后的盲多重残疾儿童来说，从来没有机会看见、触摸、认识真实的实物，模型、教具、代表物等对他们又有什么意义。因此，教育教学中必须尽可能首先使用实物教学，在对实物已有基本认知的基础上，才能使用模型、代表物，最后发展到使用抽象的盲文符号。首先应让盲多重残疾学生感受、学习认识真实的事物，然后等他们的认知发展到一定阶段，再将实物与视觉或触觉的象征物对应起来。

（三）尽可能在自然环境下教学①

盲多重残疾儿童将所学知识技能迁移到新的领域或泛化到别的环境会很困难，他们学习、掌握一项新技能都将花费很长时间，当你教他们一项技能时，不能推断他们能否在其他不同的状态下解决类似的问题。因此，自然环境的内容和情景能帮助学生直接掌握并在实际中运用知识和技能。例如，如果学生们学会为娃娃扣纽扣，不等于他们会为自己扣上裤子的扣，教师应随时在技能发生的场所教授该技能。但由于缺乏员工或受其他条件的限制，没有条件在自然的环境中教学生。当然也可以给出许多可以在教室学习的技能，提供实际运用技能的机会，以便在可能的情况下在自然环境中学习。

（四）需要时才提供帮助

任何人看到残疾儿童需要帮助时都会毫不犹豫地去帮助他们，更何况是盲兼有其他严重障碍的儿童。但是，过多代劳、过分保护是教育盲多重残疾儿童最温柔的"陷阱"。因为过分代劳、过分保护会使这些孩子失去许多学习做事情的机会，从而使他们变得无能。教师对待这些孩子的态度是尽可能像对待其他正常盲童一样，仅在需要时才提供帮助。在帮助学生完成某项任务时也特别要注意提供帮助的程度。对于一些技能，重度盲多重残疾学生往往最终难以达到独立操作的水平，而辅助程度的降低可以反映学生的进步。为了防止教师代劳过多，学校制定了"十步"向后退的策略，将对盲多重残疾儿童的帮助分成从手把手全程辅助、部分动作辅助、动作提示、语言提示直

---

① 美国柏金斯盲校多重残疾儿童教育与研究培训资料.

至独立完成等若干级。学生能自己完成的，教师绝不能提供帮助，能少提供帮助的，绝不多提供帮助。

（五）适时强化①

教学中需要频繁地使用强化策略，强化物的选择要注意符合学生的喜好和接受程度，并要注意强化的及时性。尤其要注意的是避免因教师的反应不当而强化了学生的不良行为。例如，学生因不想完成学习任务而扔掉学习用具，如果教师停下来去收捡，则使学生达到其停止学习的目的，无意中强化了学生扔东西的行为。教师正确的反应应该是多准备一些教具，坚持让学生完成任务。

（六）利用"可教育时刻"②

人在有兴趣和兴趣被激发的情况下可以更好地学习，对于盲多重残疾学生来说更是如此，应充分地利用这些"可教育时刻"。所谓的"可教育时刻"是指学生被某一特定的东西或想法所吸引时，教师充分利用该时刻或机会教育盲多重残疾学生学习或运用某些技能和某些概念，因为盲多重残疾学生在这种"时刻"中可能比在课堂上学到的更多。

（七）全程体验和部分参与③

盲多重残疾学生的教育非常强调让学生全程体验和部分参与。由于盲多重残疾学生无法通过视觉观察事物发展的全过程，往往产生片面的理解。而让学生在教师的引导下体验活动的全过程，可以帮助盲多重残疾学生获得事物的整体概念。例如，学生要喝水，教师要带领他找到杯子和水源，倒一杯水，喝完后再将杯子放回原处。这样学生就了解了水和杯子从哪里来，同时训练了生活技能。盲多重残疾学生受能力限制，往往不能达到一些较复杂活动所包含的全部技能要求，但不能因此就不让他们参加这些活动。教师应鼓励学生部分参与其中，从而运用已有技能，发展新的技能。学生在部分参与整体活动的过程中亦可培养与人合作的能力。

五、结论

多年来的教育实践及研究证明，从盲多重残疾儿童的个别需要出发，合

---

① 彭霞光. 美国盲多重残疾儿童教育的现状［J］. 中国特殊教育，2005（12）.
② 彭霞光. 美国盲多重残疾儿童教育的现状［J］. 中国特殊教育，2005（12）.
③ 美国柏金斯盲校多重残疾儿童教育与研究培训资料.

理地安置盲多重残疾儿童，设置适宜的课程模式和课程内容，采取有效的教育原则和策略是可以满足这类儿童的特殊需要的，使每个盲多重残疾儿童都学有所得。因此希望我校盲多重残疾儿童的安置形式（特训班、资源班、随班就读、走读训练），课程设置和教育原则及方法能够为未来中国其他盲校开展盲多重残疾儿童的教育提供借鉴，推动中国盲多重残疾儿童教育的发展。

（此文在《中国特殊教育》2010 年第 2 期上发表）

盲多重残疾儿童生活自理课程的教学策略

周海云

近年来，随着经济的发展和医疗条件的改善，盲多重残疾儿童在盲校就读的数量逐年增多，已成为盲校无法回避的教育对象。而教育部颁布的国家统一课程无论是教育内容还是教育形式，都难以满足盲多重残疾儿童的特殊需求。如何坚持以人为本，从盲多重残疾儿童的个别需要出发，在教育目标、课程设置、教学内容、教学策略等方面体现以盲多重残疾儿童为中心，满足这类儿童的特殊需要是盲校目前必须面对的新挑战。

一、开设盲多重残疾儿童生活自理课程的根本目的

盲多重残疾儿童接受教育的最根本目的，就是使他们能够具有一定的生活自理能力，将来能够适应社会生活，能够自食其力。但多重残疾的合并出现造成了他们在感官功能和个人活动上的巨大困难，严重影响他们的自理能力。入学前或入学后，父母、监护人、教师等都会花费大量的时间和精力来照料孩子的日常生活，孩子不能很好地适应新的环境，所以培养盲多重残疾儿童的生活自理能力至关重要。

二、盲多重残疾儿童生活自理课程的主要内容

日常生活中，最基本的生活就是起居饮食，这里包括进餐、穿衣、洗漱、起床、如厕、整理床铺等一系列活动。如果一个人每天的生活事务都能独自料理，那么，他基本上就能做到生活自理，在一定程度上可以脱离他人的监护。

生活自理能力除了表现在起居饮食方面的一系列活动外，还有一个自我保护的安全问题，如单独活动时如何保证安全，避免危险发生，以及对于发生的一些简单偶然事故能否妥善处理，如手指不小心被割破了，摔倒后出血等。因此，自卫安全训练也是生活自理能力训练中的一项不可缺少的内容。

这样，我们可以将盲多重残疾儿童的生活自理能力训练内容分为六大方面，即饮食、着装、如厕、睡眠、卫生（洗漱）和安全。将这六个方面的内

容细化，又可分为 20 个具体内容，详见下表。

表 1　盲多重残疾儿童生活自理课程

饮食	着装	如厕	睡眠	卫生（洗漱）	安全
1. 饮食基本能力	1. 服装的类别及不同部分	1. 控制大小便	1. 认识床和床上物品	1. 清洁和护理	1. 不饮用不洁净水
2. 饮食用具的认识和使用	2. 衣服的穿着				2. 安全使用器物
3. 进餐的卫生与习惯	3. 辨认适用于各季节、场合的衣物	2. 上厕所的基本知识	2. 睡前和起床后的礼貌和睡眠习惯	2. 鼻涕及打喷嚏的处理	3. 自我保护的常识
4. 饮食常识	4. 有关衣着的知识和打扮	3. 厕所设备的使用			4. 简单的救护常识
5. 饮食礼仪					

三、盲多重残疾儿童生活自理课程的教学原则

（一）补偿性原则

补偿盲多重残疾儿童身心缺陷，是特殊学校的教育目标和教育特点之一，贯穿于教育的全过程之中。因此，在对盲多重残疾儿童进行生活技能教育的过程中，要对他们的身心缺陷进行有针对性的补偿和矫正，使教育和补偿相得益彰。

（二）个别化原则

由于盲多重残疾儿童的个别差异很大，主要表现在他们有不同程度的智力缺陷和不同的行为特征上。因此，对他们的教育和训练必须最大限度地体现个别化。

（三）反复练习原则

由于盲多重残疾儿童识记慢、忘得快。因此，教学中必须组织学生反复练习，每一次重复不是简单的重复，而是需要提出新的要求，使其较牢固地掌握基本知识和技能。

（四）直观性原则

由于盲多重残疾儿童不善抽象思维，因此，教学中必须充分运用实物等直观教具，努力提高他们各种感觉器官的感知程度，不断丰富他们的经验，从而使他们掌握抽象的知识和技能。

（五）全方位原则

生活自理能力的培养是一项系列工程，它有赖于学校、家庭和社会的共同参与。在开展教育时，特别要让家长认识其重要性，使他们主动配合，督促训练学生各方面的习惯与能力。

四、盲多重残疾儿童生活自理课程的教学策略

（一）设置生活化的教学环境

盲多重残疾儿童在校所处的客观环境对他们来说是很重要的，在某种程度上可以弥补课堂教学的不足。对盲多重残疾儿童来说，最需要学习的是生活技能，因此环境的设置要充分考虑他们的生理、心理特点以及智力水平、学习能力等状况，创造最自然的生活化环境。如家庭式的厨房，学生可以去厨房倒水喝，认识餐具，感知盐、食油、酱油、味精等常用的调料，学习简单的烹饪技能，并会安全、正确地使用刀具等；餐厅的布置，学生学习饭前的准备技能、用餐礼仪以及餐后的卫生整理；卫生间的布置，在卫生间放置毛巾、肥皂、手纸等卫生用品，让学生学会大小便自理，养成洗手、洗脸的良好卫生习惯；寝室的布置，放置衣柜和鞋柜，学生穿脱衣服和鞋子的技能在日常学习生活中得到训练。这些技能都应是在最自然的环境和时间段里学习的，有利于教师的教授、检查以及儿童的现学现用。

（二）采用小步子训练方法

多数盲多重残疾儿童不能一次性完成整个任务。因此，任务应被分解为小步子，即把一个训练内容分解成若干个极其简单的操作动作，让学生从一个简单的操作动作学起，按照预定的目标一步一步有计划地进行训练，最后达到目标。

例如，训练学生学会自己穿衣服，可以把穿衣的动作从开始第一步到结束时最后一步的整个过程加以分解，让儿童一步接一步地进行练习，最终使儿童学会正确穿好衣服。以穿套头衣服为例，我们把穿套头衣服的过程分解

成几个简单的步骤进行教学：①两手找到并握住衣服下摆，从领口头部套入；②左手腕穿过袖口；③右手腕穿过袖口；④两手找到衣脚并整理好衣服。在整个练习过程中，教师必须耐心地一步一步分解指导，学生跟着教师学，小步子，多循环。同时，由于每一个分解步骤难易程度不同，在练习过程中必须从学生实际掌握情况出发，适时缩短或延长某一步骤的练习时间。

对于盲多重残疾儿童，当教授一个新的或复杂的技能时，把小步子都写下来会很有帮助。实践证明，这种小步子训练方法特别适合盲多重残疾儿童的年龄特征和发展水平，为盲多重残疾儿童所能接受。

（三）提供重复的练习机会

在学习过程中，对所学习的内容，多数盲多重残疾儿童无法一遍就学会一项新技能，他们需要反复练习以掌握新技能。因此，教师在指导盲多重残疾儿童学习时，对所学的内容、技能必须运用各种方法充分练习，而充分练习应建立在对所学内容、技能及练习运用的方法有一定理解的基础上；同时，教师要加强理解性的指导，要在练习中再指导，这样反复练，反复指导，抓住日常生活中每一个可以利用的机会，才能达到学会与记牢的目的；还要强调在自然状态下给他们重复练习的机会。如孩子在生活课上学习刷牙，应鼓励运用这一知识，早上起床、午睡后或晚睡前刷牙，这种重复练习可以帮助强化技能，并有助于它泛化至新的情景中去。

同样的学习内容，盲多重残疾儿童需要比一般正常儿童练习得更多，甚至是多出几十倍的练习。教师在传授知识和技能时要多用直观教具和生动的语言讲解，给他们的感官以较强烈的刺激，激发他们的学习兴趣。

（四）全程体验和部分参与

盲多重残疾学生的教育非常强调让学生全程体验和部分参与的原则。由于盲多重残疾学生无法通过视觉观察事物发展的全过程，往往产生片面的理解，而让学生在教师的引导下体验活动的全过程，可以帮助盲多重残疾学生获得事物的整体概念。例如喝水，教师要带领他找到杯子和水源，倒一杯水，喝完后再将杯子放回原处。这样，学生就了解了水和杯子从哪里来，同时训练了生活技能。

盲多重残疾学生受能力限制，往往不能达到一些较复杂活动所包含的全部技能要求，但不能因此而不让他们参加这些活动。教师应鼓励学生部分参与其中，从而运用已有技能，发展新的技能。如综合主题活动"元宵节"，残疾程度轻、能力强的学生全程参与搓汤圆、煮汤圆、吃汤圆的活动，残疾程度重、能力弱的学生只参与吃汤圆这一环节就足够了。

（五）形成家校一致的良好氛围

盲多重残疾儿童的父母往往因为子女的先天不足而凡事包办代替，使这些孩子失去了许多生活自理的机会，这直接导致他们在生活上的过度依赖，使先天的缺陷逐渐转化为后天的"弱智"。我们知道，家庭是孩子生活的主要场所，放弃这个特定的环境，就谈不上生活自理能力的形成。有的父母在训练孩子失败后，很容易失去信心，或是不知如何引导、激发孩子去实践。这时，学校的配合就非常关键。

通过家校联系，指导家长在日常生活中指导与训练学生参与劳动。根据学校教育训练计划，把在学校学到的生活技能在家庭环境中加以实践、运用。同时，请家长做好记录，学校再根据家长反映的情况，做到对学生的每一个微小进步都及时给予表扬与鼓励，真正实现培养学生自理能力的合力效应。实践证明，家校一致的合力教育能使我们的教育获得事半功倍的效果。

五、结论

多年来的实践及研究证明，从盲多重残疾儿童的个别需要出发，设置适宜的课程内容，采取有效的教育原则和策略，是可以满足这类儿童的特殊需要的，能够使每个盲多重残疾儿童都学有所得。在教学实施过程中，笔者深深地体会到了对学生进行生活自理训练的重要，也感受到了实施训练过程的艰苦，这特别需要教师和家长用爱心、耐心和责任心去引领学生、监督学生。同时，我们也享受到了学生们在掌握了一定生活自理能力后的无限欢欣之情。

参考文献

潘蕾.浅谈中班幼儿生活自理能力的培养.新课程·小学［J］.2014（2）.

（此文在《现代特殊教育》2011 年第 Z2 期上发表）

视力残疾幼儿学前课程设置的探索和思考

王　莉

　　课程是人的活动，课程价值体现着人的价值，而人的价值与人的全面发展关系密切。学前课程旨在促进学前儿童全面基础素质的适宜性发展。视力残疾幼儿学前课程也是要发现并最大限度地开发视力残疾幼儿的潜在能力，培养他们良好的道德品质、行为习惯和活泼开朗的个性，提高对社会生活的适应能力，促进其身心健康发展，为进入小学阶段的学习、生活打下坚实而良好的基础。

一、课程设置的理念

　　视力残疾幼儿学前课程的基本理念是以视力残疾幼儿发展为本，满足幼儿对安全与健康、关爱与尊重的基本需要，并为幼儿提供平等的学习与发展机会。根据幼儿阶段的学习特点与身心发展水平，激发幼儿积极、主动学习，尊重幼儿学习与发展的个体差异，发挥学前教育的教育补偿功能，尽可能弥补残疾给幼儿带来的不利影响，从而确保视力残疾幼儿的健康、正常发展，为其进入小学阶段的学习、生活以及拥有幸福的人生打好基础。

　　第一，对于正常幼儿来说，由于平时积累的感性知识比较丰富，加上在视力的帮助下，能够直观、快捷地综合获取来自各方面的信息，并把各方面的知识联系起来，进行整体认识，在潜移默化中习得各种技能，如语言、社交、运动、计算能力等，从而有利于促进幼儿整体素质和综合能力的提高。然而对于盲幼儿来说，他们失去的不仅仅是视力，更重要的是失去了70%～80%的信息来源渠道，残疾障碍使他们丧失了利用视力整体观察事物和接收各方面信息的能力。第二，整合教育活动不仅是综合知识的运用，而且还是基本技能的综合训练，但视力残疾幼儿的一些基本技能必须要通过单独专项的康复训练才能形成，如定向与行走能力、感知觉能力、运动能力、生活自理能力等。只有通过专项的康复训练，视力残疾幼儿的视觉缺陷才能得到更好的补偿，才能更加顺利愉快地参与整合性教育活动。第三，视力残疾幼儿积累的直观感性经验比正常幼儿要贫乏，要使他们获得更多的感性体验，就要设计符合他们特点的、形式多样的课程。

此外，由于盲兼有其他残疾幼儿的数量逐年增加，如伴随智力落后、言语交流缺损、严重情绪/行为障碍、肢体障碍（主要是脑瘫引起的双腿肌肉萎缩，不能正常行走）等，不仅仅要关注其学前课程的教学内容，还要对他们进行更多的康复治疗训练，即在课程设置和日常活动中必须渗透一定的功能性康复训练内容。

二、课程设置的原则

通常视力残疾幼儿学前课程设置的原则遵循：

第一，要与视力残疾幼儿的个体实际需要相符合，符合孩子最优先发展领域的需要。

第二，不要期望课程设置能够满足所有视力残疾幼儿的需要，考虑共同需要的同时关注他们的不同需要。

第三，既要重视分科课程，也要注重设计适合幼儿的综合知识技能的整合主题课程；既要注重分科知识的教育教学，同时也要关注幼儿功能性技能的个别辅导和训练，使视力残疾幼儿能够得到适当水平的功能康复或降低多重残疾的程度。

第四，寓教于乐，在玩耍、游戏中学习等指导原则同样适用于他们。因此，课程内容设置要注重游戏、活动性等。

三、课程设置的内容

（一）课程构建

视力残疾幼儿的学前课程可以由发展性学科课程、功能性康复课程、整合性主题活动课程等构建。

发展性学科课程包括语言、计算、常识、科学、艺术、盲文前技能等。

功能性康复课程包括定向与行走能力、运动能力、触觉能力、感知觉统合能力、生活自理能力、休闲娱乐等。

整合性主题活动课程是以视力残疾幼儿为中心，围绕孩子的日常学习、生活、社区活动等设计相应的主题整合教育活动。其内容涵盖幼儿科普知识、常识认知、日常生活自理、社会交往等。它要求教师设计的活动能够让视力残疾幼儿综合运用已习得的各学科知识和康复训练掌握的技能，使他们的各种潜能在活动中得到开发。

（二）主要课程领域内容和教学要点

1. 语言、沟通与社会交往

一方面，对视力残疾幼儿进行语言理解、表达等方面的口语训练，越早开始越好，可以采取听说、谈话、故事、诗歌、游戏等方式进行。另一方面，研究表明，孩子从成人处所获得的影响信息其中93%是来自使用非言语方式，尤其是那些学前多重残疾幼儿。因此要让视力残疾幼儿多发展使用非言语方式，即触摸、表情、手势、肢体语言、实物、图片等进行有效的沟通和交流，乃至发展其社会交往能力。

教学要点：

（1）语言的呈现必须是有意义且对幼儿的日常生活较为重要的。使用简洁、明了的短语或是句子，但不是婴儿用语。

（2）在真实的场景中不断重复有意义的语言交流，鼓励幼儿多进行有意义的对话和交流。

（3）聆听孩子的话语，必要的时候才予以纠正，在每项教育活动/游戏/自然场景中鼓励孩子使用有效的语言学习方式进行沟通和交流。

（4）尽可能予以视力残疾幼儿与同伴、正常儿童/成人交流的机会。尽可能地策划一些有意义的、能够让孩子们在社区中进行自由交往的活动。

2. 计算与常识

内容范畴：数的基本概念、简单加减法、物体称量；金钱的认识（金钱的价值、用途）；归因概念（匹配、整理、分类）。身体器官的名称，身体空间，位置概念（左、右、前、后、上、下）等，时间（白天、夜晚、大概的时刻），日期等。事物的探索（常识）：事物的认知（大小、形状、声音、色彩、质地、比较特征、功能、恒久性等）；事物的因果关系。

教学要点：

（1）数的概念发展要按"口头数数、给物数数、按数取物、掌握数的概念"的顺序进行简单的数的认识，之后是简单的图形、钱币、长度和重量单位的认识。

（2）社会常识要安排先从认识自己的身体、家庭和学校、身边的人等开始，再认识简单的自然现象、动植物、食品，以及交通工具等，丰富视力残疾幼儿的社会生活经验。

（3）事物的探索、认知和因果关系等方面需遵循事物发展的一般规律，并根据视力残疾幼儿的身心特点，建立起孩子早期认知以及空间、时间关系等概念。

3. 运动与感知觉

内容和分类：大肌肉运动（体育活动、健身运动），小肌肉运动（手指精细技能运动、感觉训练等），感知觉统合活动。

教学要点：

（1）大肌肉运动是训练全身肌肉的运动、协调能力。包括走、跑、蹲、跳、爬等身体各个关节的灵活运动和协调、平衡能力以及手部大肌肉的训练。

（2）小肌肉运动最重要的是训练手指部分的灵活性，同时也包括手部肌肉的整体协调，如肩膀、手臂、手腕与手指等部位。

（3）进行感知觉统合活动前需要对幼儿进行专业的感知觉统合测评，之后设计有针对性的训练课程和生动的游戏活动，通过借助特殊、专业的感知觉统合器械，帮助视力残疾幼儿调整脑神经与身体的整体配合，促进身体协调能力的综合发展。

4. 定向与行走

内容和目标：

（1）建立与定向行走有关的身体部位、动作行为、方向方位、空间、时间、路形、路况等正确的基本概念，如关于楼梯、地板、窗户、房间、街道斜坡、拐角等的认知概念，为定向和行走奠定必备的基础。

（2）通过触觉、听觉、嗅觉、肌肉记忆等技能训练，提高视力残疾幼儿的感知觉能力，让他们学会确定自己在环境中所处的方位，判断行进的方向。同时掌握硬、软、凹凸不平、光滑、粗糙等质地概念，以及热、冷、温、凉、潮湿、干燥等认知概念。

（3）通过导盲随行、沿物慢行、前盲杖应用、校外行走等教学训练，让视力残疾幼儿掌握初步独立行走能力，在室内、学校和家庭社区等环境中能自然、有效行走。进行大群体平路行走路线训练，掌握简单的集体行走方法，在行走中学会灵活运用简单的自我保护方法。

教学要点：

视力残疾幼儿的定向与行走能力主要依赖于三个因素：幼儿本身的感知运动和认知能力；定向与行走的环境特点；定向与行走活动的复杂程度。

5. 盲文前技能

内容和目标：

（1）学习掌握初步的书本空间方位概念，学会装四行写字板，用写字板书写六点字。

（2）学习掌握盲文摸读的正确姿势，用轻触法和逐字法进行盲文阅读，初步养成良好的盲文学习习惯。

（3）学习触摸、追踪等触觉技能，发展幼儿的双手协调能力。

教学要点:

（1）视力残疾幼儿正式学习盲文之前，我们可以让他们广泛地接触盲文点字。盲文的早期认识对他们今后的正规学习是非常重要的。如果视力残疾幼儿在学前阶段有接触盲文的经历，那么他们进入小学时，就能与同龄人一样，对书面文字有熟悉的感觉，这会增强他们的自信心并让他们以积极的态度开始盲文的学习。

（2）盲文的阅读技巧涉及正确的身体姿势、手和手指的灵活运用、手指的力度等方面。要对视力残疾幼儿进行手指精细技能的训练，提高他们的触觉能力。

（3）装写字板练习对今后的盲文书写速度有很大的帮助。要帮助视力残疾幼儿学会通过双手配合，左右对齐地装写字板，并掌握纸的上、下、左、右、中间、边、角等空间概念。

6. 日常生活自理及休闲娱乐

内容和目标:

（1）掌握一定的生活技能是顺应生存需要和社会生活的发展要求，要培养视力残疾幼儿的自主精神，学会生活自理对促进他们的正常发育非常必要。如学习梳洗、穿着和整理自己的衣物以及进餐技能和礼仪等。

（2）通过学习饮食卫生、疾病的预防、生活常规等让视力残疾幼儿懂得一些简单的卫生健康常识，减少或预防疾病的发生。

（3）学会生活的一个重要方面是要培养视力残疾幼儿进行休闲与娱乐的能力。要让视力残疾幼儿学会玩并懂得如何玩，如在自选游戏中玩玩具、唱歌、跳舞、听故事、参与娱乐活动、收听广播或看电视、学会操作一些健身器材等。

教学要点:

（1）让视力残疾幼儿在真实场景中体验并进行生活自理技能的训练。

（2）让视力残疾幼儿积极主动地参与各项生活自理技能的训练或休闲娱乐活动等。

（3）良好生活习惯和生活能力的培养不是一朝一夕就能养成的，而是需要视力残疾幼儿长期的反复练习才能养成，因此我们要付出加倍的耐心、细心和爱心。

（4）包办、代替一切比教会孩子独立操作容易得多，却会害了孩子。要培养视力残疾幼儿的独立自主能力。

（5）教会孩子自娱自乐，轻松愉快地玩耍。

（三）学前一日课程内容结构

视力残疾幼儿的学前一日课程内容结构可以包括：日常常规活动，如晨会、课间体育运动、盥洗、起居、进餐、休闲娱乐等；学科知识，如语言、计算、科学常识、音乐艺术活动等；单项技能训练，如定向与行走、感觉统合、盲文前技能、触觉训练等；整合教育活动，如可以设计"高高兴兴上幼儿园""幼儿园里朋友多""春天来了""认识我自己""自己的事情自己做""我的小手真能干——我行、我能行""好吃的食物"等综合性主题活动。每周课程表以广州市启明学校幼儿部课程设置为例，如表2所示：

表2 广州市启明学校幼儿部课程设置

	幼儿（小班）（3至4岁）	幼儿（中班）（4至5岁）	幼儿（大班）（5至6岁）
语言技能	3	2	2
生活技能/健康常识	4	3	2
定向行走	2	2	2
综合主题	4	4	4
体育运动	2	2	2
实用数学	2	2	2
手工美术	2	2	2
感觉训练	3	2	1
感觉统合	2	2	1
音乐/音乐游戏	2	2	2
盲文前技能	1	2	3
健身活动	1	2	2
自选游戏/故事游戏	5	4	4

注：节数是指每次活动的时间，分别以小班20分钟，中班25分钟，大班30分钟为一节。节数可以根据孩子的年龄和能力等进行灵活调整。

四、课程设置需考虑的几个因素

（1）我们需要对视力残疾幼儿一天的课程活动进行综合考虑，采取恰当的内容和方式。

（2）要尽可能地充分考虑照顾到每个视力残疾幼儿的差异和不同需求，在内容、目标和方式等方面因材施教，注重对孩子的个别化教育。

（3）教育教学环境也是课程设置和实施时的一个重要方面，要给视力残疾幼儿营造丰富、充实、恰当的环境。

（4）课程实施是课程设置之后的一个重要操作环节，课程是否具备实际操作的可能性是检验课程设置是否合理的一个重要体现。

（5）教师工作团队是课程实施的人力资源保证，不同的教师资源配置也将会有不一样的课程内容设置，这也是我们进行课程设置时需要考虑的重要因素。

（6）家校合作是学校教育的一个重要组成部分，因此在进行课程设置时也要倾听并考虑采纳家长的合理意见和看法。

参考文献

1. 布鲁斯·贝克，等. 幼儿独立生活技能训练手册. 徐俪瑜，陈坤虎，苏娴敏，译. 台北：心理出版社，2006.

2. 尼尔曼，纳米特·雅各布. 盲童早期教育指南：家庭和社会共同帮助视障儿童成长. 吴安安，编译. 南京：江苏教育出版社，2009.

（本文在《现代特殊教育》2011 年第 6 期上发表）

浅谈盲校幼儿园、家庭与社区一体化教育

周海云

一、问题的提出

新颁布的《幼儿园教育指导纲要》明确指出："幼儿园应与家庭、社区密切合作，综合利用各种教育资源，共同为幼儿的发展创造良好的条件。"可见，无论是健全幼儿还是视障幼儿，都需要幼儿园与家庭、社区共同配合，一起参与教育活动。对于视障幼儿而言，更需要如此，原因在于视障幼儿的特殊性，许多家长并不知道如何教育自己的子女，比如怎样纠正盲态、怎样让视障幼儿判断方向、怎样让视障幼儿发展触觉能力等，而盲校幼儿园和家庭如何获得社区对视障幼儿的教育帮助方式等，也是影响视障幼儿教育成效的重要因素。因此，为了教育好视障幼儿，我们有必要开展盲校幼儿园、家庭与社区一体化教育的研究，促进视障幼儿的健康发展。而在国内的盲校中，广州盲校幼儿园的家长是最早参与学校、社区教育的，对盲校幼儿园、家庭与社区的一体化教育开展了研究与实践，取得了一定的效果。下面，就广州市启明学校幼儿园、家庭与社区一体化教育的做法作如下阐述，以期能为我国盲校开展视障幼儿教育事业提供经验和借鉴。

二、一体化教育的必要性和重要性

（一）有利于视障幼儿的发展

家庭是儿童最早接触到的环境，家长是儿童的启蒙教师。因此，视障幼儿的教育必须从家庭教育开始，也需要家长共同参与到幼儿园与社区的教育当中。视障幼儿既有与健全幼儿相同的需要，又有其独特的教育、康复、心理辅导、职业辅导等需求，这些特殊的需求只有得到家长的共同参与，得到社区的支持，视障幼儿才能健康地成长与发展。

（二） 有利于幼儿园提高教育质量

由于视障幼儿的个体差异性较大，每个孩子的视障原因、行为表现、家庭环境等都不同，而每个家长对于自己的孩子而言，在某种程度上可以说是教育专家，他们有着与常人截然不同的生活经历，对自己孩子的表现了如指掌。因此教师需要从家长那里了解有关视障幼儿的各种信息，需要家长参与学校的教育，以便更好地教育好视障幼儿，提高教育的质量。苏霍姆林斯基说："学校和家庭要一致行动，向儿童提出同样的要求，这样才能实行和谐的全面发展。"由于部分视障幼儿的家庭经济比较困难、家长承受的心理压力大、不愿意参与社区活动等，因此需要社区的工作人员提供各种支持，以消除他们的后顾之忧。

（三） 促进家庭生活健康发展

残疾子女的出现给家庭带来了非常大的压力与困难，养育特殊孩子消耗了家长有限的精力和时间。多数家长为了治好孩子的眼疾和养育孩子而长期处于困惑迷茫、精神疲倦、体力透支的状况，这直接影响了家庭生活的健康发展。视障幼儿的家长如能采取合适的方法参与学校和社区教育，与教师、其他家长和志愿者建立伙伴关系，就有机会获得精神、资讯和专业上的支持。在这些支持下，家长的自我概念和教育技能都能得到改善，最终促进家庭生活的健康发展。

三、盲校幼儿园、家庭与社区一体化教育实施的基本策略

（一） 家庭方面

1. 挖掘家庭中的各种资源

盲校的家长来自各行各业，蕴含着丰富的教育资源。作为教师要充分挖掘这些教育资源，利用其为教育服务。如妮妮的爸爸是南方医科大学的老师，我校教师利用他自身的优势，通过家长联系南方医科大学附属幼儿园的小朋友和广州盲校幼儿园的小朋友开展手拉手的联谊活动。通过联谊活动，让正常幼儿园的小朋友从小养成接纳、关心、帮助特殊儿童的习惯，让视障幼儿有更多机会与正常的小朋友接触，提高他们的交往能力和适应能力。

2. 家长参与幼儿的活动

视障幼儿的教育需要家长的共同参与，才能取得更好的效果。同时家长

在参与活动中也增进了对孩子的了解，孩子也因为家长的参与在活动中表现得更好。如我校在开展"春天"的主题教育中，家长参与幼儿园组织的亲子活动"春游"，带着孩子到大自然中，随时配合老师引导孩子观察触摸和为孩子讲解身边的春天景物。当孩子遇到问题时，教师、家长的及时介入，给予孩子全力的支持与帮助。这样不仅提高了视障幼儿的观察、思考能力，同时也拉近了老师与家长、幼儿之间的距离，收到了非常好的效果。

3. 家长助教进课堂

让家长走进课堂，直接参加视障幼儿的教育活动，以弥补幼儿园工作人员的不足，同时让家长了解孩子在幼儿园的学习与表现情况，让家长学习和掌握一些教育视障幼儿的方法与技巧，为幼儿园和家庭搭建一个互相交流、学习的平台，从而更好地促进孩子的全面发展。如在学习盲文前技能的活动中，可以邀请一些家长做助教，协助老师指导孩子进行学习，这样一方面弥补了教师人手不足的情况，另一方面也让家长基本掌握了盲文的一些知识，可以为孩子课后的学习提供帮助。家长走进课堂当助教，使他们有机会参与到各种各样的活动中去，真正转变为幼儿园的合作伙伴。

4. 创设良好的家庭教育环境

家庭环境是幼儿物质生活的空间，孩子需要有一个属于自己的小天地。视障幼儿由于视觉的障碍，更加需要一个自己的活动场所，以便在各种活动中增长见识、发展能力。因此，教师应当建议家长与孩子商量，为孩子创设一个自然角、一个阅读角、一个玩具角等，以满足孩子的各种需要。如结合学校幼儿园开展"找春天"的主题活动，建议家长和孩子一起建立"家庭自然角"，饲养自己喜欢的小动物，种植自己喜欢的花草等，家长和孩子一起观察它们的生长变化过程，并和同伴一起交流分享，培养视障幼儿学会观察、分享、感恩的好习惯和优秀品质。

（二）学校方面

1. 转变家长的教育观念

不少视障幼儿的家长存在各种错误的观念，如有些家长认为残疾孩子是一种累赘，有些家长则把残疾孩子当作宝，也有些家长认为残疾孩子长大也无法成才等。因此，老师要鼓励家长面对现实，要以健康的心态对待自己的孩子，既不能悲观失望，又不能溺爱迁就，更不能歧视嫌弃，要以乐观科学的态度正视孩子，要给予孩子更多的关爱和家庭的温暖，给予平等参加家庭生活的机会，相信孩子通过努力是可以获得成功的。

2. 向家长提供资讯和相关专业知识

通过对广州盲校幼儿园家长的调查表明：68.9%的家长没学过视障幼儿

早期干预的知识，73.5%的家长没学过视障儿童心理和教育的知识，56.3%的家长没学过家庭教育的知识。家长普遍缺乏保障视障幼儿权益的法规知识，以及缺乏视障幼儿的生理、心理、教育的知识，面对孩子出现的各种问题常常感到力不从心。因此，首先要帮助家长了解有关保障视障幼儿权益的法规知识，增强视障幼儿家长的法律意识。其次，让家长熟悉幼儿园的管理机制、日常活动和课程设置等，让家长了解和参与学校的教育。最后，对家长进行一些专业的知识培训，如开展"如何与孩子沟通""如何教孩子定向与行走""如何为孩子选择合适的音像读物"等专题讲座。

3. 拓宽幼儿园和家长的联系渠道

第一，表彰优秀家长。将优秀幼儿和家长事迹张贴在宣传栏，使家长感觉到自己的努力得到幼儿园的认可。第二，举办家长日活动。请家长来校与孩子参加幼儿园的一日活动，鼓励家长听课，进行课堂研讨，家长可就活动过程中发现的问题及时向学校反映，协商解决问题的办法。第三，鼓励教师家访。家访是教师了解幼儿的主要手段，学年初的家访最能建立起双向交流的基础。第四，成立家长委员会。向家长们宣传学校的教育，动员家长献言献策等。第五，充分利用宣传栏、家长会等多种方式吸引家长参与幼儿园的活动，寻求多角度合作。

4. 鼓励家长组建团体

幼儿园应该让家长看到集体力量的优势，鼓励他们团结起来组成家长团体，在促进家长和幼儿园的合作方面起带头作用，并力图将个人问题转化成社会所关注的议题，以便改进现有的服务设施，发展欠缺的服务方案，甚至推动某种政策法令的制定。家长除了代表一股有效的推动力量外，彼此间还可以相互提供资讯，交流育儿心得，互诉心情，获得感情的共鸣，借以化解家长的各种压力。

（三）社区方面

1. 特殊学校要得到社区的支持

学校是社会、社区之间的桥梁，因此学校的教育与社会、社区密不可分。特别是视障幼儿的教育更加应当走进社区，得到社区的大力支持，才能使孩子们更好地了解社会和融入社会。因此，一方面学校要让社会和所在社区了解和理解视障教育，让民众理解、认同视障教育；另一方面学校要争取社会和所在社区的支持，与社区的残联、街道、居委等建立良好的关系，开展一些合作活动，让他们协助解决视障幼儿教育的各种问题。

2. 社区要从物质、精神上为家长排忧解难

视障幼儿由于视力的残疾，家长在为其求医、康复和购买辅助器材上花

费很大，对于那些也是视力残疾的家长来说，经济更加困难。同时，许多家长对于自己有残疾的孩子感到脸上无光，存在很大的心理压力。因此，学校要与社区联动，建立起对视障幼儿家庭的保障与支持体系，在福利保障、经济援助、心理支持、解决就业等方面为家长排忧解难。同时，营造一个全社会、多方位关心和支持视障幼儿及其家长的良好社会环境。

3. 挖掘社区潜在的教育资源

学校的管理人员要充分挖掘社会的资源，为视障幼儿的教育提供更多的服务，如邀请社会各界人士走进校园，为学校发展建言献策，为视障幼儿捐资助学，解决学校的困难。又如与区图书馆或街道的社区服务中心合作，设立"视障儿童阅读角"，让视障幼儿和家长可以就近自主选择、自由借阅有关读物，满足幼儿、家长的需求。还可以把消防队员请进学校，进行现场实地演习，向全体师生演示如何第一时间带领小朋友从安全通道逃离火灾现场等。

4. 以社区自然环境为教育课堂，构建教育新体系

第一，充分利用社区周围的环境，如医院、超市、邮局、银行和工厂等社会生活服务设施，为视障幼儿提供学习与参观的场所。如在开展"购买水果"的综合主题活动时，教师带领视障幼儿参观学校旁边的水果批发市场，同时还邀请了部分家长和社区有关人员共同组织与实施，既加深了孩子与家长的亲情，也使孩子走出幼儿园走向社区，增长了见识，丰富了社区文化。还可以组织视障幼儿参加社区内普通幼儿园的"手拉手，庆六一联欢"活动，参加社区"为老人祝贺生日"活动等，通过这些活动，使视障幼儿不仅学会了与同伴、成人的交往，也学会了关爱别人，培养了他们亲近社会的行为。

第二，利用大自然素材，丰富课程内容。让视障幼儿亲近自然、回归自然，不仅可以使其在自然环境中身心愉悦地健康成长，而且可以帮助他们积累各种生活经验。在观察中发现，小朋友更喜欢在自然环境中学习，为此我校联系较近的村庄、果园，经常带视障幼儿去大自然中观察与探索各种有趣的现象。如在春天带领幼儿到农田上摘草莓，体验采集的喜悦，感受春天的气息；在秋天，让幼儿走进果园采摘果子，让幼儿从中感受到了农民丰收的喜悦等。

在工作中，我们不仅探索了一些有效利用社区资源和家庭资源为视障幼儿园教育教学服务的新途径，提高了广州盲校幼儿园的管理水平，而且全园上下都已深切地体会到幼儿园、家庭、社区一体化教育的重要性，只要充分发挥好幼儿园的主体性，积极主动地做好沟通、协调和服务工作，那么幼儿教育就会从单一的幼儿园教育误区中走出，家园、社区共育也不再是理想化的构想，而会实实在在地促进视障幼儿素质的全面提高，推进幼教改革向纵深发展。

参考文献

联合国教科文组织. 特殊需要教育行动纲领（草案）［J］. 李彩云，译. 特殊教育研究，1994（3）.

（此文在《广州师训》2014 年第 3 期上发表）

第二部分

技能训练

多重残疾盲童语言表达能力的培养

谭间心

　　多重残疾盲童，是以视力障碍为主要特征，同时兼有智力障碍、情绪障碍、自闭症、学习困难等其他问题行为的儿童。在盲校的多重残疾盲童训练班中，很多孩子除了视力障碍外，语言的表达能力也存在较大问题。例如，有的多重残疾盲童与人交流时喜欢重复别人的问话；有的只会学说简单的词语；有的发音不准，吐字不清，只会发出断断续续的语音，只有整天陪在他们身边的家长或者保姆才能猜出他们想要表达的意思。

　　那么，盲校中的多重残疾盲童应该如何进行语言表达能力的训练呢？以下是笔者作为盲校的多重残疾盲童训练班教师的教学体会和措施。

一、多重残疾盲童语言发展迟缓的原因分析

（一）生理因素

　　一般儿童的语言学习主要是依赖听觉和模仿别人的发音进行的，但是由于多重残疾盲童在智力、情绪控制等方面经常有障碍，因此其语言学习的发展过程与同龄的正常盲童相比，明显迟缓了很多。

　　此外，由于视觉缺陷，这些孩子无法观察到教师的发音和口型，领悟不到发音的部位和方法，这也导致部分多重残疾盲童对一些发音混淆不清。例如，特训 2 班有个孩子，发音时，只会张大嘴巴，嘴唇不会合拢，当发声母是闭口呼的音时，如"b、m、p"等，就非常不准确。虽然老师一直跟她强调发这些音时要将嘴唇先合拢，但这个孩子还是无法理解发音的技巧和要领。

（二）心理因素

　　多重残疾盲童的自我保护意识很强，对于第一次接触到的人或物都有很强的抵触心理。他们不愿意与对方交流，甚至会对别人或教师亲昵的肢体动作（如拉拉手、轻轻抚摩头部）表现出抗拒和恐惧。这些现象表明，多重残

疾盲童对外界的环境（人或物）有恐惧心理，缺乏安全感，所以对不熟悉的人，他们会拒绝与之交流，也就不会对别人的言语和行为做出任何反应。另外，部分有智力障碍的多重残疾盲童由于认知能力的低下，社会经验、知识经验的欠缺，这使他们在日常生活中经常遭遇挫折。这种挫折感会使他们失去与别人进行言语交流的兴趣和机会，因而无法得到足够的语言刺激，从而导致语言表达能力发展迟缓。

（三）家庭因素

家庭是社会的基本单位，也是一个人接受教育的第一场所。通过调查发现，大部分多重残疾盲童的家长在孩子婴幼儿期就很少与孩子进行交流。他们有的是不懂得如何与孩子进行交流；有的是忙于工作，无暇顾及孩子；有的是包办代替，孩子还没有自己用语言将意愿表达出来，家长就心领神会地帮助他去实现了心中的愿望，导致他们错过早期学习语言的机会。因此，孩子学说话会变得很被动、很迟钝，学校进行补偿教育也更加困难。另外，多重残疾盲童平时的生活环境狭窄、活动范围小，与普通人交流的机会较少，这也严重地影响了他们语言的发展。

二、培养多重残疾盲童语言表达能力的措施

（一）营造轻松、安全的环境，培育良好的情绪

轻松、安全的环境能让学生消除紧张和焦虑心理。刚入校的盲童，对于新的环境和陌生人很抗拒，也不能很好地控制自己的情绪；有的孩子腼腆、害羞、沉默寡言，不敢或不懂得表达自己的想法，这对学习语言非常不利。作为多重残疾盲童训练班的教师，要懂得和孩子们交朋友，平时多和他们说话聊天，不当面议论他们的缺陷；对于孩子们说的话，能够有礼貌地认真倾听，做孩子们的大朋友，使他们没有任何心理压力，在温暖、安全、轻松的环境中与人自由地交往，从而让孩子获得说话的勇气和自信。在教学活动中，要注意营造良好的课堂气氛，使孩子们心情舒畅，有话想说、有话可说、有话敢说、有话会说。

作为多重残疾盲童训练班的教师，不能对教室的环境、授课的教师等做随便的更改调动，哪怕是最细微的变化，也要及时告知学生，让他们对身边的变化有所感知，避免造成学生的恐惧心理，从而使他们带着良好的情绪与人交流。

（二）开展综合性主题活动，培养多重残疾盲童语言表达能力

综合性主题活动是指在多重残疾盲童教育中，围绕特定的、与学生日常生活密切相关的主题，从每个学生的智力水平出发，开展有计划、有组织的教学活动，从而发展学生的各种能力。它是培养多重残疾盲童语言表达能力的重要途径。

教师要从儿童的实际生活入手，体现以儿童为主体，从他们的需要出发，确定活动的主题。主题活动的内容主要来自儿童身边的现实生活，从儿童的日常生活中选择有实际意义的事情。通过这些日常生活中的主题活动，教师可以对多重残疾盲童的语言学习进行有针对性的指导。

家庭是现代社会生活的基本元素，更是学生生活的第一环境，根据这种情况，本文以家庭为主要内容，设计出相关的主题活动。从而使学生理解家庭的实际概念、家庭的各种情况，了解自己的家庭及家庭成员的基本情况。例如，说出家庭的地址、电话号码、家庭成员及其称谓；说出家中有几个房间及各房间的功能；讲一讲家中各成员的年龄、职业等。

盲童对声音都有着浓厚的兴趣，尤其是多重残疾盲童。在笔者所任教的多重残疾盲童训练班中，就有很多这样的学生。有的一听到学校外面传来的喇叭声、人声等，就会很开心地进行模仿。他们有的喜欢长时间地沉浸在自己的世界中，用嘴巴发出各种奇怪的声音，乐此不疲。根据学生的这些兴趣特点，我就以声音为重点，设计出相关主题活动。其中包括让孩子寻找身边各种各样的声音，如家庭里的声音、学校周围的声音、大自然的声音、动物的声音、交通工具的声音；了解不同的乐器能够发出什么样的声音；分辨好听的声音和噪音等。

（三）利用身边的事物，指导仿说

有些多重残疾盲童，说话断断续续、模糊不清，我们应采用仿句说话的方法，指导他们模仿句式，练习说一句完整的话。例如，我们先带领多重残疾盲童观察教室里有什么实物，一边触摸一边大声读出来：桌子、椅子、讲台、黑板，并指导多重残疾盲童学习字词发音，理解词义；然后，用"这是什么"的句式练习说话；接着指导他们分别说出"教室里有什么""教室里有什么和什么""教室里有什么、什么和什么"，进一步指导他们掌握句式，理解句意，巩固字词发音；最后在前两个句式掌握得较好的基础上，指导孩子仿照"什么里有什么"的句式练习说话。

用指定的句式，指导多重残疾盲童仿句式练习说话，这使他们既掌握了一定的说话方法，又培养了他们的语言表达能力。

（四）在真实的情景中开展主题活动

多重残疾盲童对知识的迁移能力较差，他们很难理解模拟的、抽象的情景，也无法体验和感受这些情景，这样容易对他们的语言发展产生不良的影响。作为多重残疾盲童训练班的教师，要努力创造条件，使自己的教学尽量在自然环境中进行，并使用真实的材料。

例如，在主题活动"一对好朋友"中，教师出示了一组生活中经常使用的实物，如牙膏和牙刷、肥皂和肥皂盒、雨伞和雨鞋、碗和勺子等。通过触摸，引导学生说自己摸到了什么，说说这些实物有什么用，说出哪两样东西是生活中搭配使用的，从而发现事物之间的联系。通过引导，很多孩子都能够说出"牙刷和牙膏都是刷牙的时候用的，雨伞和雨鞋都是下雨的时候用的，所以它们是一对好朋友"类似的话。因为上课用到的物品都是学生生活中经常接触到的实物，所以他们不会觉得陌生，觉得有话想说、有话可说，学生的语言表达能力也相应得到了很好的训练。

在实际的教学过程中，由于教学资源的限制，有的时候教师无法提供真实的情景或者实物，这时候就可以采用模拟的材料如玩具等加以代替，帮助多重残疾盲童理解和表达。但是需要注意的是，在引导学生触摸的时候，教师一定要告诉学生，这是模拟的，不是真实的。

（五）用感兴趣的儿歌和音乐来吸引多重残疾盲童

由于盲童听觉比较敏感，音乐对多重残疾盲童的语言训练起着良好的作用。在平时的课堂教学中，穿插一些与主题相关、孩子感兴趣的，并且节奏朗朗上口的儿歌，如"端午节""知了"等，激发学生学习的积极性，同时也能很好地调节课堂气氛，避免学生感到疲倦。

伴随着节奏感较强的、欢快的音乐，孩子们会拍手唱儿歌，会开心地微笑。在音乐的陶冶下，孩子们的情绪也会稳定下来，从而间接地为进行语言交流奠定基础。

（六）选择合适的强化物给予激励

在儿童的行为塑造和行为矫正中寻找适当的强化物是非常重要的，对于多重残疾盲童的教育也显得尤为重要。教师要从孩子的兴趣点着手，选择合适的强化物。因为多重残疾盲童的个体差异很大，所以适合他们的强化物差别往往也很大。强化物可以是实物，如喜欢吃的食物等；也可以是非实物的，如称赞、表扬、听喜欢的儿歌等，通过及时强化训练，促进语言的发展。

如班上的一个小朋友，对音乐很感兴趣，每次一听到音乐就会高兴地用小手打起拍子。当他用完整的语言正确表达出自己的想法时，笔者就给他播放他喜欢听的儿歌。又如，另外一个比较好动的小朋友，很喜欢到幼儿园的操场上荡秋千。笔者就把奖励他荡秋千或者剥夺他荡秋千的机会作为正向或者负向的强化物，从而训练他的语言表达能力。

（七）进行感觉统合训练，促进语言发展

一般的盲童往往由于视力障碍，在运动能力、身体放松方面存在较大的问题。相对而言，多重残疾盲童在身体放松方面更显不足，而且很多孩子都存在着感觉统合失调的现象，这些情况严重影响到他们的言语理解与表达能力的发展。因此，学校的教学资源中有很多的平衡板、羊角球、大滚球、攀爬架等，可以对他们进行感觉统合训练。这些康复训练促进了孩子身体器官的发展，帮助他们的精神状态趋于稳定和平衡，同时为语言的训练打下了良好的基础。

（八）有效的家校合作，丰富多重残疾盲童的语言环境

丰富的语言环境是儿童语言发展和开展语言训练的重要条件。家校合作对于丰富多重残疾盲童的语言环境是非常重要的。语言环境包括两个方面：语言物质环境和语言交往环境。

从事多重残疾盲童训练班教学的教师一方面应该为多重残疾盲童提供丰富、适应其年龄和智力水平的、安全的、手感舒适的、可以触摸的玩具；另一方面应该想方设法为他们创造良好的语言交际环境。可以在教室里布置、陈列各种发声的阅读材料，如发声布书、盲文改造童话书、儿童复读机等。另外，教师应当经常和儿童进行语言交流，特别是一些沉默内向、交往能力较差的儿童，教师更应该主动接近他们，跟他们多交流。在与儿童交谈中，教师要注意自身语言的规范标准，明白易懂。

为了更好地促进家校合作，在开展主题活动时，可以请家长针对活动内容及自己孩子的实际情况提出相关的教育建议。例如，在开展主题活动"春天"时，笔者建议家长带孩子到郊外、公园里去感受春天的气息、寻找春天的踪迹、观察春天的变化，引导孩子说一说自己听到了春天的什么声音、闻到了春天的什么气味、摸到了春天的什么花草等。

此外，还可以为班上有需要的孩子制作观察记录本。在记录本上，教师可以记录孩子某个阶段的语言发展情况，给家长提出适当的教育建议。因为当家长与教师的教育措施不一致时，容易让孩子产生困惑，影响孩子各方面的发展。所以，教师和家长应该达成教育的共识，采取同步教育的方式，形成强大的教育合力，共同努力，使多重残疾盲童的语言表达能力得以提高。

三、延伸和思考

怎样更好地训练多重残疾盲童的语言表达能力，是一个值得我们去探究的问题。这个问题的解决，需要依赖专家的理论支持，更需要我们一线教师在教学实践中去探索和总结。相信只要每一位教师在实践中不断反思，一定能找到更多更好的策略，最终使每位多重残疾盲童的语言表达能力得到充分提高。但由于多重残疾盲童的特殊困难，对其进行语言的干预训练过程中，容易出现训练结果难以巩固的局面。对此，一线教师要本着坚持不懈的态度，满怀爱心和耐心，不厌其烦，也不厌其"反"，尽量使每个多重残疾盲童的语言能力在原有的水平上有所提高。

参考文献

1. 祝士媛. 学前儿童语言教育［M］. 北京：北京师范大学出版社，1995.

2. 谭间心. 多重残疾视力障碍儿童行为治疗的个案研究［J］. 教育导刊，2006（3）.

（本文获 2009 学年度学校论文评比一等奖。2010 年 12 月参加广州市特殊教育教师论文评比，荣获二等奖。发表在由中华人民共和国教育部主管，北京师范大学主办的核心刊物《中国教师》2010 年第 21 期）

谈谈学前盲童的口语交际训练

谭间心

语言是人类独有的以言语形式进行表达和理解的一种音义结合系统，是人类交际和扩展生活的重要工具。对于成长中的盲童来说，语言不仅是表达思想的载体，还是与他人交流感情的重要手段。语言不但实现了盲童与他人的沟通需要，优美的语言还可以陶冶情操，净化心灵，启迪智慧。语言是盲童学习概念、发展智力、扩大交往范围和社会化的重要因素。视力的障碍，给盲童的生活带来巨大的困难，尤其是在人际交往方面。盲童"以说代看、以听代目"，语言与他们的日常生活和人生发展息息相关。

虽然语言是在后天刺激的不断作用下逐渐发展起来的，但也是需要学习的对象。和普通的孩子一样，学前盲童的幼儿期也是语言发展，尤其是口语发展的关键期，因此，加强盲童口语交际训练的学习，非常重要。本文从教学实践的角度出发，谈谈加强学前盲童口语交际训练的几点原则及方法。

一、加强学前盲童口语交际训练的意义

（一）促进学前盲童的智能发展

口语表达与人的思维密不可分，幼儿期是语言发展，尤其是口语发展的关键期，加强学前盲童口语交际训练，对于培养学前盲童的盲文阅读能力、理解文本和感情生活能力，尤其对启迪学前盲童思维、开发学前盲童的智能，有着积极的作用。

（二）促进学前盲童的个性发展

由于从小受视觉缺陷的影响，大部分学前盲童在刚入学时性格孤僻、怪异，有强烈的自卑感，不主动表达自己的思想，不愿和人交流。久而久之，就会导致心理疾病，产生一系列的情绪、行为障碍，这对学前盲童的身心发展极为不利。作为学前盲童的语言教师，有意识地加强学前盲童的口语交际训练，对培养学前盲童开朗的性格、良好的个性、健康的心理具有十分重要的意义。

（三）培养盲童的口头表达能力、交谈技能、语言理解和表达能力

一个人的言谈反映着一个人的文化，而文化反映着一个人的修养，更反映着一个人的品位和内涵。口语交际训练对弥补学前盲童的视力缺陷，如果经常对学前盲童进行系统的口语交际训练，使他们成为一个言谈得体、举止文明，具有文化素质的人，就能够为他们以后的生活、工作奠定一定的基础，对他们将来走向社会都有积极的作用。

（四）在盲校学前部语言课程教育中占据重要地位

盲校幼儿园语言教育课程中，口语交际训练是其中的重要组成部分。口语交际训练、语言倾听、语言表达和文学欣赏一起成为盲校幼儿园语言教育课程"综合性学习"的有机组成部分。由此可见，口语交际训练对学前盲童发展的重要性已越来越受到关注和重视。

毫无疑问，作为盲校学前盲童的语言教师，必须担负起"教盲童如何说话"这个重要且有意义的教学工作，把"让每名学前盲童全面发展，让每名学前盲童得到最大的发展"作为教学理念，进行科学合理的系统训练。

二、加强学前盲童口语交际训练的原则和方法

（一）引导学前盲童从语言感知入手，获得丰富的口语基础

学前盲童由于视觉缺陷的局限，无法看清周围的事物，加之受到生活经验和社会知识的限制，他们对事物的感性认识非常缺乏。因此，教师要围绕学前盲童所要学习的语言内容和所要开展的语言活动，丰富学前盲童的生活，发展他们对语言所反映的人、事物、现象及其关系的感知和记忆，使学前盲童在实际活动中获得丰富表象和内心体验，成为他们接受语言、发展口语的基础。例如，在学习儿歌《春天》的过程中，抓住机会，及时地带领学前盲童到公园、郊外去感受春天、观察春天，带领他们去摸一摸小草嫩叶、闻一闻鲜花的香味、听一听鸟鸣蛙叫，让他们全身心地投入到春天的怀抱中。这为他们在课堂上的学习准备了丰富的语言材料，为学前盲童的口语训练打下重要的基础。

（二）发展学前盲童的语言联想能力

语言的联想能力就好比是小鸟的翅膀，它能够让小鸟飞得更高更远！但学前盲童由于受到视力障碍的影响，他们很难观察到事物及其周围环境的直

观反应。因此，教师可以通过课堂环境的创设、直观教具的使用、故事角色的扮演、孩子们的亲自操作与活动，帮助、启发学前盲童在脑中浮现语言所描绘的事物、对象和现实生活的情景，由此展开联想和想象，为学前盲童的口语训练提供丰富的语言材料。例如，在学习童话《小熊醒来吧》的过程中，引导学前盲童通过想象，做出小熊还在睡懒觉不愿意起来的动作，并启发他们用自己的话讲出来；引导孩子想象小熊妈妈是怎样说话的，指导他们学说熊妈妈的话，感受妈妈说话时亲切、温柔的语气。这样的活动，能够引起孩子们对主动开口说话产生兴趣，自然，孩子们学习的积极性也会有很大的提高。

（三）营造说话氛围，让学前盲童有话敢说

对于刚刚入学的学前盲童来说，不爱说话、无话可说或者有话不敢说的现象普遍存在，这是因为刚刚入学的学前盲童，有一部分由于从小失明，造成身体、心理上的一系列伤害，这对他们的性格和心理发展都产生极大的影响；还有一部分盲童，由于家人过分保护，造成接触范围的局限，从而引起交往障碍。这需要语言老师在口语交际训练前要精心准备、悉心安排，在课堂上讲话时语气要舒缓、柔和、亲切、幽默，为他们营造一个轻松、愉快、平和、民主的说话氛围。不仅使他们克服胆怯心理，而且能让他们打开心扉，并且选择最贴近他们生活实际的话题，耐心提问，积极点拨，及时纠正，热情鼓励，使他们能够愉快、自由、活跃地与教师面对面交流。尤其是对于少言寡语的学前盲童，教师更应该给予耐心的帮助和关心，从而为他们今后的口语学习打下良好的基础。

（四）创设语言环境，让学前盲童有话可说

让学前盲童有话可说也是一个值得思考的问题。教师要丰富学前盲童的生活，为孩子们提供贴近生活、年龄和思想实际的话题，以及与学习内容密切相关的交流材料，并通过多种方式引起话题，为他们创造说话的机会和条件。例如，在晨会课上，笔者观察每个盲童的情绪变化和表现，寻找话题和他们进行一次简单的对话。又如，在游戏活动前，引导学前盲童先说说自己的计划，然后按照自己的构想去做；在游戏活动中，引导学前盲童边做边说。通过说，推动游戏情节的展开，丰富游戏的内容；在游戏活动结束后，引导每一个孩子说说自己是怎样做的，对自己的活动做一个简单的评价。除此之外，教师还可以利用任何机会，鼓励学前盲童与老师说一句悄悄话，和老师说说心中的秘密等，使学生主动、积极、热情地投入到口语交际活动中来。

（五）开展语言性综合教育活动，将口语交际与日常教育相结合

语言是人们之间相互交流的工具，其他领域的教育离不开语言工具的运用。因此，盲童的口语训练不仅应该在专门的语言教育活动中进行，而且还应该渗透到其他领域的教育活动之中；同样，在语言教育活动中也应渗透其他领域的教育。除此之外，在日常教育活动中，教师应该充分利用学前盲童在幼儿园的每日生活环节，有计划地为他们提供丰富的、更加自由宽松的口语交际环境，鼓励盲童积极、主动地利用已有的学习内容和生活经验进行自由的集体、小组或者个别的交流。在这样的环境下，孩子们可以无拘无束地进行口语的听、说练习。例如，在盲童午睡起床后或者其他等待环节中，引导他们进行口语的操作游戏，边玩边说，使他们在玩的过程中充分练习、巩固和扩展已经获得的口语经验。

（六）丰富说话题材，逐步提高学前盲童的口语交际水平

随着年龄的增长，口语表达能力的不断进步，在训练的过程中，孩子们已不满足于简单的问答和讨论。因此，在说话的内容和形式方面应做大胆的探索和改进，即为他们选择能充分展示他们的语言联想能力、培养其个性的，并极大地显示他们的语言组织能力、口头表达能力、逻辑思维能力等综合素质的，具有新颖性、趣味性和时代性的新型话题，如"我是电台主持人""我和大自然""我是小老板""如果我是孙悟空"等。对于这些内容新颖、风格多样、富有想象力的话题，孩子们都十分感兴趣，发言时一个个情绪高涨，非常投入。

（七）培养言语交往的良好习惯，并适时进行思想品德教育

在进行口语交际训练过程中，教师要时时处处注意自己的语言示范，以身作则，及时引导学前盲童注意良好的言语交往习惯的养成。例如，在集体面前说话时声音要响亮、态度要大方；在别人说话的时候要有礼貌地倾听，不随便打断别人的话；要懂得说话的先后顺序等。同时，在口语交际训练中，教师应不失时机地对孩子们进行思想品德教育。例如，在谈话活动"我的一家人"中，教师先引导盲童学会用简短的语句讨论自己父母的工作、家庭成员之间的关系，再让他们在集体面前谈论父母对自己的关心和自己在家如何关心父母的事，这样不但使盲童体会到父母对自己的爱，同时还学会关心父母、长辈，听大人的话，做个好孩子。

对学前盲童进行口语交际训练要面向每一位学生，特别是少言寡语、平时不太愿意开口说话的孩子。训练的内容可以涉及生活的方方面面，要做到

既扩大口语交际训练的"面",又增加口语交际训练的"量",逐步提高学前盲童倾听、理解、表达、对答的能力。

三、结论

通过对学前盲童进行系统的口语交际训练,孩子们不但获得了各种知识、技能,提高了运用语言的综合能力,而且增强了他们学习和生活的信心,让学前盲童真正感受到口语交际在学习、生活中的重要作用。

参考文献

1. 彭霞光．视力残疾儿童的教育理论与实践［M］．北京：华夏出版社,1997.

2. 周兢．语言［M］．南京：南京师范大学出版社,2006.

3. 祝士媛．学前儿童语言教育［M］．2版．北京：北京师范大学出版社,2010.

(本文在 2011 年 3 月获学校论文评比二等奖。2011 年 5 月在"第二届广佛肇教师校本行动研究暨第七届广州市校本研究与教师发展学术研讨会"上获二等奖,并在大会上宣读)

学前盲多重残疾幼儿语言训练的策略和方法

谭间心

随着医学的日益进步，许多有严重生理、心理、智力或语言等问题的儿童活了下来，这就决定了盲校所面临的教育对象不再是单一型的视力障碍儿童。这类儿童一般都有以下表现：一是社交困难，缺乏与他人的情感交流，对外界刺激无动于衷。二是言语发育迟缓。在社会交往中很少使用言语，即使使用也多为模仿言语、刻板言语，言语奇特，可懂性差。三是刻板性行为，强迫坚持行为的同一模式。

广州市启明学校学前部招收的学前盲多重残疾幼儿，都有不同程度的语言障碍，主要表现为：语言的理解能力以及运用能力发展缓慢，不能正确理解别人说话的含义，或者是模棱两可；对语言结构掌握很差，只能讲些简单的词、情景性的句子，句子结构不完善；有些则完全不能运用语言。这些阻碍了他们身心的健康发展。因此，对学前盲多重残疾幼儿的语言习惯进行干预，非常重要。

在实践的过程中，我们主要采用行为训练法对他们进行语言帮助。训练过程中注重环境的营造，为学前盲多重残疾幼儿创设接纳性的、保教结合的大环境，其中物理环境和人际环境的创设为语言的训练打下了情感基础。因为对盲多重残疾幼儿来说，情感的建立是进行教育的第一步；其次，运用游戏的方法来提高他们接受语言的能力、模仿能力及游戏的水平，从而促进语言的发展，所以，游戏是对学前盲多重残疾幼儿进行语言训练最有效的方法之一。

一、注重环境优化，创设融合性保教的大环境

融合性保教的大环境包含了物理环境和人际环境的创设。

（一）物理环境

物理环境的创设中包含个别训练和集体环境的创设两大方面。

1. 个别训练的创设

对盲多重残疾幼儿进行一对一的个别训练是很重要的训练方式。在一日

活动中，个别训练与集体教学是相互融合的，每天都要保证一段时间进行个别训练。因为盲多重残疾幼儿的能力和需要的差异很大，只有设计不同的教学策略，提供难度不同的教学材料，才能真正使孩子学有所得。

（1）设立专门的个别室：训练室中配置一些个别训练的材料，如盲文故事改造书、故事盒、发声图书等，并分成易、中、难三个不同的层次。

（2）确立个别训练计划：确立盲多重残疾幼儿当前最需要训练的内容以及要达到的目标。如针对孩子发音不准、说话含糊，存在构音困难等现象，在个别训练时，就运用语言复读机，让幼儿进行发音训练，听清发音，模仿发音，反复练习，体会发音要领，掌握发音方法。而且还为其制订了分阶段的、详细的训练计划。如第一阶段模仿声母、韵母和音节的单音发音；第二阶段模仿字的发音，如饭饭、手手等；第三阶段模仿单词的发音，如吃饭、洗手等；第四阶段模仿老师说一句完整的话，学习简单的句子，如我在吃饭、我要喝水等。

2. 集体环境的创设

（1）户外活动：带领学前盲多重残疾幼儿参与到户外各类活动中，创设和普通盲童一起活动的机会。有些盲多重残疾幼儿的运动量很大，喜欢玩一些运动器械，我们就每天安排他们与普通盲童一起进行户外活动，在活动中鼓励普通盲童与他们交流。教师也要有意识地引导他们与普通盲童一起交流，让他们跟着普通盲童一起学习排队、玩荡秋千等，并学念简单的儿歌。

（2）感觉统合训练室：盲多重残疾幼儿都存在着感觉统合失调的现象，创建感觉统合训练室，运用器械如平衡木、攀爬架、跑步机等对他们进行感觉统合训练，帮助孩子的感觉趋于稳定和平衡，为语言训练打下良好的基础。

（二）人际环境

人际环境中包含师生交往、同伴交往、各类游戏环境。

1. 师生交往

师生交往是进行语言训练的基础。它包含接纳、身体接触、情感支持三个方面的内容。

（1）接纳：由于其身心特点，盲多重残疾幼儿情感极不稳定，不易接近周围的人，对情感的体验也不深刻。要想对其进行语言的干预，双方的相互接纳是前提，要让他们在内心里接纳教师、信任教师，只有这样才会在以后的训练中顺利听从指令，接受训练。豆豆刚入园时，由于不适应新的环境，整天哭闹，不让老师碰一下，更别提对她进行训练干预了。老师试着一次又一次地接近她，起先经常会遭到她的反对、排斥，尽管这样，老师还是寻找机会接近她，用亲切的语言与她说话，还拿出她喜欢吃的食物，带她去玩最喜欢的荡秋千，对她进行鼓励、安慰。这样豆豆就慢慢地接受了老师，然后开始对她进行语言训练。

（2）身体接触：和普通盲童一样，盲多重残疾幼儿因为眼睛看不见，他们害怕接触陌生人，不喜欢身体的接触。而身体接触是建立情感的基础，是进行语言训练的第一步。琳琳是一个对语言理解有障碍的盲多重残疾幼儿，平时很抗拒老师的接触。为了对她进行语言训练，老师准备了她喜欢的食品和玩具，并适当地满足她的某些需要，在孩子被吸引住的一刹那，老师就摸摸孩子的头，拍拍孩子的肩，再顺势把她搂在怀中，表示老师很喜欢她。这时，琳琳一般都会愿意进行身体接触。因为我们让她知道，老师不会伤害她，老师是喜欢她的。

（3）情感支持：情感支持将使孩子树立学习的自信心，这也包含两个方面的内容：一是鼓励。在语言训练的过程中，运用最多的策略是鼓励。能力再弱的幼儿也有他的"闪光点"，从发现他们的优点入手，及时给予肯定与鼓励，不断强化其积极向上的认同心理，不放过任何一个微小的动作，只要是行为意义积极的，都可用"做得好""你真行""你真棒"等语言进行鼓励。二是创设成功的机会。对于语言发展特别迟滞的幼儿，要适当降低标准，使幼儿有成功的机会，这样可以收到意想不到的效果，它会使幼儿和老师从成功的体验中获得自信。当孩子获得点滴进步时，则可适当地夸大孩子的进步，因为孩子能有进步，对他来说是不容易的，老师的夸奖能调动孩子心理中的积极因素，使孩子期望自己能有更大的进步。

2. 同伴交往

盲多重残疾幼儿入园后接触最为频繁的对象是他们的同龄伙伴，他们之间的相互作用对其语言的发展在某种意义上更胜于教师的教育。因此，有目的、有计划地开展丰富多彩的活动，创设有利于孩子交往的客观环境，为他们提供充分交往的机会，有利于建立良好的同伴关系。它包含了与普通盲童的游戏、普通盲童的示范等内容。

（1）与普通盲童的游戏：由于盲多重残疾幼儿人数不多，在集体活动中缺少气氛，所以可以安排他们和普通盲童一起活动。如角色游戏、体育活动、学习活动、主题活动……在共同的游戏中，普通盲童的热情会感染盲多重残疾幼儿，充分调动起他们学习的积极性。如为了提高幼儿自我认知的能力，帮助他们理解"男""女"的区别，可以让普通盲童中的两位男孩和女孩，与他们一起做游戏，在游戏中区分"男孩""女孩"的不同。

（2）普通盲童的示范：示范是对盲多重残疾幼儿进行语言训练的另一策略，而普通盲童的示范又有着更深一层的意义。在辨别"男孩""女孩"的活动中，老师先问普通盲童："你是男孩还是女孩？为什么？"在孩子正确地说出答案后，再引导盲多重残疾幼儿回答，这时他们能积极地模仿，也乐意学着说话。

3. 各类游戏环境

创设角色游戏、主题活动、区域活动的环境，为多重残疾幼儿提供语言学习的机会。

（1）角色游戏：游戏是幼儿的主要活动，为了引导盲多重残疾幼儿玩角色游戏，要经常带他们参与普通盲童的角色游戏。教师首先要教给他们一些简单的礼貌用语。在游戏的过程中，孩子们会模仿其他小朋友扮演喜欢的角色，如医生、营业员等。为了使游戏进行下去，角色与角色之间要发生联系，而盲多重残疾幼儿又没有能力去联系、沟通，这时，我们要鼓励普通盲童主动去与盲多重残疾幼儿沟通，向他们提一些简单的问题，在教师的提示下盲多重残疾孩子也要试着作出简单的回答。有时在活动中，盲多重残疾孩子们之间也会发生冲突，如争夺玩具等。这时，教师可鼓励孩子动脑筋、想办法，或者提醒地说："请你……"也可鼓励孩子去求助其他教师："老师，我要……"在这样的情景中，孩子迫切需要解决当前的问题，说话的欲望就比较强烈，此时说出来的话语与当时的场合比较吻合，从而不再出现乱说话的情况。

（2）主题活动：经常开展主题活动，不仅能训练盲多重残疾幼儿的语言能力，还能促进孩子们之间的交往。如在"欢欢喜喜过新年"的主题活动中，普通盲童用完整连贯的语言讲述新年的到来，如"大家都长大一岁了，要努力地学习各种本领"。要求盲多重残疾幼儿仔细地听普通盲童讲话，在活动最后，大家一起交换新年礼物时，则要求每个孩子都说上一句祝福的话，在普通盲童的感染和教师的引导下，盲多重残疾幼儿也能说出一句话，如"祝你新年快乐""请收下我的礼物"等。在这种主题非常明确的环境中，盲多重残疾幼儿语言学习的积极性高，效果也比较好。

（3）区域活动：每天的区域活动也很适合盲多重残疾幼儿。因为在活动中，孩子们能依据自己的意愿自由选择内容。在活动中可采取大带小的形式，即中、大班的孩子带领盲多重残疾幼儿一起参与活动，相互之间要沟通，要问他们玩什么，还要教他们学说玩具的名称，如"秋千""积木""皮球"等，让这些孩子既玩得开心，又从中得到练习说话的机会。

二、训练的策略

（一）用游戏法提高其接受性语言能力，学习听指令并能执行

对学前多重残疾幼儿进行语言训练，必须从听懂话、理解别人的语言开始。游戏法是一种十分有效的方法，贴近盲多重残疾幼儿生活的游戏可以为其创设一定的交流情境，激发其说话的欲望。

游戏1：小兔跳。

为了让幼儿理解"跳""快""慢"等词或词组。教师就设计了游戏"小兔跳"：兔妈妈带领小兔们竖起耳朵跳呀跳，有时跳得慢些，有时跳得快些。小兔们边跟兔妈妈跳边说："小兔跳呀跳，小兔跳呀跳……"训练初期，他们不太愿意配合，教师可手拉手地带领他们一起跳，还请普通盲童一起参与，在一种非常融洽的气氛中鼓励、引导学前盲多重残疾幼儿跟着一起参与游戏。

游戏2：击鼓传物。

教师用小棒击鼓，另一位教师或家长带领盲学前多重残疾幼儿手拿皮球围着圆桌顺着一个方向走动，鼓声一停，则让孩子停下，并引导孩子按教师的指令去做，如"把触觉球拿过来""把触觉球递给我"等。当孩子拿对了就抱抱他，表示表扬，并且说："你真棒！"最后让他敲一下鼓，因为盲孩子对敲鼓很感兴趣，老师就利用这一心理特点，继续进行游戏。

游戏3：小动物找朋友。

为了训练学前盲多重残疾幼儿对自己的名字有反应，可通过"小动物找朋友"这一游戏进行练习。游戏开始时帮助幼儿站在椅子背后，教师模仿小动物的叫声，然后叫一个小朋友的名字，如："咩咩咩，×××，在哪里？"要求孩子听到自己的名字能说："到。"如果孩子没有反应，教师则走到椅子背后给予再次的重复，如果孩子能说出"到"时，教师就说："×××，你真棒，小羊和你做朋友！"这样可以强化幼儿对自己名字的反应。游戏开始时，可以两名教师配合或教师和家长一起对孩子们进行训练。

（二）用游戏法提高其模仿能力

对学前盲多重残疾幼儿来说，有时候他们的学习就是模仿。教师为他们创设游戏环境，让他们在特定的、真实的情境中通过学习模仿动作，在做做玩玩中习得模仿性语言，形成语言定势，促进他们的语言发展，促进幼儿对自我及他人的认识，指导学前盲多重残疾幼儿能用请求语和老师交谈。

1. 模仿动作：游戏"请你照我这样做"

通过游戏"请你照我这样做"，模仿指认五官。如老师说："请你跟我摸

摸耳朵，"让孩子接着说："我就跟你摸摸耳朵。"又如，老师指着自己的眼睛说："这是眼睛，"让孩子也指着自己的眼睛说："这是眼睛。"在多次模仿的基础上，孩子就能自己指出五官，并能模仿说出简单句了。老师还可用儿歌《认五官》让幼儿学说名称，促进幼儿的语言发展。

2. 模仿语言：游戏"看谁说得对"

老师创设游戏的情景：一个小朋友（由普通盲童扮演）在玩游戏时忽然大声地说："老师我要喝水。"然后反复说几次，老师引导幼儿模仿，用此办法还可模仿说："我要玩""我饿了"等。另外"传话游戏"也是孩子模仿老师语言的一个很好的游戏。

（三）用游戏法提高其游戏能力促进正常应答性语言发展

孩子游戏行为水平的高低，直接影响着其语言的发展。在盲学前多重障碍孩子的游戏中，老师以游戏的口吻介入孩子的游戏，进行指导和点拨，在提高盲学前多重障碍孩子游戏水平的同时也促进了他们语言的发展。

如在游戏中，教师带领多重障碍盲童学做小客人，并让大班的孩子热情地招待他们，教师在一旁提示孩子，鼓励他们学说道谢的话。开始孩子对于老师的提问会没有任何反应，大约经过一段时间以后，他们能跟着模仿，这时，教师要及时地给予表扬。再过一段时间，只要得到暗示他们就能自己说"谢谢"。接着，教师可提出更高一点的要求，如：鼓励学前盲多重残疾幼儿主动去请求别人帮助。随着游戏的深入进行，孩子的游戏能力逐渐提高，他也想用语言来交流，当老师提问时，孩子也愿意回答。坚持一段时间后，孩子的游戏水平会逐渐提高，同时说话的兴趣也会有所提高。

三、训练成果

经过为期一年的对学前盲多重残疾幼儿语言训练的实践与研究，取得的成果如下：

（一）语言理解能力的提高

1. 接受性语言的发展

通过训练，学前盲多重残疾幼儿的语言能力有所提高。原来孩子对教师的语言不能理解、毫无反应，现在逐步地从单纯性的语言发展到连续性的语言了。如听到自己的名字会说"到"或站起来，对老师的"去洗手""坐到椅子上"等单纯性指令能马上去执行；对于"把门关上""把触觉球拿过来"等连续性指令，孩子也能乐意去执行。

2. 重复性语言的减少

部分学前盲多重残疾幼儿的语言具有"复读机"的特点，有人把这种现象形容为"鹦鹉学舌"。训练前，他们的语言基本上都是回声性的，即教师问什么，他们就说什么。如教师问："你叫什么名字？"回答通常是："什么名字？"问："你几岁了？"回答是："你几岁了？"通过一年的训练，孩子的这种"鹦鹉学舌"的语言形式大大减少了，说明孩子对语言的理解能力提高了。

（二）语言表达能力的提高

1. 人称代词的使用有所进步

个别学前盲多重残疾幼儿不能正确区分"你、我、他"等人称代词，在使用的过程中经常混淆。如教师问："你叫什么名字？"回答是："你叫×××。"问："今天谁来接你回家？"回答是："妈妈接你回家。"通过强化训练，个别孩子能正确区分"你、我、他"等人称代词了。

2. 能正确区分所属的概念

训练前，个别多重障碍盲童表达自我需要时只会说一个字或一个词，如"糖""喝水"，经过训练以后则会说"我要吃糖、我要喝水"或"×××要喝水"。以前说"荡秋千"，现在会说"×××要荡秋千"或"我要荡秋千"。

3. 能初步和同伴进行交往

随着对语言理解性的提高，学前盲多重残疾幼儿表达自己意愿的要求也有所提高。在游戏等活动中，他们有时候也愿意和其他小伙伴一起活动，能在教师的提醒下，尝试用礼貌用语与别人交往，如会说"谢谢""早上好"等。

参考文献

1. 祝士媛. 学前儿童语言教育［M］. 2版. 北京：北京师范大学出版社，2010.

2. 潭间心. 多重残疾视力障碍儿童行为治疗的个案研究［J］. 教育导刊，2006（3）.

（本文于2007年5月在广州市教育科学研究所第三届广州市校本科研与教师发展学术研讨会上获一等奖）

触觉训练对盲文技能学习的影响

陈丽红

一、盲童进行触觉训练的重要性阐述

著名教育家蒙台梭利博士认为，从心理学的观点来看，感官是心灵的窗户，感官对智力的发展尤为重要，感觉训练与智力培养密切相关。在她看来，智能的培养首先依靠感觉，利用感觉搜集事实，并辨别它们。而感觉训练也是初步的、基本的智力活动，通过感觉训练使儿童对事物的印象清晰、纯正，这本身就是一种智能和文化的学习，是智力发展的第一步。儿童时期的各种感觉特别敏锐，处在各种感觉的敏感期，这一时期如不进行充分的感觉活动，长大以后不仅难以弥补，而且还会使其整个精神发展受到损伤。通过感觉教育可以在早期发现某些影响智力发展的感官缺陷，并及时采取措施使其得到矫治和改善。蒙台梭利基于对感觉的极大重视，使感觉教育在她所提出的运动、感觉、语言和智力操练这一程序教学结构中处于十分重要的地位。

从生理学的观点来看，感觉训练的重要性是非常明显的。当外部刺激作用于感觉器官时，所产生的信号就沿着神经通路到达神经中枢，产生相应的神经反应，这种反应通过发散神经通路到达运动器官，产生运动。尽管这只是反映了脊柱神经的活动，但它依然可以被用作解释复杂的神经现象。人类通过外围神经感觉系统收集各类来自环境的刺激，通过这种方式，他与周围的环境进行直接的联系。因此，与神经中枢系统有关的精神性发展、具有社会性行为的人类活动就可以通过运动神经器官，以个人的动作——手工、书写、讲话等展现出来。

失明使盲童丧失了获取 90% 信息的主渠道，要想使他们获得尽可能多且正确的信息就要靠其他感官的代偿来弥补。听觉和触觉的高度发展在一定程度上代偿了丧失的视力，起到了"眼睛"的补偿作用。盲童通过触觉、听觉和运动觉来认识客观事物，他们能主动、积极地利用自己的身体去接触外界事物，靠触摸觉和运动觉获得事物的表面形象（大小、形状、质地、温度、硬度和密度）等主要信息。对盲童进行各种方式的触觉训练不仅有利于他们从小认识各种事物，增长知识，提高触觉的感受力、敏锐性，开发智力，而且可以加快盲童盲文技能学习的节奏，为他们在小学及以后的学习生活打下良好的基础。根据科学研究发现，手巧才会心灵，手指与大脑之间存在着密切的联系。正如一位著名的教育学家所说："儿童智力的发展，体现在手指尖上。"因此在盲文阅读的早期，发展盲童良好的触觉，是非常重要的。

二、触觉训练内容和实施方法

一年级教师是如何通过触觉训练帮助盲童掌握一定的盲文技能来更好地进行语文阅读教学呢？通过表1，我们可以大致了解触觉训练的一些内容和方法：

表1 盲童触觉训练的内容和方法

盲童的触觉训练内容	方法	活动
精细动作技能的训练	提供许多可操作、玩耍的玩具和许多不同使用规则的物品	串珠子、捏橡皮泥、拼拼图和形状板、搭积木、捡豆子和每天的生活技能活动等
触摸分辨技能的训练	尽量使用儿童熟悉的、真实的（或尽可能接近实物）物品	灯芯绒、地毯、海绵、砂纸、天鹅绒、塑料、花边（网眼织物）等，通过摆出两样质地相同和不同的物品来练习分辨寻找相似与差异，并且进行整理、匹配以及归类等
触摸追踪技能的训练	使用手指沿着真实物体边缘触摸—在盲文点几何图形上触摸—触摸一行行盲文点位	"拉拉链""课室的桌子""我们的书"触摸盲文六点字无空方、六点字空方、缺点字等
空间概念训练	掌握空间概念（如用手把物品放在一个指定位），再过渡到在书本页面上表达正确的方位概念（用手指出页面的顶端等）	"请你跟我这样做""我来说你来做""我会摸书了""送鸡蛋"

（一）盲文阅读中重要精细动作技能的训练

盲童的精细动作技能训练来自整天不断地为他们提供许多可操作和玩耍的玩具，提供许多不同使用规则的物品。教师教授前应使用一些精细技能和认知部分的评估表来确定孩子需要发展哪些方面的技能，之后给孩子们选择适当的精细技能来进行训练。例如，在游戏活动"细细的沙粒"中，教师可以根据对盲童实际动手能力的评估，安排盲童进行不同的训练，对于动手能力较好的盲童可以进行一些创造性制作，让他们学会通过合作把沙子堆成各种不同的形状。而动手能力较差的盲童则让他们学会拧开瓶子盖，用手将沙子装进瓶子里，掌握"空和满""轻和重""多和少""大和小"等各种概念。

此外，还可以通过感觉训练活动，例如串珠子、捏橡皮泥、拼拼图和形状板、搭积木、捡豆子和日常生活技能（挤牙膏、刷牙、拧毛巾、洗脸等）等活动，训练盲童练习放在一起、拿开、分开、铺放、堆放、绕紧、穿线、拧紧（盖子等）等精细动作。在盲童刚刚开始练习某项技能时，可以手把手地指导，但要注意不要过分关注，在拿起他们的手时请先询问并征求孩子的同意，在活动中要鼓励孩子尽量使用双手进行，可以轮流使用或同时使用。

（二）盲文阅读中触摸技能的训练

盲文阅读中触摸技能包括触摸分辨技能和触摸追踪技能。

1. 触摸分辨技能

触摸分辨技能是盲童整理、分类和匹配物品，进而分辨点位的盲文前准备技能。盲童的触摸辨别能力是通过触摸分辨不同的东西来实现的，必须是在一对一的基础上建立起来的。在进行触摸分辨技能训练时尽量使用儿童熟悉的、真实的（或尽可能接近实物）物品，真实的物品能给盲童提供更加准确的感觉（如用真的水果代替塑料水果），获取更多有意义的经验。触觉分辨技能的发展顺序是从具体的物体到抽象的表象图示，通常要遵循下列顺序：三维物体—三维图形—二维凸点图形—盲文点字。

首先，让盲童在三维立体空间环境中进行认识玩具、物品以及食物的训练。在训练开始时，我们要选择两样相同和一样不同的物品，让盲童触摸三样物品（找出两件相同中的一件），并说："给我一个像这样的物品"或"帮我找出与我手里一模一样的那个物品来。"接下来是让盲童尝试自己寻找不同的物品，每一组使用若干有限的物品，这样盲童就可以从简单的活动开始逐步积累经验，再过渡到三维图形（简单的几何图形、凸起的线形画）的辨认。

其次，二维触摸技能的训练可以通过质地分辨与识别的活动进行。使用一些不同质地的织物，例如，灯芯绒、地毯、海绵、砂纸、天鹅绒、塑料、花边（网眼织物）等，通过分别摆出两样质地相同和不同的物品来练习分辨，寻找相似与差异并且进行整理、匹配以及归类等。

最后，进行触摸技能辨别技能训练的提升，即触摸凸行、凸点图形，之后是触摸六点盲字或缺点盲字。我们训练触摸技能是从具体形象入手，如从"手"实物到图绘"手"的形状，再过渡到"手"的表象符号（手的盲文点字拼音）。

2. 触摸追踪技能

触摸追踪技能是盲文阅读所必备的一项触摸技能，能使盲童进一步提高手指的灵敏程度，为将来的盲文点字阅读做好准备。触摸追踪技能训练的顺序如下：

（1）使用手指沿着真实物体边缘触摸。让盲童使用手指沿着真实物体的边缘进行触摸，获取一些有关物体的信息。在早期训练阶段，教师需要及时给予帮助。

（2）在盲文点几何图形上触摸。让盲童正确触摸几何图形，必须让他用一根手指按住起点，之后移动另一根手指逐渐远离起点，沿着图形的曲线或角度触摸，然后又回到起点（另一根手指）。如果没有这种追踪技能，在数角或边的数量时就会混淆。

（3）触摸一行行盲文点位。触摸盲文点字的理想位置是双手并排，用八个手指在起始凸行顺着往下触摸。在开始的时候，教师需要手把手地协助，让盲童能够感觉理想位置，在反复训练后，盲童的手指开始变得放松，并开始稍微弯曲起来，这是一个很自然的发展过程。

（三）盲文阅读中空间概念的训练

通过亲身体验的触觉训练帮助盲童掌握空间概念，如将物品放在一个指定方位，再过渡到在书本页面上表达正确的方位概念（如用手指出页面的顶端等），有些空间概念（顶端、底端、左、右、中间和边沿）是需要在触觉训练中展示和强化的。

三、盲文点位测试结果

测试的过程：主要对在 2001 学年到 2003 学年经过触觉训练的 33 个盲童（其中女生 11 人，男生 22 人）进行了按顺序插写盲文六点字、插写缺一点盲文点位、插写缺两点盲文点位、读出缺点盲文点位、摸读出任意盲文点位这五项测试内容。其中，A 是指完成较好，B 是指完成情况一般，百分比是指占测试人数的百分率。

表2 盲文点位测试结果

	按顺序插写盲文六点字		插写缺一点盲文点位		插写缺两点盲文点位		读出缺点盲文点位		摸读出任意盲文点位	
	A	B	A	B	A	B	A	B	A	B
2001学年盲童8人	6人	2人	4人	4人	4人	4人	4人	4人	3人	5人
	75%	25%	50%	50%	50%	50%	50%	50%	38%	62%
2002学年盲童12人	10人	2人	10人	2人	9人	3人	6人	6人	6人	6人
	83%	17%	83%	17%	75%	25%	50%	50%	50%	50%
2003学年盲童13人	13人	\\	11人	2人	10人	3人	8人	5人	8人	5人
	100%	\\	85%	15%	77%	23%	62%	38%	62%	38%

注：部分百分比取约。

结果分析：以上测试的儿童在入学前都没有进行过盲文点位学习。通过以上测试的百分比数据可以发现：触觉训练后他们都能很好地进行盲文点位学习，掌握盲文技能的比例也是逐年提高，除部分智力障碍儿童摸读能力较差外，其余的儿童在小学阶段都能掌握最基本的六点字插写和摸读方法。此外，通过对接受过触觉训练的高年级盲童进行盲文学习调查发现，除个别智力障碍儿童外，大部分盲童在语文、数学方面的成绩都高于本班的平均分，摸读和语言思维反应能力都比没有进行过触觉训练的盲童要好。

参考文献

1. 彭霞光. 视力残疾儿童的教育理论与实践［M］. 北京：华夏出版社，1997.

2. 沈家英，陈云英，彭霞光. 视觉障碍儿童的心理与教育［M］. 北京：华夏出版社，1993.

3. 朴永馨. 特殊教育学. 福州：福建教育出版社. 1995.

4. 玛利亚·蒙台梭利. 蒙台梭利早期教育法［M］. 祝东平，译. 北京：中国发展出版社，2002.

（本文在广州市教育局主办、广州市教育科学研究所承办的广州市教育创强与校本科研学术研讨会中交流，并获得二等奖）

视力障碍幼儿书籍的制作和阅读方法

曾水英

书籍阅读可以帮助视力障碍幼儿提高他们的注意力、积累词汇、帮助其语言理解和叙述能力的发展，提高交往能力；可以给他们提供有意义的感觉信息，为他们主动学习提供机会；可以提高他们的听力技巧，培养视力障碍幼儿对书的爱好；还能让他们将盲文和明眼人的符号连接起来，可以增进师生之间的感情。书籍阅读对视力障碍幼儿的好处有很多，但是市面上适合视力障碍幼儿阅读的书籍特别少，所以迫切需要教师对市面上的书籍进行改制或者根据孩子的情况进行自制。制作图书的材料可以使用日常生活中的原料，价格适宜，不需要花费太多的时间制作，教师还可以鼓励班上的幼儿动手参与制作，培养视力障碍幼儿的动手能力。最重要的是自制图书能够符合视力障碍幼儿的特殊需要。因此，本文对如何制作视力障碍幼儿的书籍及如何带领视力障碍幼儿进行有效阅读进行了探索，希望能给盲校早期视力障碍幼儿教育提供经验和借鉴。

一、视力障碍幼儿书籍制作的要求

第一，书籍内容的选择要基于孩子的能力，这要求教师要了解视力障碍幼儿每个年龄阶段的认知水平和认知特点，制作内容丰富、简单易懂的书籍。

第二，书籍制作要有丰富的触觉内容，让孩子在阅读的过程中感受实物或者动作，帮助孩子理解。

第三，书籍制作时要求材料牢固实用，能够经受学生不断触摸的考验。

第四，书籍制作时要有盲文和明眼人标记。为了提高孩子的认知技能，在书上加入图画或触摸物体的同时，还要加入盲文和明眼人标记，这些符号将有助于孩子日后的自主阅读。

二、视力障碍幼儿书籍制作的种类

（一）概念书

帮助学生认识事物的共性，掌握概念的书籍。如"圆形物品书""认识大小""认识长短""各种质地书"等。

（二）经历书

故事内容集中在以前所经历过的真实的生活经历上，视力障碍幼儿、老师都可以成为故事中的主角。如"一次愉快的春游""我的午餐""感冒了""中秋节真快乐"等。

（三）故事盒

根据故事的情节和需要，将许多玩具、物品等放在一个盒子里，以便于教师朗读时，视力障碍幼儿能够触摸学习，以便更好地理解故事。这个盒子可以是鞋盒、小储物箱或者是有拉链的包。如"三只小猪""小熊拔牙"等。

（四）社交故事书

社交故事书多为第一人称，一般描述在什么情况下会出现这种情况，该怎么做，列出可以做的适当的行为。通过日常生活、学习中的小故事，指导视力障碍幼儿做出适当的社交回应。如"送礼物"等。

（五）改制书

对市面上适合幼儿的书进行改制，使改制后的书适合视力障碍幼儿的实际需要。如"三只小猪""龟兔赛跑"等。简单的改制书只在书本中加上盲文就可以了。

三、视力障碍幼儿书籍制作的步骤

（一）确立主题

书籍制作的主题可以根据阅读的读本，进行改编、续编、仿编，也可以根据生活事件、个人感受、知识总结、想象、故事等主题进行创造。对于多重障碍盲童，自制图书的主题更多来源于他们的兴趣关注点和家庭生活。

（二）画面制作

（1）外形特征：分为规则形和不规则形。规则形：A4 纸裁成长方形；不规则形：各种形状的书，大小以适合孩子为宜。注意书的封面和封底都要使用结实耐用的卡纸或硬纸皮，注意安全性和耐用性。

（2）表现手段：绘画、照片剪贴、剪纸粘贴、实物粘贴、布贴画等。

（3）材料选择：纸、布、废旧台历或挂历改装。

（4）书的基本要素：封面、封底、页码、书名、作者、前言、后记等。

（5）图书的文字设计：简单、重复、语言规范，最好充满幼儿语言的童趣。

四、视力障碍幼儿书籍制作的方法

按照书籍制作的分类，笔者分别列举了概念书、经历书、故事盒和社交故事书等的制作方法。书籍制作需要教师亲自动手操作，并在操作中不断地提高书籍制作的技巧。只要遵循制作步骤并依照制作方法，找到相关的制作材料，就能制作出一本适合幼儿使用的书籍。以下是四种书籍的制作过程：

（一）概念书

1. 各种质地的书

准备大手形的前后封面各一个，剪 5~10 张盲文纸放在封面之间。收集一些各种质地的材料，如砂纸、海绵泡沫、橡胶带、木片、铁片、瓷砖片等。教师可以让孩子选择一种材料放在第一页，并共同想一个与之相关的词，然后在纸上写出这个词的盲文和文字。用同样的方法做几页，直到书的页数适合幼儿为止。然后为这本书起个名字，如"我的触摸书"或者"我的手指书"，最后在封面上粘上书名及作者名，整理好每一页并把它们装订成册。

2. 数数书

准备 5~10 张长方形的广告纸板及前后封面各一个。收集可以用来数数的物品，如牙签、吸管、剪成星星的纸、用绒布条做成的圈圈。制作时遵循从简单到复杂，从具体到抽象，每页都依次递增一个数，先是同类物品的点数，后是不同物品的点数，如一条吸管、两个星星纸条、三条牙签、四个绒布圈圈等。在制作时，每页所需要的物品和数目可以让孩子来挑选，用胶水粘在广告纸上，并在这些物品下面粘上相应的盲文数字，写上阿拉伯数字，然后一起为这本书起个名字，在封面上粘上书名和作者名，最后和孩子们按顺序把书本装订成册。

除了各种质地的书和数数书，概念书还可能有尖形物品书，包括：叉子、牙签、三角形、图钉等；圆形物品书，包括：塑料盖、瓶子盖、玩具轮子、各种质地的圆圈、硬币等；味道书：发散出各种味道的书，香、臭、酸等。教师还可以组织低视力的幼儿，用照片或者图片做概念书，如颜色、家庭成员等。

（二）经历书

例如，"愉快的春游"。准备9张长方形的广告纸板及前后封面各一个。在每页里打上相应内容的文字和盲文，在需要的地方加上图片、实物或者代表物。这个代表物应该是孩子熟悉的，如集合的标志是一个触觉环，而这个触觉环也是孩子在实物课程表中代表集合的标志。第一页：春天到了，幼儿园的老师带领我们去云台花园春游（标志物是触觉环，因为老师先让孩子们集合，然后才一起出发的）。第二页：我们一起乘车到了云台花园（车的标志，是和汽车坐垫一样的布料）。第三页：哇，云台花园里好香啊，各种花儿都开放了（实物是春游捡回来的花瓣）。第四页：我们摸摸青青的小草，闻闻香香的花朵（实物是春游捡回来的小草、花瓣）。第五页：鸟儿在我头顶飞过，叽叽喳喳地叫着（广告纸做成小鸟的图片代表小鸟）。第六页：春天来了，老师说春天在我们的心里（一张"春来了"的图片）。第七页：中午我们去饭店吃了一顿美美的午餐，我太饿了，吃了两碗饭和很多菜（代表物是勺子、纸巾）。第八页：然后我们再坐车回到学校。第九页：愉快的春游结束了。做好书本的内容之后，在封面上写上书名、作者，最后给每页纸编上页码并装订成册。

经历书还可以讲述去公园、超市购物等。视力障碍幼儿需要成人帮他们把词和物体联系起来。教师要向他们解释事物，让他们去摸一摸，闻一闻，尝一尝，通过多感官渠道，尽可能多地体验真实事物。

（三）故事盒

例如，"小熊拔牙"故事盒里面装着《小熊拔牙》的童话书（童话书加上盲文）、牙刷、牙膏、听诊器、白大褂、兔子玩偶、小熊玩偶、小狗玩偶、小猫玩偶、小松鼠玩偶。再如，"三只小猪"故事盒里面放着《三只小猪》童话书（童话书加上盲文）、稻草、木棍、一小块砖头。

（四）社交故事书

例如，"送礼物"。准备一个鞋盒子或者是小布包，里面放着各式礼物（卡片、玩具、玩偶、包装好的有大有小的礼物等）。这本社交故事书的制作方法如下：准备6张长方形的广告纸板及前后封面各一个，在每页里打上相应内容的文字和盲文，在适当的地方可以加入图片或者实物。第一页：礼物就是你送别人东西（送礼物的图片）。第二页：人们常常送别人礼物。第三页：有的礼物大，有的礼物小。第四页：当我给别人礼物时，我会说："这是给你的礼物。"第五页：当我收到礼物时，我会说："谢谢你！"第六页：说"谢谢你"是一种礼貌，人们在送礼物后，都希望对方说"谢谢你"。教师在讲这个故事时，让孩子摸着故事盒的实物，熟读几次之后可以和孩子进行角色扮演。

五、视力障碍幼儿阅读自制书籍的方法

（一）阅读前需要了解的知识

书本的构成：前后封面、目录页和其他页。关于书的信息：书本有各种形状和大小；书要从前向后翻，且每次只能翻一页；书的每页都是按页码编排；书中有有趣的图画和文字；盲文要从左向右、从上向下摸读；书是由一个有信息共享的人写成的。

（二）阅读自制书籍的步骤

1. 准备一本书

准备一本书，可以是概念书、经历书、故事盒或者是其他类型的书。这可以由教师决定，也可以根据幼儿的意见选择：大家想听"三只小猪"还是"送礼物"？

2. 教师带领幼儿进行阅读

（1）设立故事区。在教室的一角设立故事区，讲故事的时候带领幼儿到故事区去。活动初期多重障碍幼儿以及全盲幼儿需要教师把他们带进故事区，当幼儿能自由地在房间内走动时，鼓励他自己走到故事区，或者和其他孩子一起走到故事区。他还要学会循着你喊他名字的声音走到你面前，或者循着故事区里其他孩子的说话声走到故事区。教师要确保每个孩子都能在自己坐的位置前找到故事书。

（2）通过多种渠道理解故事。当你大声地给孩子们读故事的时候，让孩子们相互传递你准备好的故事里提到的事物，如果故事的内容涉及真实的人或者某些真实的体验，不妨准备一些故事里提到的东西，让孩子们听一听、摸一摸、闻一闻或尝一尝。组织孩子积极参与故事里的活动，尽可能多地问与故事有关的问题。故事阅读可以给其他活动做铺垫。如果故事本身需要表

演，教师就可以让儿童体验戏剧表演。

3. 教师带领幼儿阅读的一些技巧

（1）对有残余视力的幼儿来说，在他们进行单独的故事阅读训练前，教师要鉴定出这个儿童到底能在图片中看到多少内容。

（2）故事阅读，哼唱哄孩子的小调，还有手指游戏都可以让需要个别照顾的孩子安静下来。最好是有一个固定的阅读故事的时间，有比较固定的程序（如阅读故事之前老师哼唱小调，进行简单的手指游戏，然后老师讲故事，讲完故事之后有自由讲述时间，最后是结束故事的歌曲）。让孩子知道下一步的内容，让孩子对顺序了然于心。这有利于提高孩子的注意力，而重复的节奏会让孩子的内心安定。

（3）通过儿童的坐姿判断他是否在认真地听或看，不要以为幼儿没有面向你就说明他们没有在听。假如你确信幼儿不是开小差，而是位置朝向不对，你可以帮他调整位置，让他更好地听故事。

实践证明，教师通过不断实践和改进，就能快速有效地制作出适合阅读的书籍。在制作书籍时教师需要根据学生的需要、季节的变更、书本的折旧等因素时常更新、变换书籍制作的内容，教师还可以开设"家长工作坊"，教授家长书籍制作的方法，让阅读可以在家庭和学校同时开展。

参考文献

1. 沈家英，陈云英，彭霞光. 视觉障碍儿童的心理与教育［M］. 北京：华夏出版社，1993.

2. 李婷. 社会故事在提高自闭症儿童社会交往能力中的应用［J］. 中小学心理健康教育，2009（12）.

（此文在《现代特殊教育》2012年第9期上发表）

关于盲童触觉统合失调的探讨

曾水英

一、问题的提出

盲童因为视觉障碍，信息的获得主要依靠听觉和触觉。触觉对盲童的学习和生活影响很大。盲童触觉统合失调（防御过当或过弱）使幼儿逃避触摸，对无害的触碰有异常的情绪反应；缺乏自我意识，笨手笨脚，学习能力低，这严重影响了盲童的学习、生活和人际交往，属于感觉统合失调的表现。而感觉统合失调训练的最好时机是 3～12 岁，因为这是大脑高速发展的时期，错过了这一时期，感觉统合失调基本定型。学前阶段盲童正处于感觉统合快速发展的时期，给予幼儿适当的触觉刺激，幼儿才有稳定的情绪和良好的状态来进行游戏和学习。

二、触觉对盲童的重要性及盲童触觉统合失调的表现和原因

（一）触觉对盲童的重要性

手是盲人的第二双眼睛，盲童通过触觉来认识、区别和判断事物。通过触摸，盲童获得了对事物的触摸表象，结合听觉表象和其他表象，逐渐形成概念，扩大对客观世界的认识。在学习中，盲童通过以手代目，触摸各种实物、标本来学习。盲文的摸读，就更需要手指的触觉。在日常生活中，盲童通过触摸来找寻自己所需要的东西，他们可以通过触摸衣服，分辨衣服的正反面。触觉较好的孩子可以在一堆不同的鞋子中找到自己的鞋子。在行走中，盲童可以根据脚心的触觉分辨出地方的不同，方便准确地行走。可以说，盲童是通过触摸来进行学习的。触觉刺激还可以帮助盲童与外界环境进行互动，进而拥有良好的人际关系。触觉的发展对盲童长大以后手的灵活程度有很大的影响，触觉发展得越早，手的灵活程度就越好，反之，灵活程度就越差。所以，盲童手指的灵敏性、触觉识辨能力从小就要开始训练，若发现盲童有

触觉统合失调，则应及早治疗，治疗得越早，所收到的成效就愈明显。

（二）盲童触觉统合失调的表现

触觉的感受器重点分布在全身皮肤、口腔、面部及口内。它的作用是使人体对冷、热、痛、痒做出正确反应，可以辨别触摸到的物体的质地以及感受压力的大小，在日常生活中对于进食、穿衣解扣、握笔写字等进行处理和控制。触觉统合失调，主要是因为触觉神经和外界环境协调不佳，从而影响大脑对外界的认知和应变，主要分为触觉敏感（防御过当）或迟钝（防御过弱）。有触觉敏感症状的盲童表现为：不喜欢和其他小朋友手拉手，排队的时候不喜欢别人搭他的肩膀，不喜欢别人从后面出现并触碰他，喜欢排在队伍的后面；情绪不稳定，常常哭闹，要求静坐，教师给予的需要触摸的学习用品他拒绝触摸；有洁癖，很怕脏，拒绝玩沙、玩土，手不愿意碰到地面。他们多数比较挑食，不爱吃青菜、软的东西。他们很讨厌洗脸、洗澡和梳头等活动。有触觉迟钝症状的盲童则表现为：有吸吮奶嘴、手指或手帕的习惯，喜欢睡觉的时候咬被角；反应慢、动作不灵活、笨手笨脚、大脑的分辨能力弱、缺乏自我意识、学习积极性低下。

（三）盲童触觉统合失调的原因

造成触觉统合失调的原因有多种。剖宫产出生的孩子最容易产生触觉统合失调，孩子缺少子宫收缩和产道挤压的过程，容易直接导致孩子触觉防御过当。出生后非母乳喂养也可能造成孩子的触觉刺激不足。此外，很多家长认为孩子眼睛看不见，很可怜，所以对孩子保护周到，事事包办，这也使孩子失去触觉刺激的机会；也有一些家长认为家里有一个盲孩子是很丢人的，他们尽量把孩子关在家里，不让孩子与外界接触，这也使孩子丧失触觉体验；还有些父母虽然很爱他们的孩子，但是因为忙于工作，没有时间和孩子一起玩，只是把孩子托给保姆照看，缺乏与孩子的身体接触，孩子成长过程中没有经过爬行，这同样也会使孩子触觉刺激不足。在孩子需要触觉刺激的关键期没有给予他足够的触觉刺激，这些都有可能导致孩子产生触觉统合失调。

三、触觉统合失调训练方案及效果分析

笔者通过观察和运用北京医科大学精神卫生研究所提供的儿童感觉统合能力发展评定量表对六名 6~7 岁有触觉统合失调的盲童进行评估后，给每一位盲童制定了相应的游戏化的感觉统合训练方法。

（一）训练方法

按照每一位盲童的训练计划进行各项感觉统合活动，一般每次训练30~40分钟，每周4次，持续训练1~3个月。这些盲童在进行感觉统合训练的同时也参与幼儿园的各项教育活动。

（二）训练内容

1. 触觉敏感盲童的训练内容

对于此类盲童，由于很小的刺激也会让孩子过度紧张，所以对他们的训练从深压觉开始比较好，因为这样的活动刺激较容易使孩子情绪趋向稳定、冷静，然后再配合后续的轻触觉活动。在平常上课的时候还可以给学生穿上加重的背心（可以在多口袋的衣服里均匀放入沙袋）。训练内容主要有：大龙球压滚、触觉挤压、球池等。

2. 触觉迟钝盲童的训练内容

对于此类盲童，由于他们触觉反应比较迟钝，所以训练的目的是增加触觉刺激以唤醒触觉，提高触觉辨识能力。训练内容主要有：用麻布擦身，用刷子刷身、梳头等。

（三）训练效果分析

感觉统合训练是运用特定的器材和方法来治疗感觉统合失调症状。感觉统合训练通过给予盲童大量适当的触觉刺激，使大脑的识辨能力提高，从而达到治疗的目的，总改善率达到83%。

表1所示是6名盲童感觉统合训练前、后的表现。

表1 感觉统合训练前、后盲童的表现

姓名	训练前		训练后	
	触觉统合失调程度	表现	表现	效果
A	触觉敏感重度	厌恶别人的触摸，特别是怕别人从后面触碰，常常哭闹，情绪不稳定。比较孤僻，喜欢独处，不爱团体游戏。挑食，不吃青菜和软皮的东西	自主学习的意愿提高，可以玩机构性的玩具，可以接受老师的触碰，开始尝试吃青菜，哭闹的次数有所减少	改善

（续上表）

姓名	训练前		训练后	
B	触觉敏感重度	只喜欢某个人，常吮吸手指或指甲，不喜欢别人帮助剪指甲。不喜欢洗脸、洗澡。独占性强，不让别人碰他的东西，常会无缘无故发脾气	能跟随老师进行活动，也愿意被同伴拉着。吮吸手指或指甲的行为减少，但是还不喜欢洗脸、洗澡。独占性强，还会无缘无故地发脾气	改善
C	触觉敏感中度	不喜欢别人碰触，尤其不喜欢被拥抱。不愿意参与群体活动，喜欢独自一人坐着。不吃软的东西，拒绝玩沙，拒绝触摸软绵绵的东西	愿意和老师拥抱，有时候愿意玩沙，但还是不喜欢别人触碰，会甩开老师的手。不愿意参与群体活动，喜欢独自一人坐着	无变化
D	触觉敏感轻度	偏食、挑食，不吃青菜或软皮的东西。怕玩沙、玩水。不喜欢群体活动，喜欢安静地坐着，常常会触摸生殖器官	愿意玩沙、玩水，但是依然偏食，不吃青菜或软皮的东西，还会常常触摸生殖器官	改善
E	触觉迟钝轻度	对触觉刺激很迟钝，别人捏她没有感觉，流血了自己不知道，也不知道痛。不敢爬高、走平衡木，特别爱转圈跑	比以前大胆，可以在老师的鼓励下爬高、走平衡木。对触觉刺激比以前敏感，别人摸她的脸，她懂得躲开。自主意识增强	改善
F	触觉迟钝轻度	喜欢黏着某一个人，喜欢被搂抱。睡觉时咬被子，咬衣服	睡觉时不再咬衣服，学习比以前主动多了	显著改善

评定标准：根据量表中的指标，提高10~15分的为显著改善；提高5~9分的为改善；5分以下者为无变化。

由表1分析可知：第一，触觉统合失调轻度的盲童比重度的盲童康复得快一些，所以当家长、老师发现盲童有触觉统合失调症状出现时应及时施以感觉统合训练，可以收到事半功倍的效果。第二，触觉敏感盲童的纠正比触觉迟钝盲童的纠正要困难，因为触觉敏感盲童在刚开始进行训练时非常抗拒触觉刺激，感觉统合活动开展比较困难，建立信任需要一段时间。第三，个案"C"是一名多重残疾儿童，她的智力低下，属于重度弱智，还做过脑部的手术，从表中可以看出她的效果是"无变化"。但是从前后对比的描述中可以看出，经过感觉统合训练后她的触觉统合失调症状已经有了些许改善，可能对于多重残疾盲童来说，需要更长时间的感觉统合训练才能显示出效果。

四、结语

每个孩子都是一个独特的个体，一定要对盲童进行评估后才能对其进行相关的感觉统合训练，训练方法、内容、强度要视孩子的个人情况而定，不要急于求成。要尊重孩子的意愿，多给孩子主动触摸的机会，经过一定时间的训练，都会有一定的效果。

参考文献

1. 沈家英，陈云英，彭霞光. 视觉障碍儿童的心理与教育［M］. 北京：华夏出版社，1993.
2. 黄娟，静进，许景明，等. 儿童感觉统合失调及其影响因素的调查分析［J］. 中国行为医学科学. 2003（12）.
3. 任桂英，王玉凤，顾伯美，等. 北京市城区儿童行为问题与感觉统合失调的调查报告［J］. 中国心理卫生杂志，1997（1）.

关于视觉障碍儿童感知觉训练的探讨

周海云

一、视觉障碍儿童感知觉训练及其意义与作用

感觉是人脑对直接作用于感官的事物的个别属性的反映，感觉是收集环境信息的过程；知觉是存在于感觉基础之上的对信息进行组织和解释的过程。感知觉是重要的心理过程，是各种心理活动的基础，人们对客观世界的认识、情感、意志都是从感知开始的。视觉障碍儿童的认识主要依赖于感知觉，专家研究证明：普通人70%以上的信息都是通过视觉获得的，而视觉障碍儿童丧失了视觉功能，其感知经验贫乏以及感知和概念形成的困难，严重影响视觉障碍儿童的认知发展，这些儿童在接受视觉资料以及了解四周事物变化方面皆有困难，以致不能通过综合感知上的经验来形成概念。要想获得外界信息，主要依靠听觉、触觉、嗅觉、味觉等。要使盲童获得相关信息，就要对其进行感知觉补偿训练，从不同的方面增加感性认识和经验、扩大感知范围、提高感知能力，以便更好地生活、学习和工作。视觉障碍儿童的感知觉训练是采取一定的方法，对视觉障碍儿童的感知觉器官（眼、耳、鼻、舌等）进行训练，以提高感觉能力的活动过程。

二、视觉障碍儿童感知觉训练的原则

（一）活动性原则

和健全儿童一样，视觉障碍儿童感知觉的形成和发展也是在摆弄玩具、使用各种实物的过程中形成和提高的。盲童的感觉能力，无论是听觉、触觉，还是味觉、嗅觉，都要通过实践活动来实现。如让他们尝一尝、嗅一嗅、看一看、听一听、摸一摸，教师要尽量创设真实的情景、使用真实的物体。

（二）目的性原则

为了提高视觉障碍儿童的感知能力，在组织游戏、学习以及日常生活中，

要向他们提出明确的要求，有目的地对他们进行专门的训练。如设计环境让他们感知，提供一些用品让他们触摸并让其进行判断、辨认和比较。

（三）直观性原则

在感知过程中要借助实物让他们直接感知，并用词语把儿童所感知的事物及其属性标示出来，使他们知道每样东西的名称、性质、用途，然后就可以较好地证实自己的感知印象，认识事物及其属性。

（四）个别性原则

在训练视觉障碍儿童感知觉的过程中，要根据儿童视觉损伤的不同程度、发生障碍的不同时间、造成缺陷的不同病因而区别对待。

（五）安全性原则

在训练过程中要注意安全。

三、视觉障碍儿童感知觉训练的基本内容和方法

教师应明白触觉与感知对儿童的发展非常重要，视觉障碍儿童用手直接触摸来学习形状和质感等概念。教师可用语言作为辅助，引导儿童运用触觉进行探索，理解粗糙、平滑、软硬等概念。

教师可鼓励儿童用不同的触摸方法，例如，用手平扫、运用手指触摸等，以扩大探索的范围，并尽可能地让他们有机会亲自触摸各种物品。在感知觉学习过程中，感知觉训练应遵循从大到小、从少到多、从简单到复杂、从粗糙到精细的原则。

（一）触觉训练的基本内容和基本方法

1. 触觉训练的基本内容

触觉是经由手对物体的接触来感觉物体的性质。在儿童日常生活中，训练初期可以利用儿童喜欢触摸的材料（例如，毛茸茸的动物玩具、蓬松的毛毯、光滑的物体）表面，通过对物体表面的触摸，感知物体表面的粗糙（柏油路、地毯、树皮、砖头），光滑（地板、玻璃、大理石地面、桌面），干湿以及冷、暖、凉、热的变化；逐渐过渡，让孩子触摸不同质地的材料，如地板、门、锅、球、水果、触觉板、水、图形、积木、布料等。还可以通过手握物品和触摸感知物品的大小、长短、形状、软硬、轻重等，可以让儿童自行探索不同质地的物体（液体、泥土、沙子、织物以及杂乱的事物）。

2. 触觉训练的基本方法

（1）分辨各种感觉。

①冷、暖、凉、热：a. 准备 4 只玻璃杯。b. 将冰水、温水、凉水、热水等分别倒入杯中。c. 让儿童触摸不同温度的杯子。d. 让儿童把不同温度的杯子按从冷到热顺序排列。e. 让儿童知道盛冰水的杯子上有小水滴，盛热水的杯子里冒着白气。

②粗糙、光滑：学习分辨粗糙与光滑时，先从触觉触摸入手，摸一摸谁光滑，谁粗糙，质地是软还是硬，最后由两种物品变换成三种物品的比较、判断，使学生知道当两种物品出现时，哪一种是粗糙的，而当增加物品时，这个粗糙的物品可能就发生了变化，而成为光滑的物品。

③软、硬、锐利、笨钝：如辨别软与硬。a. 准备一块小石头、一块橡皮、一小团棉花。b. 让儿童用手触摸这些东西，并比较它们的软硬。再如辨别锐利与笨钝，一把锋利小刀，一把生锈小刀，分别用他们切黄瓜，让儿童感受哪把刀切得好切得快，切得好切得快的就锐利，另一种则是笨钝。

（2）分辨不同质地的材料。

准备常见的材料，如布、砂纸、金属、木块、玻璃、水、冰、皮革、天鹅绒、沙石，或有伸缩性或黏性的物体，如软胶、橡皮圈或胶泥等。引导儿童用适当的词形容所触摸到的材料，如硬硬的木块、粗糙的砂纸、柔软的天鹅绒等。

（3）认识各种基本形状。

认识三角形、正方形、长方形、圆形、半圆形。在幼儿认识各种基本形状的基础上，使他们知道，一切可见物体的形状都是由这些基本形状构成的。

（4）物体感觉。

让儿童辨别日常生活中的物品，如杯、碗、勺子、毛巾、牙刷、衣物、椅、台（桌子）、床等。辨别物体的平滑度、轻重、大小、厚薄、长短、形体以及温度，尝试以触觉来认识周围事物。

（5）提高孩子的触摸分辨和触觉追踪技能。

①触觉分辨的发展顺序是从具体的物体到抽象的表象图示，通常要遵循下列的顺序：a. 三维物体。盲童会在他家里的三维立体空间环境里认识玩具、物品以及食物等，如积木、球、牙刷、柱子、盘子、杯子以及刀具等。b. 三维图形（如平直的木质圆块、方块等）。另一处进行触摸辨别训练的愉快场景是在点心餐时间。你可以使用棉花糖、（圆形或软松的）糖果、（无甜味的）薄脆饼干或者是水果。按照上述相同顺序进行（用三种食品，其中两种是相同的，一种是不同的）触摸练习。c. 二维凸点图形。二维形体是指绘画或书写的描绘图形，例如，凸起的线形画、简单的几何图形以及热形图画等。如

灯芯绒、地毯、海绵、砂纸、天鹅绒、塑料、花边（网眼织物）等。

②盲童周围环境中能够用来练习手指触摸追踪技能的边沿线（如衣柜、桌沿、纸、门槛等）。为了让盲童正确地触摸曲线、直线、斜线和角，他必须用一根手指按住起点，之后移动另一根手指逐渐远离起点，沿着图形的曲线或角度，然后又回到起点（另一根手指）。沿着衣柜、桌子或一张纸的边沿触摸，可让盲童获取一些有关物体的信息。

（二）听觉训练的基本内容和基本方法

能够专注和有判断力地聆听资料，对视觉障碍儿童来说是非常重要的。教师在拟订教学计划时，可用训练听力的教材，例如，以录音教材代替或补充油印课本或点字课本，鼓励儿童集中精神聆听。此外，教师亦可设计有关聆听的活动，以巩固儿童的学习。

1. 听觉训练的基本内容

听觉对视觉障碍儿童十分重要，由于视觉的缺陷，视觉障碍儿童更加依赖听觉，要进行有效的听觉补偿训练。在日常生活中，可作为听觉训练的材料非常丰富。包括自然界的声音（风声、雷声和雨声等），日常用品的声音（碟子声、各种动物的声音以及机动车辆的声音），生活中的声音（马路上的声音、做饭的声音，以及学校放学时学生准备回家的声音等），家庭中的声音（如炒菜声、脚步声、门铃声、切菜声、电话铃声等），自然现象的响声和乐器声等。

2. 听觉训练的基本方法

（1）听觉辨别：如声音的大小（训练时先由轻到重，由熟悉的到陌生的声音。利用周围生活的自然物，辨别各种物体的声音大小）、强弱、高低和定位等以及敲击以上各种物体发出的声音。

①训练听各种熟悉的自然界的声音，如雷声、雨声、风声、水流声等；

②训练听各种动物的声音，如猫、狗、鸡、喜鹊、乌鸦等；

③训练听机动车辆的声音，如飞机、公共汽车、轮船、摩托车等；

④训练听日常生活中的声音，如电话铃声、门铃声、炒菜声等；

⑤训练听辨各种人物的声音，如男人、女人、老人、小孩等；

⑥训练听各种乐器的声音，如钢琴、吉他、小提琴等。

（2）听觉记忆：如听记不连贯的数字；听记并学各种动物鸣叫声；听记图形内容、颜色，训练时需要注意的是家长朗诵训练材料的速度要适宜。

（3）听觉注意：视觉障碍儿童存在一定的注意力不集中。教育者应采取相应的方法来提高他们的注意力，培养儿童的倾听能力，如增强课堂的互动等。

（4）听觉理解：利用游戏进行听音训练，如听音瓶、听叫声猜动物、猜什么乐器在歌唱、找声音、猜歌名、听音乐做动作、猜猜谁来了、听声配对、打电话,利用嘈杂的声音寻找熟悉人的说话声。还要教视觉障碍儿童如何辨别声音的方向,估算自己与声源的距离等。

(三) 嗅觉训练的基本内容和基本方法

1. 嗅觉训练的基本内容

嗅觉可以帮助视觉障碍儿童辨别许多不同物质,对于他们的学习、生活和行走等方面都具有重要意义。嗅觉因能感知一定距离的事物而显得尤其重要。嗅觉训练的目的在于训练鼻子以辨别各种不同的气味,让儿童在视觉经验之外还能进入另一个感觉世界。嗅觉训练内容包括日常生活中所遇到的气味,如食物的气味、水果的气味、调味品的气味、蔬菜的气味等。

2. 嗅觉训练的基本方法

(1) 鼓励视觉障碍儿童在做饭、进餐、做个人卫生时练习"闻",并和儿童谈论他们体验过的气味。

(2) 嗅觉认识:认识日常生活中所遇到的气味,如食物的气味、水果的气味、调味品的气味、蔬菜的气味、汽油柴油味、花草的气味等。

(3) 嗅觉分辨:分辨甜味、苦味、汗味、烟味、汽油味、烧焦味、臭蛋味、烂菜味、药味等。

(4) 嗅觉训练特殊场合:菜市场、商场、面包房、垃圾站等。

时常可以见到视力障碍儿童使用嗅觉来辨别地方、人和实物。事实也证明,孩子确实能够单凭嗅觉就能辨别走进房间的每个人。气味成为他们与特定的事件、物品和人联系的纽带。

(四) 味觉训练的基本内容和基本方法

1. 味觉训练的基本内容

舔尝在视力障碍儿童探索和学习中占有很大的比重,他们也许会比正常儿童更长时间地停留在用舔尝和鼻嗅来辨别物体的阶段。舔尝是他们用来组织自己世界的一种补充方式。孩子从一出生就开始品尝食物,辨别各种饮料与食物的味道。在最初训练幼儿味觉时需从基本的味道起步,如甜、酸、苦等。味觉训练内容包括:品尝饮料、食品、蔬菜、水果等。

2. 味觉训练的基本方法

(1) 味觉认识与分辨:可以利用进餐时间让孩子认识和学习各种不同的味道。例如,不同味道的食物(如甜、咸、酸、苦、辣),不同味道的饮品,不同味道的调味品,不同温度的食物(如热、暖、凉、冷),不同食物的质感(如软、硬、脆、滑、油腻、韧、黏性),不同食物的量度(如稀、稠、淡、浓、多、少)等,并给他们介绍各种食物的不同质地。

（2）味觉训练可以在做饭、进餐时进行，也可以在其他时段内进行。可以通过猜蔬菜、吃饼干、鉴定饮料和糖的味道、认识干果、品尝凉菜、品尝八宝粥、品尝豆制品、品尝盐水和糖水等方式进行训练。

（五）低视儿童训练的基本内容和基本方法

1. 接受可提高视觉效能的训练

（1）视觉效能的训练。

对于低视儿童，应接受可提高视觉效能的训练。这类训练包括分辨主体和背景、辨认形状、认字读写、增进视觉记忆、改善手眼协调、使用视觉辅助工具及善用光源等。

（2）有利视力的环境。

在教室里，教师应为儿童提供一个有利于视力的环境。教材所提供的资料必须对比分明，如线条的粗细、图案的形状等，字体的大小和疏密也要适中。所用的纸张，不应带有光泽。同一页上不宜混杂太多颜色，以免使儿童感到眼花缭乱。

（3）帮助阅读的策略。

鼓励儿童使用阅读架，以便他们在阅读时无须长时间俯伏在书桌上。对于难以集中视力来看一个字或一行字的儿童，使用页数标记来阅读会有帮助。利用光度和位置可调的台灯，可为儿童提供适合阅读的光线。

（4）帮助书写的策略。

许多轻度和中度低视儿童在书写方面均有困难。他们可用黑色箱头笔或较软的深色铅笔，在印有粗线的纸张上书写。教师亦可教儿童用打字机或电脑来书写。为避免儿童过度耗用视力而导致眼睛疲劳，切勿让他们长时间伏案书写。

（5）帮助观看的策略。

教师应让儿童交替观看近距离和中距离的事物，好让他们的眼睛得到休息。儿童无法从远处看到教师示范或板书，因此应鼓励他们适当地使用低倍助视器。

2. 训练的基本内容和方法

（1）视敏度训练。如分辨近处的不同物体、发现快速运动物体，观察不同距离的大小同类物体、观察不同物体（如家具、工具、蔬菜、水果），辨认某种熟悉的物体（如公共汽车、小轿车、卡车）等。

（2）辨色能力训练。基本色训练：用红、黄、绿、蓝、黑、白等颜色同周围熟悉的物体进行实物训练，如红旗、黄纸、绿树叶、蓝天、黑板、白衬衫等；混合色训练：棕色、灰色、粉色、紫色、橙色辨色训练；近似色训练：近似色是运用基本色调出的色调，如深红、浅红、深黄、浅黄、深蓝、浅蓝。

让低视儿童能正确地说出颜色的区别。

（3）形状知觉训练。结合实物，观察直线的长短、曲直，物体的大小、高矮，训练认识圆形、方形、三角形、长方形、正方形、五角形、椭圆形、菱形、圆柱形等。如在游戏中使用大的、有颜色的几何图形，这可以帮助低视儿童学习区分形状。

（4）距离知觉训练。如目测物体的大小、远近等。

（5）空间定向训练。如自身左右的识别、客体前后左右的识别。

（6）视觉追踪训练。寻找图画中的缺陷、视觉追踪飞行物、在不同的距离中寻找并用视觉追踪物体。如晚上睡觉时把灯关掉，用手电筒从左到右或从上到下照明，让孩子追踪光源；也可以利用霓虹灯在白天对孩子进行视觉追踪训练。

（7）视觉记忆。如记忆图片中的物体等。

3. 环境的设计应考虑低视儿童视功能的需要

（1）照明要好。通常好的照明更容易看清事物，有些特殊情况除外，如白化病患者。

（2）色彩要鲜艳。对比度越大，越容易看，如黑白配、蓝白配等，这样更便于孩子注意和看清。如洗手间门前放色彩亮一些的蓝色的小毛毯垫子，增强其对比度，孩子更容易识别。

（3）避免家庭和学校教室、宿舍中物品摆设的凌乱（增强对比度）。

（4）使用单色的简单桌布，而不是用许多颜色和图案的桌布（对比度）。家长要鼓励低视儿童移动他们的头部去接近要观察的物体。

很多时候，触觉、味觉和嗅觉等是结合起来训练的，而不是就某方面单一训练，这样孩子能更清晰、更完整地了解一个实物。如利用点心餐时间进行感知觉训练，通过摸一摸饼干形状、闻一闻饼干的气味、尝一尝饼干的味道等来整体认识饼干。

四、通过课外活动进行感知觉训练

通过户外的购物、上游乐场所、春游、秋游等，感知花、草、沙、树、液体、泥土、沙子、人行道、街道路面等，提高孩子的触觉、听觉、味觉和嗅觉等认知能力。

参考文献

彭霞光. 视力残疾儿童的教育理论与实践［M］. 北京：华夏出版社，1997.

视障儿童定向与行走的教学策略

陈丽红

一、问题的提出

视障儿童的学习、生活和就业都离不开定向与行走，要想有效地提高他们独立行走和定向的技能，就必须从小抓起。当前特殊儿童的早期教育心理学研究表明：如果在幼儿期间对残疾个体及时给予恰当的教育，会有利于个体生理机能的重新组合，有利于身体各种功能的代偿，有利于损伤器官的矫正和康复。那么，如何才能更好地提高他们独立行走与定向的技能呢？

二、视障儿童定向与行走能力现状

（一）家长的态度影响了视障儿童行走能力的正常发展

通过对近些年新入学的视障儿童的调查，我们发现大部分幼儿都畏惧独立行走，甚至需要父母抱，不肯自己走路。主要原因是父母的教育态度直接影响幼儿的定向与行走能力。只有持正确教育态度的父母，才能既鼓励幼儿独立地定向与行走，又能提供安全的行走环境，进而提高幼儿独立定向与行走的能力。

（二）盲校学前教育师资薄弱，缺乏定向行走专业教师队伍

定向行走专业性很强，但由于目前中国特殊教育大学或学院没有定向行走的专业设置，因此无法向盲校输送受过正规专业培训的教师。大部分学前教师都是由小学教师转到幼儿园进行教学，虽然有部分教师经过美国柏金斯学前教育的培训，但都是简单的行走技巧的学习。没有进行过系统学习。此外，学前教师流动性比较大，使幼儿缺乏系统性的定向与行走技能学习，影响了他们学习的兴趣，降低了学习的效率。

（三）失明导致儿童寡动，从而影响他们的定向与行走能力

大多数全盲儿童2~3岁才能扶物站立，3~4岁才能独立行走，比正常儿

童晚了2~3年。视障这一生理缺陷，肯定会对儿童的生长发育造成影响，甚至是严重的影响，但大都是因为在婴幼儿期缺乏正确的指导训练，因寡动而造成的。这充分说明了对视障儿童的早期干预、早期训练、早期教育是十分重要的。

三、幼儿园定向与行走的教学策略

视障儿童进行安全、有效、有目的的定向与行走依赖于三个因素：儿童本身的感知运动和认知能力；儿童定向与行走的环境特点；定向与行走活动的复杂程度。

（一）鼓励视障儿童游戏

视障儿童能运用触觉线索帮助自己在环境中进行定向和行走。这些触觉信息主要是通过双手、双脚、脸部、颈部的触觉感受器官获得的。如儿童通过双手触摸周围墙壁及物体可以帮助其识别周围的环境，根据室内外物体表面之间的差异来识别物体。对于低视儿童来说，触觉还能帮助他们证实和强化仅仅通过有限视觉所接收到的视觉信息。

视障儿童的触觉训练是通过给他们提供许多可操作和玩耍的玩具以及一些不同质地的物品（如布料、纸料、塑料、木料、玻璃、金属、陶瓷、皮革等制成的各种物品），通过触摸辨别两样相同或不同质地的物品，来进行整理、匹配以及归类的活动，从而掌握各种质地概念，这对视障儿童的定向与行走能力培养是非常重要的。

在学前教育过程中，鼓励视障儿童玩耍时应注意：第一，要为学前儿童提供真实的、可操作的学习材料，并要保证充分的操作时间。第二，教给学前儿童操作的方法，在刚刚开始学习某项技能时，可以手把手地指导，但不要过分关注，在拿起他们的手时请先询问孩子的意见并征求孩子的同意，在活动中要鼓励孩子尽量使用双手进行，可以轮流使用或同时使用。教师及时给他们指导与帮助，使他们获得尝试学习与自我教育的成功。第三，结合其他方法，引导学前儿童自我评价，培养他们的探索精神。

（二）通过游戏情景练习来进行定向与行走能力的培养

游戏是学前儿童最喜欢的活动，也是他们日常生活中最主要的活动。游戏法是指教育者寓教育于游戏之中，根据不同的教育内容，组织学前儿童开展各种各样的游戏活动，使学前儿童在玩中学习，在愉快中发展。

在教育过程中，运用游戏法时应注意：首先，要根据学前教育的具体任务来确定游戏的种类。其次，以学前儿童身心发展水平为依据，确定游戏难度。最后，在游戏过程中，教育者应注意引导督促学前儿童遵守游戏规则，充分发挥游戏的教育作用。

例如，在空间方位教学方面，我们可以通过"手指游戏歌""拍手游戏""请你跟我这样做""头发、肩膀、膝盖、脚"等游戏儿歌，边唱边做动作，认识自己的身体器官，在幼儿很好地掌握身体各部分概念后，我们再进入空间方位概念的学习，主要是通过"捉小鱼""我的耳朵真灵""找座位""听声寻物"等活动方式并在日常生活中对幼儿学习空间方位概念有意识地加强。

（三）通过音乐融合练习法来进行定向与行走活动的教学

视障儿童对音乐都非常感兴趣，音乐能培养视障儿童的节奏感和动作的韵律感，也能激发他们的情趣和想象力，提高动作的表现力。例如，在定向行走活动"好玩的旋转盘"中，活动的主要目的是利用旋转盘这一器械，让视障儿童学会抓旋转盘进行行走，为掌握集体行走技巧做好准备。为了让幼儿能够愉快地进行行走活动，笔者选择了两首快慢不同的歌曲《单簧管波尔卡》与《瑶族舞曲》，对他们提出要求：听听这两首歌曲谁快谁慢呢？音乐快走得要快，音乐慢走得要慢，音乐停人也要停。幼儿根据音乐的快慢及时调整自己行走的速度。音乐结束时，很多小朋友高兴地说："真好玩！我们还想跟着音乐再玩一次呢。"可见，适宜的音乐对于调节幼儿行走的状态和活跃行走的氛围有着举足轻重的作用。

（四）用奖励与指导鼓励视障儿童大胆行走，克服恐惧心理

视障儿童在成长过程中，都会有不同程度的碰撞或摔倒的经历；部分家长对子女过度保护，极少让其独自行走；同时社会的无障碍环境、设施建设严重滞后，这些因素都会给他们造成恐惧心理。因此，视障儿童必须消除恐惧心理，才能实现轻松、自由、安全地行走。

例如，在学习集体随行行走技巧时，有些视障儿童不敢大胆行走，而有些幼儿却很胆大，走得特别快，超过了正常行走速度，这就要求老师：一是要注意因材施教。例如，一些胆小、没有信心或刚刚遭受挫折的幼儿特别需要鼓励，这对他们树立自信心是有好处的；而一些自尊稳定，有焦躁表现的幼儿，过多的表扬反而有害，因为过多的表扬往往容易使他们产生错觉，认为自己什么都好，滋长骄傲自满情绪，只爱听赞扬的话，不愿听反面意见，长此以往，就会影响幼儿良好个性的形成。二是要注意通过多种形式表扬、奖励幼儿。三是表扬要具体。应特别强调孩子令人满意的具体行为，表扬得越具体，孩子对哪些是好的行为就越清楚。

四、结 语

实践证明：如果对视障儿童行专门的定向与行走训练，会使个体的定向与行走潜力得到充分发挥，使个体无论是在熟悉的环境里还是在陌生的环境中都能安全、自如、独立、有效、自然地行走。视障儿童定向与行走的训练是一个循序渐进的过程，需要幼儿园老师、保育员老师、幼儿、家长的共同努力。

为了让视障儿童更好地学习独立行走，我们就必须树立正确的观念，把定向与行走训练渗透在幼儿日常生活的每个环节，更好地提高他们的定向与行走能力，为他们今后的学习生活打下坚实的基础。

参考文献

1. 谢敬仁，彭霞光. 中国盲人定向行走训练的现状与发展对策［J］. 中国特殊教育，2008（12）.

2. 袁贵仁. 中国教师新百科：幼儿教育卷［M］. 北京：中国大百科全书出版社，2003.

3. 钱志亮，等. 盲校定向行走课程教材建设的理论研究［EB/OL］.（2001 - 09 - 26）. http：//www. sp-edu. net/Html/mangjiaoxue/197001/1700. html.

（此文在《现代特殊教育》2011 年第 3 期上发表）

体育教学对提高盲童行走能力的实验研究

叶宇鹏

一、研究意义和目的

通过体育教学对盲童行走能力的观察与测试，探索体育教学对盲童行走能力的影响以及提高的效果，为盲童行走能力的康复与提高提供相关实验数据、理论与实践经验，并作为参考依据。体育教学能够有效矫正身体姿势、增强盲童的身体素质、训练盲童的感觉器官、增强听觉等感官的敏感度，并能对视觉缺失进行补偿。

二、研究方法

盲校等这类特殊教育学校的在读学生人数是相对较少的，同一个年级很少有平衡班的出现，加之班上的盲童有低视力、单纯盲童、多重障碍盲童，每一个盲童的能力、水平参差不齐并且差异很大。因此采用抽取广州市启明学校 21 名 7 ~ 8 岁盲童为样本，根据影响盲童行走的因素：听觉与本体感觉两方面，结合《广州市启明学校定向行走校本教材》中的评估、评价标准与体育测量中常用的身体感觉指标，选取平衡木行走、听觉（方向和距离）测试、20 米直线行走三项。通过盲童自身的对比及前后对照实验，寻找自变量对盲童行走能力提高的影响。

三、结果与分析

(一) 平衡练习的影响

表1　平衡能力指标测试的数据结果

	前测均值	前测 SD	后测均值	后测 SD	T	P
平衡木行走	67.62	10.44	75.95	10.68	−2.557	0.014＊

由表1可以得知，平衡木行走的指标数据结果显示 P＜0.05，前测与后测的差异具有显著意义。实验对象的身体平衡协调能力在自变量的影响下发生了一定程度的变化；通过前后测的均值比较，可知，后测均值大于前测均值。因此，体育教学是能有效提高盲童的身体平衡能力的。

皮亚杰的认知发展理论认为，个体与环境在交互作用的过程中产生了适应性动作，促进了儿童智力的发展。体育教学通过机体的运动，身体进行各种变速运动时引起的前庭器官中的位觉感受器兴奋并产生感觉。当人体直线运动开始、停止或者突然变速时，耳石膜因直线加速度或减速度的惯性而发生位置偏移，使毛细胞的纤毛弯曲、兴奋，通过反射活动调整有关骨骼肌的张力，以维持身体平衡。经常参加体育活动，不仅使本体感受器的机能得到提高，而且能使肌肉运动的分析能力及动作施加的判断精确力得到发展。

(二) 听觉练习的影响

表2　听觉能力指标测试的数据结果

	前测均值	前测 SD	后测均值	后测 SD	T	P
听觉的方向	50.95	31.13	71.19	25.39	−2.309	0.026＊
听觉的距离	42.62	26.30	64.52	27.24	−2.651	0.011＊

由表2可知，听觉能力的指标数据统计结果显示 P＜0.05，前测与后测的差异具有显著意义。实验对象的听觉能力在自变量的影响下发生了一定程度的变化；通过前后测的均值比较，可知，后测均值大于前测均值。因此，盲童的听觉能力通过体育教学是能够得到提高的。

听觉是人不可缺少的重要感觉，缺失视觉之后，听觉是盲童探索、认知周围环境最迅速、距离最长的感觉。众多盲教育与康复的研究表明，盲童最需要的是训练听觉提高敏感度来对视觉缺失进行补偿，并且这种训练听觉的手段是需要结合盲童的日常生活、活动才会显得更有意义。在盲校的日常生活或体育活动中，盲童相互之间或与其他物体发生碰撞的事情时有发生，避免这种事情发生的最有效的办法就是提高盲童的听觉能力，通过听觉分辨事物的方向（上下、前后、左右）以及距离（远近）。在体育教学中有效运用各种声音来刺激盲童，既能引起他们的学习兴趣，又能让他们较为安全地进行体育锻炼，同时也能使盲童加深对方向、距离概念的理解，更好地发展盲童的空间概念。

（三）体育教学干预后盲童行走能力的变化

表3　行走能力指标测试的数据结果

	前测均值	前测 SD	后测均值	后测 SD	T	P
20 米直线行走	61.67	19.51	74.76	21.30	−2.077	0.044 *

从表3可知，20米直线行走的指标数据统计结果显示 $P < 0.05$，前测与后测的差异具有显著意义。实验对象的20米直线行走在自变量的影响下发生了一定程度的变化；通过前后测的均值比较，可知，后测均值大于前测均值。因此，盲童的行走能力通过体育教学是能够得到提高的。

（四）讨论与分析

1. 体育教学观念

特殊学校的体育教学理念更应该突出以学生的康复为目标来指导教育教学工作。盲校的体育教学，应该利用体育的康复功能，通过各种体育活动，对盲童的听觉、触觉、本体感觉进行训练，促使这些器官的感觉对视觉缺失起到有效的补偿作用。在选取教学内容、设定教学目标时，不能只是单纯强调掌握哪些体育技能、提高哪样素质，应更多地想到这种技能能否改善盲童的身体感觉，提高其他器官对视觉的补偿，促使盲童的行走能力乃至其他能力得到康复、提高。

2. 体育教学方法

讲解、示范是最为常用的教学方法，也是体育教学中最基本、最重要的教学方法。盲童的体育教学与普通儿童的体育教学的最大的区别在于教师的讲解与示范，由于盲童不能像普通人那样使用视觉对运动技术进行观察、模仿，因此根据盲童听觉与触觉比较敏感的特点，在讲解运动技术时必须要更加准确、细致，突出技术的重点和具体形象；在示范时必须要先强调运动技术关键的核心要点，同时让盲童通过手"观察"老师的动作示范。准确地讲解与熟练、难易得当的示范不仅可以使盲童产生兴趣，更有利于盲童建立正确的动作形象。这两项是盲校体育老师的重要基本功，也是直接影响盲童学习正确运动技术的关键之处。

3. 安全的环境与有效的教具

视力缺陷导致盲童对于周围环境的探究范围是比较狭窄的，在陌生、广阔、复杂的环境里往往会让盲童的心理产生一定的恐惧，令其不能放心地去活动。营造"无障碍"的体育教学环境，在客观环境的硬件上让盲童从心理上放下"包袱"，消除畏难情绪，能够在宽松、愉快、和谐的教学环境中积极参与体育锻炼。协调和谐的师生关系，能使盲童感受体育教学活动所带来的乐趣，从而激发盲童强烈的学习欲望和浓厚的参与体育活动的兴趣，进而取得良好的教学效果，并且使盲童自觉去参加体育锻炼，使自己的行走能力不断得到提高。

教具是以传播科技、辅助教学为目的的实物，教具还可以分成演示和实习操作用两种。儿童对知识的理解都必须建立在丰富、典型、正确的感性材料的基础上，通过比较、分析、综合、抽象和概括，从而理解事物的本质与规律。教具是提供这个基础的重要手段。直观教学是盲童特殊需要的集中体现，需要大量的教具才能使盲童直接感知事物和模型等，使其产生感性认识。

4. 体育教学的早期干预

生理学上认为人类各器官在婴幼儿时期的发育状况，直接制约着其终身功能发挥。对残疾儿童而言，定向干预越早越有利于各器官功能的开发，越有利于实践经验的积累，越有利于智能的发展。所以，必须重视盲童的早期鉴别、早期训练、早期教育。必须纠正"因目盲而滞后干预"的错误倾向，抓紧康复训练的良好时机，为盲童提供更多的有益刺激机会。根据著名教育家蒙台梭利对儿童的观察与研究，0~6岁是儿童动作发展的敏感期，其中1~2岁是行走的敏感期。因此，体育教学的早期干预提早开展对提高盲童的行走能力是十分必要的。

四 、 结 论

第一，实验结果表明，选择有针对性的身体练习内容和有效的方法，通过体育教学和学生反复练习能够有效提高盲童的行走能力。

第二，盲童的自身特点决定他们的行走能力区别于普通人，通过科学的方法强化听觉、本体感觉、触觉等感觉器官的运动，促进对视觉的补偿，是促使盲童改善行走能力的有效手段。

第三，由于盲童的视力缺失，在进行感觉练习和其他身体练习时合理把握运动负荷和采用有效的保护帮助方法是十分重要的。

参考文献

1. 吴剑，李建设. 人体行走时步态的生物力学研究进展［J］. 中国运动医学杂志，2002（3）.

2. 郭卫，贾勇，谭涌. 残疾人体育［M］. 北京：北京体育大学出版社，2007.

3. 贾勇. 残疾人体育基本知识导读［M］. 北京：华夏出版社，2006.

4. 威廉·L. 休厄德. 特殊儿童——特殊教育导论［M］. 7版. 孟晓，等译. 南京：江苏教育出版社，2007.

5. 王明泽. 盲校教育学［M］. 长春：吉林教育出版社，1990.

6. 罗观怀. 盲童教育康复的基本内容、原则及策略［J］. 现代特殊教育，2007（5）.

7. 辛利. 体育教学对儿童整体性发展的重要作用［J］. 体育教学与训练，1990（6）.

8. 姜瑞，吴军. 特殊教育学校盲人体育发展现状的调查研究——以宁夏特殊教育学校为例［J］. 科教导刊，2011（1）.

（此文在《体育师友》2015年第5期上发表）

多重残疾视力障碍儿童行为治疗的个案分析

谭间心

　　多重残疾儿童也称多重障碍儿童，是指具有两种或两种以上身体缺陷的儿童，他们是特殊教育领域中最特殊、最困难的群体。近年来，多重残疾儿童的研究和干预已引起我国特殊教育界的重视。2001 年，广州市启明学校开办了教育实验班，这是全国最早开展多重残疾儿童教育的六所盲校之一。实验班开设以来，我们对五名多重残疾儿童进行了一系列富有成效的教育、康复指导和训练，并在课程设置、教学模式、个案研究、个别化教学、医疗康复等方面做了有益的尝试。本文试图通过一例多重残疾视力障碍儿童的情绪和行为问题的研究案例，以期能为从事多重残疾儿童教育的特殊教育工作者提供一些经验和借鉴。

一、背景资料简介

（一）基本情况

　　姓名：李××，女，1995 年 10 月生。家庭住址：广东省东莞市××镇。家庭成员：父母，初中文化，经营金银首饰生意；姐姐，高中学生。障碍情况：全盲、语言障碍、情绪行为异常。

（二）出生及医疗史

　　母亲 36 岁时，生下李××，孕前一直服用避孕药，后意外怀孕。从怀胎一个月开始吃安胎药，七个月时孩子早产，放入保温箱 60 天。父母双方家族都没有视力障碍及语言障碍患者，父母有了这个孩子后，并没有感觉受到很大的打击，家庭气氛和夫妻关系尚好。除请保姆照顾小孩外，他们对孩子更是疼爱有加，百依百顺，非常迁就。90 天后，孩子视网膜出血（眼底出血），到广州中山医科大学第一附属医院治疗，医生建议做视网膜手术。于是，孩子在 10 个月大的时候，右眼就做过"玻璃体切割"手术，出院几个月后，家长发现孩子的眼睛有问题。

（三）情绪和行为问题表现

李××情绪异常，经常会有不明原因的哭笑和尖叫，情绪容易烦躁、郁闷，常常感到不开心。而且有严重的自我伤害及攻击他人的行为，当个人需要得不到满足或感觉身边的人忽略她时，就会用力地捶打自己的头，咬自己的手，大叫，甚至用头撞击地板，并对与其接触的人有抓、咬、撞等攻击行为。

在家时，李××非常任性，稍不顺心就会大发脾气，表现为大哭大叫，咬自己的手、打头，用头撞向硬物。她的双手和双脚直到现在还留有许多伤疤。这种情况几乎每天都会发生，家人已经习以为常。

李××有时会大叫、长时间地笑、发脾气，能认识自己的保姆，听到喜欢的歌曲或声响时会自我陶醉。这些都是孩子内心真实的感受，显得很正常。但她不能理解老师的指令，不能进行简单的日常认知活动，又显示了智力的落后。

在观察中，我们发现李××生活不能自理，有严重的语言障碍，与包括家人在内的其他人缺乏言语交流，从来没有说过一句完整的话，但有语音。我们还发现她有自闭倾向，不喜欢小伙伴，只喜欢一个人玩，对陌生的环境极不适应。

通过一系列的了解、观察和分析，李××是一个以视力障碍为主，伴有严重情绪和行为问题的多重残疾儿童。2002 年 9 月，李××开始在广州市启明学校正式接受干预训练。经过近两年的教育训练和行为矫治，收到了一定的成效。孩子的自伤行为有所减少，有意义的良性行为、适应性行为有所增加，能通过某些语音、身体语言或面部表情与人进行简单交流，语言理解力有所进步，攻击性行为有所减少等。

二、情绪和行为问题的矫治情况

李××刚入学时，其上述行为给我们及其本人都带来很大的干扰和影响。因此，我们除了在感知运动、交流及语言、生活技能、定向行走、社会化技能等领域对她进行教育、训练外，更着重对其进行行为治疗和矫正。行为治疗是针对个案的具体行为症状、特点作出差别性的诊断、分析，作为治疗的依据，治疗的重点是促进案主社会适应技能的发展和言语的正常发育。

（一）情绪和行为矫治的主要原则

通过对本案例的研究，我们认为，对多重残疾视力障碍儿童进行行为矫治，若能遵循以下原则，常会有事半功倍的效果。

1. 个别化训练

并不是情绪和行为问题的所有表现都会出现在每个个案的身上，即使是有相同症状的个案，在程度上也可能存在差异。因此，用行为矫治法对多重残疾视力障碍儿童进行治疗时，要特别注意对个案各种异常情绪和行为的观察和记录，可以制定"行为数据观察表"，同时还要结合个案的家庭环境、智商、年龄等因素设计、确定干预的策略。

2. 个别治疗与集体治疗相结合

多重残疾视力障碍儿童的某些问题行为的症状是独特的，如李××对别人的攻击性行为，需要进行个别的治疗。而在我们学校的这些学生中，存在一些相同症状的行为，对这些行为，可以采用集体治疗的方法。集体治疗可以使他们有机会感受或观察其他人的行为，获得替代性学习的机会。同时，集体本身的性质及成员间的交流，对改善个案的言语和社会适应技能也很有帮助。

3. 注重家庭参与

攻击性行为形成的关键期是婴幼儿阶段。这期间，父母千方百计满足孩子的各种需要，不经意的娇宠和放纵导致孩子为所欲为。孩子稍不如意，就会采用攻击手段来发泄不满情绪。攻击性行为与父母对儿童的家庭教育方式有着极其重要的关系，父母应该重视家庭教育对孩子的影响，同时纠正孩子的攻击性行为。要改变多重残疾视力障碍儿童的情绪和行为问题，就应该从改变父母的教养方式入手。在训练和纠正案主的某些行为时，我们要求李××的父母及其保姆配合学校及老师的计划，同时承担主要的训练任务，并及时提供相应的反馈和正强化的机会。家庭成员的共同参与，不仅有利于行为矫治得以顺利实施，也使多重残疾视力障碍儿童获得更多与家人交流的机会。

4. 增强适应性行为

多重残疾视力障碍儿童问题行为的发生，主要是由于缺乏与正常环境相适应的行为方式。他们大多不知道应如何恰当地表达自己的所需、所想，因此，在行为治疗过程中，我们主张发展这类儿童的正常行为，增加适应性行为，以期正常的行为能够覆盖或消除其原有的不良行为。

（二）情绪和行为问题矫治的方法

在本案例的研究过程中，我们遵循上述基本原则，并采用下述训练策略与方法，对李××进行了训练与干预。

1. 游戏活动法

李××年龄较小，长期生活在过度受保护的单一环境中，对外界的人和事显得相当抗拒与恐惧。因此我们以游戏活动为主，让她在游戏活动中愉快地玩耍，形成愉快、良好的心境。通过参与感兴趣的活动，使其在身心愉悦的同时，精细及粗大的动作技能也可以得到训练。还要多让她与其他小朋友相处，初步培养其社会交往的能力。通过这些活动，李××的精神面貌得到了很大的改观，情绪较为愉悦，已基本能够接受除保姆以外的其他人。

2. 认知行为塑造法

认知行为塑造法是通过逐渐强化接近目标的行为，同时消退希望终止的行为来形成新的行为。在最初的个案观察中，我们发现李××存在严重的社会适应、言语表达及理解、生活自理等方面的缺陷，尤其在语言方面，交流障碍成为李××的主要特征。由于内心世界无法向人诉说，所以她企图借助情绪行为来引起旁人的注意。在行为矫正一段时间后，我们把重点放在对孩子的生活自理、社会适应和语言训练上。我们为个案制订了个别教育计划（IEP），目标中包含了一系列不断接近目标行为的近似行为，当良性行为出现时，马上进行强化，而对不良的行为及时给予纠正，促使其消退。具体做法如下：

（1）社会技能训练。用认知行为塑造法训练社会技能时，我们先让她熟悉学校、班级等场所，消除她对陌生环境的畏惧，再让她听听我们的声音、触摸我们的手和脸，然后再和她一起游戏、玩耍，逐渐增加接触的次数和时间，使她慢慢接纳我们。

（2）言语理解与表达训练。结合李××的特殊情况，我们为她制定了目标：①理解指令。②用肢体语言表达自我的需要。③模仿简单的音节。我们真心地去关怀她，和她建立信任的关系，消除她对新环境的恐惧，使她产生交流的欲望。如听音乐时我们故意把录音机关掉，她会发出一连串带有感情色彩的语音"en、en、en……"来表示不满，当重新打开录音机时，她就发出"咯咯咯"的开心笑声。有时候她用带感情色彩的语音或笑声来表示"好、不好"或"要、不要"等，我们都会及时给予强化。此外，我们有时让李××做她喜欢或不喜欢的事情、吃喜欢或不喜欢的零食，刺激她进行"表达"，训练她用点头和摇头来表示"喜欢、不要、不喜欢"，使她知道通过这些行为可以满足自我的愿望和要求，从而避免或减少行为问题的发生。最后，通过模仿发音的训练来刺激其语言中枢，诱发其开口说话的欲望。我们试用了以下方法：搔痒法，使她发出"咯咯"的笑声，并同时重复对她说"好痒"；利用她喜欢的强化物予以刺激，激发其语言模仿的兴趣；电视示范法，让她模仿电视节目中的广告歌、广告词进行言语的学习。有些家长认为孩子不会说话，如果禁止她看电视就可以学说其他更加有用的话，事实上让多重残疾视力障碍儿童，特别是有语言障碍的多重残疾儿童观看电视节目，对促进他们的语言和行为发育都有较好的效果。我们在李××说过的极少数的话中就发现有很大一部分是类似于电视广告那样唱出来的。此外,在日常生活中我们注意配合实情实境,不停地对李××说话,虽然她极少应答,但给了孩子听觉刺激,我们相信慢慢会有所收获。

(3)生活自理技能训练。我们用多循环的方法,让其生活技能反复进行练习,直到能够掌握或有所好转为止。李××生活无法自理,完全由保姆包办。我们根据实用为主的原则,把饮食技能的学习作为重点,再逐渐过渡到让其穿脱衣裤、洗漱等方面的训练。

通过以上行为塑造训练,李××的哭闹行为大大减少,攻击他人及自伤行为有所抑制,社会性技能有所提高,能通过理解指令及动作、身体语言等表达自己的愿望要求,还学会了简单的生活技能。

3. 忽视和增强法

有时候李××的情绪和行为问题,只是为了引起身边大人的注意,进而满足自己不正当要求的一种手段,家长如果急着哄她或试图抱起她,她就会表现得更厉害。对此,我们采用忽视法,即在没有影响到孩子自身或他人安全时,我们故意对她不理不睬,故意忽略她的存在,让她"自讨没趣",她反而会逐渐停止发作。等到其情绪正常时,再及时予以增强,从而通过增强良好行为来减少问题行为的发生。同时,在李××情绪好时,多用表扬称赞等方法,进行间歇性强化,以增强其良好情绪的出现与保持。

4. 暂时隔离法

有一段时间,李××的攻击性行为非常严重,只要一跟她接触,她就会咬人、踢人,或用手指甲抠人。对这种不良行为,我们采用暂时隔离法,即在不良行为出现的几秒钟内,取消她正在进行的活动,或撤除她正在享用的正性强化物,或将她与所接触的人和当时的场景隔离开来,把她转移到另一环境中去。这样做的目的在于通过不让行为问题发生者得到任何强化,从而减少不良行为出现的次数。采用此法后,李××的攻击行为有所减少。不过,如果使用隔离室,我们建议,隔离室的设计应相对科学合理,以防特殊儿童在隔离过程中出现自我伤害的情况。

5. 奖励和惩罚疗法

李××的自伤及攻击性行为,是最令我们头疼的问题。只要其意愿得不到满足,她马上就会哭闹,并用力地捶打自己的下巴、鼻子,或用手指甲戳自己的双腿、脖子,或自己咬手、打头等。在训练活动中,她有时会用头撞、用牙齿咬、用脚踢老师。对于这些严重的自我伤害及攻击性行为,我们尝试了奖励和惩罚疗法,试图通过操纵行为的后果来调节问题行为出现的次数。如在李××的语言及社会交往的活动训练中,如果没有出现不良行为,就给予实物如其喜欢吃的食物等，或用称赞、表扬、听喜欢的儿歌等方式给予及时强化。而惩罚则是利用负性刺激来对其问题行为进行治疗，即利用产生不愉快甚至痛苦体验的条件刺激，来代替自伤和攻击他人等异常行为，使她在一定程度上体验到行为与结果之间的关系，从而停止并消除自伤和攻击他人等不良行为。如李××有严重的咬手背、咬手腕、打头等自伤行为。对此，我们采用束缚其双手进行惩罚的方法，即用厚棉衣把她从手到上臂包绑起来，使之伤而无果，以便促使其自动停止不良行为。但这种方法应在家长同意的情况下才能使用。同时，在决定采用此种方法之前，还要考虑其副作用等问题。

6. 身体放松法

一般的盲童往往由于视力障碍，在运动能力如身体放松方面存在较大的问题。相对而言，多重残疾视力障碍儿童在身体放松能力方面更显不足，这种不足又影响到他们对于不良行为的克制、烦躁情绪的调节，及其对社会交往技能和言语理解与表达能力的训练和学习。针对这一情况，我们通过对李××进行身体按摩及运动训练，帮助她改善体质，使她肢体肌肉放松，从而缓解其不良情绪。开始时每周训练1~2次，然后根据实际需要慢慢增加到每周3~4次，由教师和保姆陪伴，观察并记录她的按摩进展及效果情况，并与按摩师协商，及时调整其按摩康复计划。采用此法后，李××的精神状态大为改善，发生情绪和行为问题的次数明显减少。

三、 讨论与小结

（一） 多重残疾儿童教育需要爱心和专业知识与技术

多重残疾儿童的训练和康复是一个长期而艰难的教育过程，这当然需要教师的爱心和奉献精神。但是，从本案研究可以看出，这还需要每位教师把训练、康复技术和研究的结果，灵活地运用到自己的干预实践中去。由于我国多重残疾儿童教育刚刚起步，因此，对多重残疾孩子的训练和康复暂时还没有较为成熟的方法与技术，这就要求教师积极思考，努力学习，在借鉴外国盲校经验的同时，用自己的实践证明最有效的训练方法，并灵活地把它们运用到多重残疾儿童的教育训练实践中去。在本案的研究中，许多方法都是教师借鉴国外和融会自身实践经验的结晶。

（二） 亟须对盲校教师展开行为矫正知识的培训

从盲校学生的行为表现来看，不仅是实验班中的个别儿童有情绪和行为问题，其他学生或多或少也都存在这样或那样的情绪与行为问题，只不过有些表现一般，有些表现严重，有些偶尔出现，有些经常显现而已。因此，盲校教师也应像从事智障教育的教师一样，亟待掌握一定的行为矫治知识与技能。为此，盲校应对教师们进行行为矫正方面的专门培训，这将有利于及时矫正盲生的异常行为，从而使盲生的身心得到最大限度的康复和发展。

（三）谨慎对待药物治疗在情绪和行为矫正中的作用

众所周知，服用药物在国外也是治疗情绪和行为问题的方法之一。不过，在改善多重残疾儿童的情绪与行为症状上，虽然使用药物的确能够起到一定的作用，但其最终疗效并不能令人十分满意，因为，这些药物大多存在着诸如令服用者神情呆滞、精神恍惚等副作用，而且，一般停止用药后多会出现症状反弹现象。这对正在成长中的儿童明显很不适宜。相比之下，对有情绪和行为问题的多重残疾儿童进行行为训练，不但效果显著，而且，通过训练学习所得到的行为习惯，往往也可以较长时间保持下来。因此，结合实验班的实际情况，目前，我们还没有采用药物治疗的做法。

（四）教师应耐心对待干预过程中的反复现象

众所周知，即使对单一性的残疾儿童进行情绪或行为矫正，也难免出现时好时坏的反复现象。由于多重残疾儿童的特殊困难，对其进行干预训练过程中，就更容易出现训练结果难以巩固的局面。这就要求教师具有更多的耐心和韧劲，来面对教育训练中出现的反复现象。在本案例中，案主的情绪和行为好转一段时间后，有时又会回到原来的状态之中。对此，我们都会本着坚持不懈的态度，满怀爱心和耐心，不厌其烦，也不厌其"反"，直到案主出现良性行为为止。

参考文献

1. 吕静. 儿童行为矫正 ［M］. 杭州：浙江教育出版社，1992.
2. 王辉. 聋盲儿童异常行为的相关研究 ［J］. 中国特殊教育，2003（6）.

（本文在 2003 年度学校论文评比中荣获一等奖。2006 年 1 月参加由中央教育科学研究所主办的中央教育科学研究所心理与特殊教育研究部"新时期学生心理健康教育的探索与实践"的评奖项目中，荣获二等奖。发表在全国中文核心刊物《教育导刊》2006 年第 3 期上。2007 年 9 月参加由中国教育学会特殊教育分会主办的首届全国教育论文比赛，荣获二等奖）

多重障碍盲童情绪障碍伴行为问题及解决对策

周海云

情绪是人对客观事物的态度体验及相应的行为反应。由于人的情绪要通过表情和言语举止流露出来，因此，情绪和行为是分不开的。儿童情绪和行为障碍是指其情绪、情感活动产生变态与失常现象，在行为表现上与一般同龄儿童所应有的行为有明显的偏离，并严重影响到自身发展或严重干扰了别的儿童。这些情绪障碍伴行为问题在儿童期是颇为常见的，他们常常令父母感到焦虑，教师感到烦恼，医生、少儿工作者和心理学家感到困惑。几种障碍作用在一起的多重障碍盲童，其情绪障碍伴行为问题不同程度地影响其生理、心理、生活、社会交往、学习等，严重的还导致生理与心理活动失衡，影响正常的行为与活动能力，不能正常与人交往，生活不适应，学习动机受损，智力潜能不能正常发挥。因此，重视和了解多重障碍盲童情绪障碍伴行为问题的表现以及产生原因，并采取积极措施进行预防和治疗相当重要。

一、情绪障碍伴行为问题的原因及表现

（一）自身生理因素

多重障碍盲童的视力障碍，大大降低了他们接收外界信息的数量和质量，使其很难了解外界环境，很少有与正常人交流的机会，社会活动范围受到限制，信息接收量较少，尤其是有严重智力障碍的盲童，他们各个感官的感受性和辨别能力都较低，信息感知的容量小，信息处理的速度慢，知识迁移困难，加之主动性很差，视力障碍与智力落后并存，造成他们在认知和适应方面有更深层次的障碍，如记忆与思维失调，感觉迟钝、注意力差，表现为自卑、退缩、焦虑、爱发脾气、以自我为中心，有自伤或侵害他人等行为。他们在智力、语言、感知、运动、行为与社会沟通能力上明显落后于正常盲童，这使他们的生活、学习和工作受到严重影响。

生理表现：①情绪障碍伴行为问题主要是神经系统和中枢神经系统疾病导致的。如常见的发展性障碍有自闭症、多动症、智力低下、癫痫和脑膜炎

等。②身体不舒服的时候，如生病、想睡觉、肚饿、累了、冷了、热了等也会导致不良行为问题的发生。③当需求得不到满足、行动受阻、别人不理解他们要表达的意思时，常以不良的行为表现出来，如说谎、闹情绪、破坏行为、自残或攻击他人等。

（二）心理因素

多重障碍盲童心理的发展与普通儿童具有基本相同的规律，都是遵循由简单到复杂、由被动到主动的过程。他们的心理年龄比正常盲童落后 2～3 年，身上每一种障碍都会对他们的认知发展产生或多或少的影响，而几种障碍作用在一起更为严重，造成他们的思维不连贯、跳跃和支离破碎，语言理解和表达方面有困难等。当他们遇到困难时，往往产生自卑感，甚至自暴自弃，形成逆反心理，表现出妒忌、孤僻、易怒等情绪行为障碍。他们的心理特征容易导致消极的情绪行为。当该有情绪反应时没有反应或是反应不适当，特别是多重障碍盲童，表情变化大多表现为不大或不适切、情绪种类少等。

心理表现：①人格不成熟，缺乏价值观和人生观，对生活不抱任何态度，挫折忍受度特别低。②缺乏安全感，害怕、恐惧、胆小、易受惊，担心受到伤害、不公平的待遇，怕遭到别人侵犯等。③作为一种达到目的的表达方式或要引人注意，常以哭闹、大吼、抠眼、耸肩、吮指头、咬拳头、打人、摔东西、撞墙壁等情绪伴行为问题来表达他的不满或是达到某种目的。④当受到压力、面对新环境、被要求做没有把握的事、被批评指责时，常表现出躁动、焦躁、畏缩、摔东西和攻击人等行为和情绪。

（三）环境因素

环境可以致病也可以治病，许多心理学家的实验研究表明，环境在儿童心理发展过程中起着重要的作用。环境对人的发展起一定的作用，但不是决定性的作用，因为个体也受到遗传等因素的影响，因此，他们的心理发展对环境提出更独特的要求，他们更需要安全、有准备、有序连贯的环境。

1. 家庭环境因素的影响

家庭是塑造儿童个性、形成品质、养成习惯、发展能力的重要场所。家长、监护人的行为、教养模式、人格特征、心理状态、家庭结构和教育等对多重障碍盲童身心发展起着重要的作用。多重障碍盲童多数在父母关系不和、狭隘的环境中长大，多数被家人限制在家中，活动环境受到限制，活动范围小，可接触事物有限，供自身去探索接触的事物很少。有的家长对他们过分保护，使其养成依赖、自私等心理；有的家长认为其是累赘，持放弃的态度等，这些都会使多重障碍盲童产生多疑、冷漠、孤僻等不良的情绪与行为。

家庭环境表现：①父母、监护人、兄弟姐妹与伙伴等的性格属于多疑或自私型的；②父母的教养方式是专制、溺爱型等；③活动环境受到限制，家中的空间、陈设令人窒息时，比较容易出现异常的情绪与行为问题。

2. 学校环境因素的影响

首先，适应学校环境有困难而出现紧张状态。如突然换新学校、新教室与新宿舍等。其次，盲校严格的管理制度使其不能随便走出校门，仅仅限制在校园内，这些都阻碍盲生的社会实践与交往能力的发展，造成退缩、怯懦、恐惧等不良心态。再次，学校的建筑、校园文化设计不适合他们，没有设置适合他们的标志。最后，教师对他们的认识和教育也不足，如教学内容、课堂形式、教育方法与教师语言等都会影响孩子的个性发展。此外，还有正常盲生对他们的不谅解，恶言相对，导致他们不合群，长期下去，他们出于生长发育的自然需要和寻求前庭刺激，就会出现摇头晃脑、按压眼球、拍脑袋等令常人难以理解的情绪行为问题。

学校环境表现：①学校的管理制度、建筑物、校园的文化设计不适合他们。②教学内容、课堂形式、教育方法与教师语言等都会影响孩子的情绪。③同伴对他们的看法、态度等的影响。

3. 社会环境因素的影响

社会环境对人的心理现象的形成、发展具有决定性作用。在物质建筑方面：公共设施、房屋建筑、交通信号等还没考虑到他们的需要，当他们走到马路路口时，心里特别的紧张、焦躁，会产生不安全感等不良情绪。在社会观念方面：由于传统观念还在一定范围内存在，因此社会对盲人在观念方面存在一定的偏见、歧视，尤其是在农村和边远山区，人们疏远、挖苦、嘲笑和侮辱他们，造成他们出现孤僻、自卑、逃避现实、不合群等心理障碍，严重的导致心理失衡，产生不满、怨恨的情绪，进一步丧失了活动的机会，从而使盲人与正常人产生一定的隔阂，难以融入社会当中。

社会环境表现：①公共设施、房屋建筑、交通信号等的缺乏或不完善。②社会观念的歪曲与容纳度不够。

二、克服情绪障碍伴行为问题的对策

教育情绪障碍伴行为问题的儿童，主要是进行行为指导及纠正，训练家长对多重障碍盲童采用合适的认知来克服和减少不良行为，增加有益的行为；同时辅以心理治疗、改善环境、针对症状适当使用药物治疗。

（一）生理治疗

若情绪障碍伴行为问题发生的原因是由中枢神经系统疾病造成的，就要通过适当的药物治疗才能收到较好的效果。至于采取怎样的药物，采用的剂量是多少，在什么情况用药等都要听取医生的意见，一般来说，生理上的原因如饿了、困了、渴了等，只要及时消除身体的不适，就可以使他们停止闹情绪。

（二）心理咨询

作为教师必须通过交谈，了解情绪障碍伴行为问题发生的原因，若原因是家庭或家长的管教不当引起的，教师要跟他们的父母讲解情绪障碍伴行为问题的发生、治疗和转归与家庭的关系密切。情绪或行为异常需要家长配合运用才有效，教师要做好家长的指导工作，帮助家长建立良好的家庭心理气氛与家庭成员之间的心理相容，了解孩子的问题，接纳孩子的不一样，学习有效的训练或处理的方式。根据学生的个别需要，缓解或消除其痛苦，促进其人格成熟，增进其身心健康。提供各种心理疏导服务，来减少其情绪、精神之困扰，进而适应家庭生活，从而提升其认知、心理及社会化功能，提高其生活适应能力。

（三）心理治疗

心理治疗师根据具体情境与多重障碍盲童一起分析原因、过程、结果，利用逐步排除法排除各种不必要的焦虑、恐惧、多疑、困惑不安的因素，并指导学生再次遇到这类情境时的做法，以此通过不断的心理疏导和实际操作而达到治疗的目的。对自卑、孤独、与正常人有交往困惑不安者，心理治疗师可以通过向学生解释视力障碍入手，使学生正确认识视力障碍，树立正确的障碍观、自我观，同时与学生一起分析周围的社会人群，正确认识社会人群，懂得社会上毕竟还是好人多。心理治疗师还应与有关部门相联系，为多重障碍盲童创设良好的社会交往环境，使全社会都能理解、关心、帮助和爱护他们。

（四）改善家庭环境

家庭整个特征与情绪障碍伴行为问题的发生、治疗和转归有密切关系，作为父母要以身作则，了解孩子身心发展的需要，安排好孩子的生活，使其生活有规律，做到家具、生活用品的摆放有序，具有连贯性，放在他们够得着的地方，对于他们合理的要求，只要能办到的，就应该满足，不要轻易否定或拒绝。家长还应创造轻松、最少限制的环境，对于一些必须要他们做到的事，孩子若拒绝或反抗时，不要强制他们去做，可以改变方式，根据孩子的兴趣，让孩子乐意去做。父母要掌握正确的方法，若孩子出现好的行为时，要及时表扬，以巩固他的好行为，因为巩固好的行为比纠正不良的行为效果好一百倍。没有家长的合作，教师的工作会显得无助，家庭中错误的教育方式，会使教师的教育功亏一篑。

（五）优化学校环境与教育

首先，教师应该指导他们如何平顺地表达自己的感觉和想法，让他们在生活、社交、学习的过程中，慢慢了解哭闹、咬拳头、撞墙等行为并不能让人了解自己，也无法解决问题，而在解决问题的回馈中，让他们逐渐意识到通过各种手势、面部表情等方式也能与人沟通。

其次，盲校应尽量提供最少限制环境，提高儿童适应各种环境的能力。如教他们熟悉学校环境和利用各种设施，安排各种活动让他们认识同学与老师，进行交往，提高适应力。让他们参与盲校正常的生活，和同龄盲生一同成长，为了便于开展实验和收集资料、经验，盲校开设了特训班，提供特殊的服务，着力创造良好的班级环境，如个别的教育教学辅导、按摩康复训练等。他们在学校所处的客观环境在某种程度上可以弥补课堂教学的不足，而他们最需要学习的是生活技能，因此环境的布置要充分考虑学生的需要及儿童的生理、心理特点和智力水平、学习能力等状况，创设最自然的生活环境，获得人与环境的最佳匹配，从而取得预期的良好教学效果。如教室设置烹调角等技能场所，使学生学会自理并养成良好的卫生习惯。

最后，需要注意的是：第一，教师对多重障碍盲童某些不良的行为，适当忽略，使之自行消退。因为有些不良的行为是为了引起教师的注意，你越注意他、批评他，这些行为越难消失，对这种行为只要不予理睬，使其达不到目的，就可自行消失。第二，建立常规，教师之间的教育方法和态度要一致，对他们有一致的要求和行为规范，而且要共同执行。第三，经常与他们交流情感，尊重他们，使盲童愿意接近父母、保育员和同伴。

（六）创造良好的社会教育环境

首先，学校要通过政府、机关、团体、媒介等加强多重障碍盲童教育的力度，让社会了解他们的教育，关心、支持盲人教育，争取在康复、就业、扶残、助残等方面给予支持，消除对他们的偏见，形成良好的社会风气，以满足盲童的和社会需要。其次，盲校要积极开展社会实践活动，适应现代的社会生活，使盲童在社会实践中，认识人生，磨炼意志，从而摆脱孤立的心理隔阂，达到生活自理。再次，让人们正确认识、对待盲童，避免歧视现象的产生，帮助盲童扫除因视觉障碍而造成的情绪障碍伴行为问题，帮助他们树立积极的人生观，使他们能平等自由地参与各项社会活动。最后，学校、社区为家长提供相关的教育服务，扩大活动范围，呼吁全社会各界人士对他们多一份关心与支持，共同创造一套符合我国国情的多重障碍盲童的教育制度。

总之，孩子产生情绪障碍伴行为问题的原因是各种各样的，生理上的原因让医生诊断解决；环境原因，尽可能创造有利于他们成长的自然环境和提高他们自身的认知能力与社会对他们的认识，改变家庭、学校、社会对他们的态度，改进教育教学方法等；而心理上的原因则需要教师、父母细心地去了解，根据孩子的性格、兴趣、能力以及发展中出现的各种障碍表现，进行探索研究，找出适当的方法正确地对待和疏导，使孩子的心理得到正常的发展，防止消极情绪产生，减少情绪与行为障碍。

参考文献

1. 王莉萍. 儿童情绪障碍伴行为问题的护理干预［J］. 中国实用护理杂志. 2000，16（5）.

2. 李志专. 浅谈儿童情绪障碍的成因及其干预［J］. 赤峰学院学报. 2010，26（11）.

3. 陈敏，张福娟. 视觉障碍儿童情绪特点的研究.［EB/OL］.（2019 - 02 - 07）. http：//spe. hpe. cn/P/C/274086. htm.

视障幼儿进行美工教育活动的意义及其实践

李敏华

一、活动意义

　　视障幼儿教育的目的，就在于借助特殊的教育环境、教育途径、教育方法、教育手段等，提高对视障幼儿身心缺陷的补偿，以保证他们有效地适应周围环境，促使他们在各自力所能及的范围内得到充分、全面的发展。手是视障幼儿认识事物的重要器官，视障幼儿常常以手代目。美工教学活动对视障幼儿有补偿的作用，有利于提高视障幼儿的实际操作能力，使视障幼儿手部的小肌肉群得到发展，并使手指和手腕配合一致、协调发展，左右手互相配合协调，并促使视障幼儿手、脑并用，达到"心灵则手巧、手巧则心灵"的目标。

　　视障幼儿在进行美工实践活动的过程中，总是用脑去思考，用双手参与活动。为了使视障幼儿掌握美工造型活动中所必需的各种技能，就要训练他们一些专门的动作，并使这些动作尽可能做得准确，有一定的方向，达到有一定的程度和具有一定的力度，如捏泥、折纸、剪贴等。而以上这些动作对于视障幼儿手部小肌肉群的发育、手指和手腕配合一致、各种动作的协调发展，都起着非常重要的促进作用，并为视障幼儿的精细动作技能的发展，更好地以手代目去认识、感知周围的事物提供有利的身体条件。

二、实践活动

（一）根据视障幼儿的实际情况，合理安排教育内容和进程

　　每个学期初，确定并根据各学习阶段的主题目标，合理安排教育内容和教育进程，时间安排灵活，内容多种多样。尽量贴近视障幼儿的实际生活，需遵循由易到难、循序渐进的原则。所选的教育内容以视障幼儿的生活经验为基础，充分考虑视障幼儿最现实的需要和实施的可能性，使每个视障幼儿在自己原有水平的基础上得到发展。教材的内容可参考普通幼儿园的教材，

但不能照搬；不适合视障幼儿的部分，要针对视障幼儿教育的特殊性对教材进行改编运用。教材的内容和表现形式要有趣味性，教学方式和方法要注意游戏性、灵活性。教师要采取有趣的游戏形式，将教材处理成针对视障幼儿特点的教材，将会使视障幼儿易于接受并能积极参与这样的美工活动。这种寓美工活动于游戏之中的方式，对于视障幼儿来说是极其重要和有效的。教材难度要适中，教学要求要注意针对性。教学要求应是在教师的帮助下，大多数视障幼儿稍加努力就能完成，偏高偏低都不可取，偏低使视障幼儿觉得轻而易举，没有努力学习的必要，不利于培养他们的进取精神；偏高则会使视障幼儿感到束手无策，不利于培养和保持视障幼儿的兴趣。根据视障幼儿的接受能力和发展水平，教师要有针对性地提出新的目标，适当提出新的要求，这样才能使他们的兴趣保持得相对持久。例如，组织视障幼儿进行纸工活动"春天的小草"时，根据视障幼儿的接受能力，将班上的幼儿分成不同层次组，高层次组要求用剪刀剪出长条形的小草，低层次组要求用手撕出长条形的小草。这样，孩子们就会兴致勃勃地投入自己力所能及的教育活动中，并愉快地学到剪纸和撕纸的美工技能。

（二） 培养视障幼儿对美工教学活动的兴趣

兴趣是学习美工活动的动力，是求知和成才的起点。视障幼儿对做手工有一定的兴趣，但是这种兴趣往往是不持久的，需要教师在美工教学活动过程中，加以培养，使之保持长久。当视障幼儿一旦以极大的兴趣参与手工活动时，他们必然以更大的热情，积极而努力地完成作品，与此同时，视障幼儿良好的个性心理品质也得到了培养。在教师的正确引导下，美工教学活动有助于视障幼儿养成奋发进取的精神、勇于克服困难的意志以及认真完成任务的习惯。例如，元宵节时，组织视障幼儿开展"包汤丸"综合美工教学活动，在愉快的节日气氛中，视障幼儿兴致勃勃地学习了包汤丸的方法及全过程。

（三） 研究制作适合视障幼儿的教学用具

由于视力障碍，视障幼儿不得不依靠用触觉来代替视觉。普通幼儿园的图画课，幼儿可以用眼看，用手画，即可以"照葫芦画瓢"，而视障幼儿只能用手触摸物体，权且叫作"摸葫芦造瓢"。在美工教学活动中，运用教具，使视障幼儿具备独立性、自制力、专注性，而良好的秩序和合作精神，也能够在视障幼儿主体意识觉醒的同时得到发展，同时促进视障幼儿动手能力、表达能力和交往能力的发展。例如，一般人会认为盲童不可能拿蜡笔画画，但教师自制了直观的、可操作的蜡笔画的教学用具——画网，受到孩子们的喜爱和接纳。上课时，让孩子将事先剪好的纸图形放在画网上，左手按住纸图形，右手拿着蜡笔操作，利用画网的凹凸感，教学活动就变得非常形象直观了。教学实践证明：教具对补偿视障幼儿的视觉缺陷是十分有效的，教学效果会更形象、更生动、更有趣。自制教具对于丰富视障幼儿知识、增加游戏内容、活跃视障幼儿的生活，有着积极作用。

（四）让其真实环境中快乐学习，并感受、触摸真实的物体

视障幼儿完全靠手来触摸物体，掌握物体的外部形态。他们在触摸物体时，大脑就形成了对物体的表象认识，再反馈到手上。教师在教学过程中要调动视障幼儿的触觉优势，循序渐进地培养视障幼儿的"观察"能力，要引导他们正确地感知物体。美工教学活动内容的选择应注重来源于自然，贴近视障幼儿的真实生活，并创设让视障幼儿运用自己的感官，动手动脑，去体验和感受，去获得丰富、直接的经验，让视障幼儿在活动中充分表达自己的感受和体验。

在美工教学活动中，视障幼儿必须身临其境，接触到各种性质的物体，并动用种种感官参与其中，通过耳听、手摸、口尝等感官了解各种事物的特征。这种方法符合视障幼儿的年龄特点，可以使视障幼儿毫无思想负担，在自然、轻松、愉快的环境中获取知识和技能。例如，在泥工教学活动中塑造红萝卜时，可在上课前，将实物放在一定的位置上，给视障幼儿提供充分感知、触摸的机会，通过了解物体的基本结构，以唤起他们用泥来表现这些东西的兴趣，然后再引导他们进行塑造，就容易掌握一些了。又如，带视障幼儿到公园去感受春天的气息，轻轻地抚摸小草，了解小草的形状特征，然后再引导视障幼儿进行小草的撕纸、剪纸教学活动。再如，组织视障幼儿上"漂亮的花雨伞"一课时，可让视障幼儿装饰雨伞。孩子们在真实、轻松、愉快的环境中学到了粘贴的美工技能，教学活动达到了比较好的效果。

（五）在各类美工活动中为其提供充分独立操作的学习机会

苏联著名教育家苏霍姆林斯基也曾说过："儿童的智慧在他的手指尖上。"教师应该尽可能让学生亲自动手操作，从做中学，并努力完成美工作品。

1. 泥工活动

视障幼儿对泥工有很大的兴趣，因为胶泥柔软，在泥塑过程中，可以任意改变形状，做成各种不同形态的玩具。因此，泥工对视障幼儿有很大的吸引力。

视障幼儿泥工主要是徒手搓捏，所需用的工具较少，而且也很简单。通过有趣的泥工操作练习，让幼儿自己动手操作，在操作中体验，把感受到的形状塑造出来。泥工教学开始时，为了使视障幼儿熟悉泥的性质，可先让视障幼儿自由玩弄、拍打和揉滚黏土。当视障幼儿体验到因手的动作改变了黏土的形状时，自然也就会理解到泥的可塑性了，使视障幼儿懂得，泥是可以

塑造出各种物体形状的。

视障幼儿塑造的物体必须是他们熟悉的、能够理解并非常感兴趣的单个物体，包括日常食用的食品、水果，经常使用的玩具和用品等。

2. 纸工活动

由于撕的效果使纸工艺品具有深厚、拙稚之感，别有一番风趣，是剪纸所不能代替的。在视障幼儿不会使用剪刀的情况下，教师可以教视障幼儿用手撕出一定的形状，然后粘贴一定的图案。例如，用长方形纸撕出小草、面条等。

3. 折纸活动

折纸富于变化，十分有趣，是开发视障幼儿智力的有效手段。折纸活动可以训练视障幼儿左右手的协调配合能力，增强其形体观念和方位观念。要从简单的、对称的、视障幼儿容易掌握的开始，逐渐加深难度与提高要求。

三、结论

美工教学活动，有利于提高视障幼儿的实际操作能力，使幼儿手部的小肌肉群得到发展，并使手指和手腕配合一致，协调发展。美工教学活动也可引导视障幼儿建立良好的社会人际关系，培养他们的交往能力，使之富有同情心，善于和勇于帮助同伴解决困难，摆脱困难，并为同伴的进步和成就感到开心，在活泼愉快的情境中健康成长。

此外，教师本身对美工教学活动积极热情的态度是激发视障幼儿学习积极性的关键，如果教师带着极大的热情同视障幼儿一起参加美工教学活动，他们将会因教师的言传身教而更加积极地参与活动。反之，将会影响视障幼儿的学习热情。视障幼儿在操作练习时，教师要随时给予指导，肯定他们的点滴进步，增强其自信心。对能力稍差的视障幼儿，要恰当地称赞其优点，指出其不足。要有的放矢、口吻亲切、态度诚恳，还要耐心地采取各种启发、诱导的方法，使他们增强信心，逐步由冷淡到热情，被动为主动。

参考文献

王莉. 视力残疾幼儿学前课程设置的探索和思考 [J]. 现代特殊教育. 2011 (6).

（此文分别在《中国视障教育》2007 年第 6 期、《2010 年海峡两岸视障教育研讨会》论文集上发表）

第三部分

个案研究

多重障碍盲童个别化教育康复训练的个案研究

周海云

目前，我校有学生 305 人，其中多重障碍盲童 46 人，占全校人数的 15%。为加强对多重障碍盲童教育康复的研究，学校课题组针对每位多重障碍盲童制订了个别化教育计划（IEP），确定了短期、中期、长期教育目标，采取全面、综合性的教育教学康复训练策略。个体通过针对性的教育康复训练后，在语言沟通、社会适应、生活自理、感知觉、情绪、行为及粗大动作和精细动作方面都得到了改善，身心有了发展，初步适应了学校的生活，取得了较好的教育与康复效果。

一、研究对象

吴×母亲 36 岁才生下他，属于高龄产妇，怀孕前一直服用避孕药，后意外怀孕。8 个月时孩子早产，进入保温箱约 12 天。两个半月后经深圳市眼科医院诊断为视网膜病变，3 个月后到上海复旦眼科医院做了视网膜贴补手术，但无效。在 5 岁时送到我校幼儿部特训 1 班读书。吴×主要表现为：全盲，有沟通和言语障碍，生活完全依赖他人，有尖叫、怪叫及哭闹攻击他人的行为，其认知功能极其低下，入学之前未接受过任何教育。吴×家庭条件优越，父母、姐姐非常疼爱他，对他百依百顺。

二、教育评估

课题组成员对吴×进行了长达 1~2 个月的自然观察，对吴×的父亲、母亲进行了详细的访谈，查看了各种医学病历和检验报告，书写了观察、访谈报告，同时对吴×进行了量表测试，如感觉统合评定量表、林丽英编制的学前发展性量表（1997 年）等。

评估结果：

（1）需要功能性听力训练。

（2）需要触觉训练（主要是触觉敏感）。

（3）需要语言训练。

（4）需要生活自理训练。

（5）需要稳定情绪训练。

（6）需要行为矫正训练（针对攻击他人）。

（7）需要认知的训练。

三、个别化教育计划（2007 年 9 月至 2008 年 6 月）

（一）长期目标

（1）帮助吴×对熟悉的人声以及身体周围发出的声音做出一定反应，能听懂老师的教学指令，并按照老师的要求做一些简单的动作。

（2）帮助吴×养成主动触摸他人和物品的习惯，能主动拉住同学和老师的手，能接受他人触摸他的手、头和身体等，培养触摸兴趣和提高触觉能力。

（3）感知周围世界，逐步理解日常生活语言所表达的意思，并能用简单的言语来表达内心需求（字、词、短语），逐步减少尖叫和攻击他人的次数。

（4）掌握基本的饮食、穿着、梳洗和安全方面的知识，减少对他人的依赖，逐步学会生活自理，养成良好的生活习惯。

（5）情绪稳定，减少强烈的情绪反应，减少拒绝性和退缩性，培养舒畅、愉悦的情感。

（6）初步建立方向感，能感知方向的上下、左右、前后；能理解一一对应；能感知实物大小和物体排列的顺序；知道上学和放学。

（二）短期目标

1. 人际交往

能指认亲人、老师、同学，熟悉他们的声音；能够主动与老师、同学、家长交流（有一定的动作反应）；能用恰当的方式（声音、动作）来表达自己的意愿；能听懂他人的指令，按照指令、要求做一些简单的动作。

2. 认识自己和环境

能主动触摸常用物品；能主动拉老师、同学的手；基本能了解、指认自己身体各部分的名称；能在熟悉的环境中行走。

3. 动作与运动

能拧瓶盖、开关门等，双手能协调运动；能跑步，锻炼脚力和腿部肌肉；能身体协调地玩一些健身和感统器材；能参与体育游戏，心情舒畅。

4. 生活技能

基本能穿脱套头的衣服、有松紧带的裤子、带魔术贴的鞋；能自己洗手、刷牙、吃饭。

5. 音乐与情感

情绪稳定，在活动中找到自己喜欢或适合的活动方式，对不同风格的音乐有一定的情感反应。

6. 数量和大小

能点数一些简单的物品，理解一只碗对应一把勺子，一张椅子对应一个人；能感知大小，如水果、杯子的大小。

四、具体的训练方法

（一）人际交往

1. 身体语言训练

在生活情境中引导吴×有意识地用身体语言来表达一些简单的需要，如喜欢与不喜欢、要与不要，用摇头、点头逐步代替他"尖叫、怪叫及哭闹攻击他人"的行为。

2. 指令听从训练

让吴×意识到听从他人的指令行事是有一定益处的，能够满足自己的要求或者欲望。利用孩子感兴趣的东西引起他的注意，然后给予其具体指令，如"走过来，给你抓痒痒"。吴×喜欢别人给他抓痒痒，抓痒痒可以满足他的需求，因此他乐于服从。发出的指令要求简明易懂，如"给我一个响球"。在10个单元中有8个能正确执行，说明他基本接受此指令。

3. 模仿能力训练

模仿能力的训练需要循序渐进，由简单模仿过渡到复杂模仿。从模仿的性质分，有动作模仿和发音模仿。动作模仿，如模仿拍手、弯腰、摸鼻子等；发音模仿，如模仿动物叫声、汽车声等。

4. 表达能力训练

训练孩子表达能力的最佳时机是他们有需要的时候，如想喝水、吃水果等，这时最有可能用语言来表达其要求。同时也要用其他方法引导，利用各种辅助手段启发吴×提出自己的要求。

（二）认识自己和环境

利用综合主题按从小到大、从中心到周边的顺序进行，见图1：

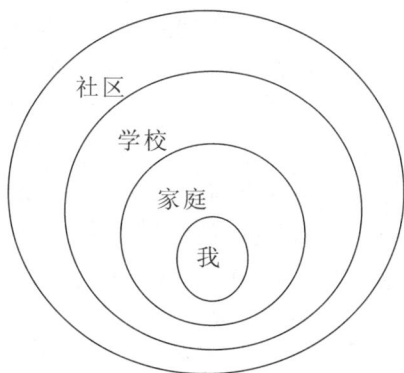

图1　主题训练顺序图

在"我"的主题中，可安排我的双手、我的身体、个人卫生、健康常识等内容；"家庭"可以作为一个大主题，包括家庭成员、居家用品、家庭安全、家务劳动等内容；"学校"这一主题可以包括老师和同学、课程表、学习用品、校内活动等内容；"社区"系列涉及的内容很多，如医院、邮局、商店、交通及各类服务场所等。

（三）动作与运动

1. 精细动作训练

对吴×的教育应是一种"生活教育"，一种经由生活、为了生活的教育。主要以解决生活中的某些问题为主。具体的做法：收集一些物品在课堂上反复强化使用。当然，教育不仅是课堂，要随时随地抓住学习的机会。

2. 注意力训练

针对吴×注意力不集中，设计了行为管理程序，主要采用串珠、拧螺丝等方法，培养吴×的专注力与控制能力。训练过程以串大木珠为例，介绍如下：①确定行为目标：吴×进行串木珠时注意力集中10分钟。②评估起点行为：在吴×串木珠时进行观察、计时，其注意力集中一般不超过5分钟，完成训练需要15～20分钟，而且时做时停，并有攻击他人的行为发生。③正强化：在吴×进行串木珠训练时注意力集中能够达到10分钟，立即给予物质奖励。④实施行为改变的技术：将吴×每一次训练时注意力集中的时间记录下来，并按事先计划要求达到的时间（如训练初期7分钟，经过一段时间后延长至8分钟、10分钟等）给予正强化。

3. 感觉统合训练

根据感觉统合评定量表测查，吴×在前庭觉和本体感觉、触觉以及学习能力方面属于中度异常。我们主要让吴×进行跳床运动、蹦蹦床、大笼球、平衡台游戏、滚滚筒游戏、羊角球、触觉球、阳光隧道、滑板等训练，通过训练丰富他的感觉刺激，促进大脑对各种感觉信息进行综合处理等。

4. 体育运动训练

在体育课上以补偿缺陷为原则，进行大小肌肉训练，通过伸屈腿、转头、行走、跑、跳、上下楼梯、使用健身椅、玩协力车等运动来增强他的手臂力、腿力以及灵活性。同时利用休闲娱乐的一些时段适度地进行一些体育锻炼，如拍球、散步、做体操等。

（四）生活技能训练

主要包括进食、穿着、梳洗等，采取任务分析法，教学时把一个训练内容分解成几个简单的操作动作，让他从简单的操作动作学起，然后将分解的动作连贯成一个整体操作过程。如训练他脱套头衣服：①两手握住衣服下摆，然后上卷衣身。②左手握住右手的袖口，右手稍微弯曲并用力从袖管脱出。③右手握住左手的袖口，左手稍微弯曲并用力从袖管脱出。④两手握住领口的两边，使衣服从头部脱出。在整个训练过程中，老师要手把手地教，让他反反复复地练习，遵循小步子、多循环的原则，让他逐渐掌握脱套头衣服的要领。

（五）音乐治疗

在音乐治疗过程中，音乐治疗师设计安排各种适合他的音乐性活动，让他自由表达自己的情感，并在活动中找到自己喜欢或适合的乐器和方式。在集体治疗过程中还可以学习一系列社会交往技能如依序轮流、耐心等待、遵从指示等。

（六）认知训练

由于吴×的认知水平低，初期把教学训练的内容融入日常生活。例如：就餐时，配对碗和勺子、点人数等；吃点心时，数数吃了几块；晨会课上，粘球数星期几，点本班同学的人数；走楼梯时，数台阶等。

（七）正向行为支持策略

任何行为几乎都有沟通的功能。而对吴×攻击他人的行为，可采用 ABC 行为功能评量分析，得知这一行为动机是多方面的，如身体的不舒服，环境太嘈杂，想一边听音乐一边坐触觉球，活动的任务太难等。针对这些，我们采用替代性行为训练、改变环境因素、心理关爱等方式给予吴×全面的正向支持：①尽量满足其合理的需要。②以个案的基线作起点，把学习内容细分成可应付的小步子。③引导吴×用他人可以接受的方法与人沟通，如用身体语言、面部表情、手势动作等代替攻击他人的行为。④创设可预期的环境，减少环境中的干扰，以提高其安全感以及自主性等。

五、教育训练结果分析

为探讨考量一年来的教育训练效果，调整个别化教育计划和训练方法，对吴×的情况进行了评估。

（一）训练方面的描述性评估

1. 语言和社会交往

吴×的功能性听力有较大改善，最初对活动或问话几乎没有任何反应，现在基本上能听懂一些简单的指令，并能用面部表情或简单的语言来表示自己的需求，能和老师进行一些简单的对话，能跟读一些简单的儿歌，能和其他小朋友一起游戏，交流语言中机械重复的语言逐渐减少，取而代之的是愉快的歌唱。

2. 认知

吴×认知能力的训练进展相对缓慢，基本能认识任课的老师、本班的同学和自己的教室及座位，知道上学和放学的时间以及星期一至星期天。

3. 粗大动作和精细动作

最初几乎所有的训练项目都需要手把手地辅助，现在能熟练地骑协力车、拍球、开瓶盖、开关水龙头、专注地串珠。他的动手能力、双手协调能力等都得到了明显提高。

4. 生活自理

原来凡事都要包办代替，现在基本能独自吃饭，能自己脱衣服和穿鞋，能自己洗手和擦鼻涕。

5. 情绪和行为

训练前经常尖叫、怪叫、哭闹攻击他人；训练后情绪日渐稳定，多动症状有了改善，注意力时间延长，发脾气的次数减少，攻击他人的行为减少。

（二）采用林丽英编制的学前发展性量表进行评估

将吴×首次评估和末次评估的整体发展侧面图进行比较，得出以下结果（见图2）：

4 独立完成
3 少许协助
2 部分反应
1 少许反应
0 无反应

感官知觉	粗大动作	精细动作	生活自理	语言沟通	认知	社会适应
视觉应用 听觉应用 触觉应用 嗅觉应用	姿势控制 转换姿势 移动能力 简单运动技能	抓放能力 操作能力 简单劳作技能	饮食 如厕 清洁和卫生 穿着	言语机转 语言理解 口语表达 沟通能力	物体恒存 模仿 记忆 符号接收 配对 分类 推理 解决问题 概念理解	自我概念 环境适应 人际互动 游戏特质

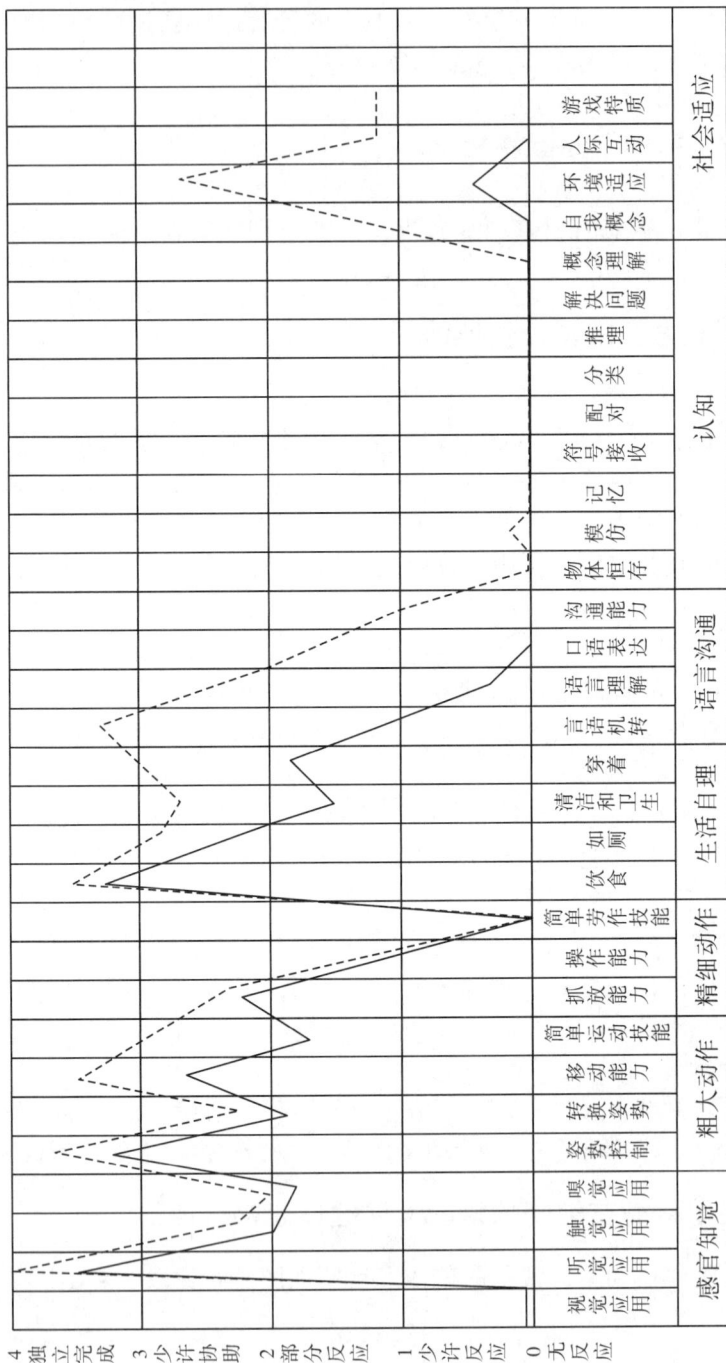

图2 吴×首次评估和末次评估整体发展侧面图

注：实线是首次评估，虚线是末次评估。

（1）从整体发展侧面图分析，其发展曲线形态没有大的改变，大部分项目有发展：听觉应用、姿势控制、移动能力、抓放能力、饮食言语机转、环境适应等项目基本处于峰值较高的位置；视觉应用、简单劳作技能、物体恒存、模仿、记忆、符号接受、配对、分类、推理、解决问题、概念理解等项目处于峰值较低的位置。

（2）从各方面发展分析，其感官知觉能力中听觉、触觉、嗅觉发展曲线有较大的变化，发展较快；而视觉受视力残疾的影响其应用功能没有得到改善。

粗大动作、精细动作和生活自理能力等方面都有较好的发展，得分越高的项目发展越好；而简单劳作技能也是受视力残疾的影响，曲线图几乎和从前重合。

语言沟通和社会适应能力发展曲线形态与最初的评定相比较有了很大的改变。先前评估中大部分项目为0，后来的评估发展非常的快，特别是言语机转、语言理解和环境适应有了一个质的提高。

认知能力中物体恒存、模仿、概念理解有所发展。

（3）有一些有待发展的项目：记忆、符号接收、配对等。

（4）发展较快的项目：移动能力、简单运动技能、清洁和卫生、穿着、沟通能力、自我概念、游戏特质。

（5）发展非常快的项目：言语机转、语言理解、口语表达、环境适应、人际互动。

（6）通过发展性评估和对总体情况的评估发现：吴×除了高级认知功能没有改善，其他方面都有较好的发展，特别是语言理解能力有了很大的发展，沟通能力增强；情绪和行为表现了正向的改变。

六、体会

（一）在干预过程中，制订一个良好的计划非常重要

每个儿童都是独特的，问题都是具体的。在每次进行干预和活动设计之前，应该考虑到时间、地点、方法以及需要家长所做的配合等。良好的计划还有利于我们在每次活动之后进行总结，发现下一个问题，对干预步骤进行调整。

（二）在训练内容上，注重对各方面内容的整合，带动个案的整体发展

对评估中低分项目的研究发现，这些项目均因吴×视力障碍的影响，暂时还无法改善，如高级认知能力。若这些项目在生活中不需要，可不用将其列入教育训练范围。发展好的项目，如沟通能力和自我概念，应始终贯穿于训练中，而且是有意识地进行重点训练的内容。

（三）家庭与学校相结合是较好的教育训练方法

个体之所以在短期内取得较好的效果，家庭起到至关重要的作用。训练来自日常生活，按照现代教育训练方法，自然环境下的训练效果最好。抓住生活中的关键时刻对个案进行训练，巩固个体在学校训练的内容。

以上的教育训练对吴×来说只是一个开始。课题组成员和任课老师还需要长期不懈的努力和合作，整合多学科、多领域专业人员的力量，运用团队合作，对他进行长期、科学的教育教学训练和康复治疗，使他得到更好的发展。

参考文献

1. 袁东．自闭症视障儿童的个别化教育的案例研究［J］．中国特殊教育，2004（11）．
2. 徐波．盲生个别教育个案研究报告［J］．中国特殊教育，2007（12）．
3. 郑静．一个自闭症儿童的初期训练［J］．中国特殊教育，2004（9）．
4. 寇延．幼儿自闭症游戏治疗个案研究［D］．保定：河北大学，2005.
5. 王坚红．学前儿童发展与教育科学研究方法［M］．北京：人民教育出版社，1991.
6. 韦小满，王培梅．关于弱智学生社会适应能力评估的理论探讨［J］．中国特殊教育，2004（1）．
7. 林素贞．如何拟定"个别化教育计划"：给特殊教育的老师与家长［M］．台北：心理出版社，2001.
8. 郑希付．小学生心理健康教育个案分析［M］．广州：广东高等教育出版社，2005.
9. 玺璺．儿童心理障碍个案与诊治［M］．广州：广州出版社，2004.

多重障碍盲童行为问题功能评量及干预的个案研究

周海云

一、研究目的和意义

传统行为处理方式认为，行为问题应该被压制和消除，主张对行为问题进行惩罚。但对多重障碍盲童而言，这样不但不能消除行为问题，反而会引发新的行为问题，即使初期见效，但达不到治本的效果。有的多重障碍盲童行为问题出现的频率很高、强度很大，如疯狂地自伤或攻击他人。这样的行为严重干扰他人的正常学习和生活，采用传统的多种行为矫正方法却始终不见效果。本文尝试通过功能评估的方式找出个体行为问题的成因，再针对导致行为问题的动机采取相应的支持性策略，从而成功减少行为问题。

二、研究对象

小培，女，7 岁，6 个多月早产，进入保温箱约 30 天，诊断为视网膜病变。出生后一直由外婆照顾，与外婆共住至上学前。外婆对小培疼爱有加，百依百顺，非常迁就。当个人的需要得不到满足时，小培会用拳头打自己的头、大腿，甚至用头撞桌子或撞人。小培的自伤行为几乎每天都会发生，家人已习以为常。小培不能用语言表达简单的需要，生活不能自理，喜欢在热闹的地方听音乐。

三、研究方法

本研究采用行为动机评量法、访谈法、直接观察法、功能分析法，对小培进行为期半年左右的追踪研究。

四、研究结果及讨论

(一)研究结果

1. 行为动机评量表结果

由家长两次填写行为动机评量表。前测家长认为小培的行为动机排列为要求明确的东西、感官刺激、逃避、引人注意;后测小培行为动机次序基本同上。在两次评量中,要求明确的东西都排第一,感官刺激排第二,逃避第三,由此得出其行为动机是要求明确的东西、感官刺激、逃避。

由老师两次填写行为动机评量表。前测老师认为小培的行为动机排列为要求明确的东西、感官刺激、逃避、引人注意;后测小培行为动机次序基本同上。在两次评量中,得出其行为动机与家长描述一致。

从家长和老师的问卷调查中,可以得出小培行为动机是要求明确的东西、感官刺激、逃避。(见表1)

表1 "行为动机评量表"结果摘要

评量者	感官刺激		逃避		要求明确的东西		引人注意		行为动机
	前测	后测	前测	后测	前测	后测	前测	后测	
家长	18	19	18	16	19	20	15	14	要求明确的东西、感官刺激、逃避
老师	19	19	17	17	19	20	14	13	

2. 访谈结果

按照行为动机评量表的内容与家长和任课老师进行访谈,整理得出如下资料:

(1)环境分析。

①家庭环境:家庭关系和谐,房子在马路旁,周围环境比较吵。

②学校环境:主要在教室里上课,户外的活动课和休闲课较少,提供的玩具有限。

(2)行为问题。

①描述:小培喜欢5厘米左右的竹签或塑料吸管。她时常有用拳头捶打自己的头或大腿的行为,尤其当小培手上没有抓细竹签或尖利的断塑料吸管或碎花生壳时必定会用拳头捶打自己。出现的频率视小培的心情而定,心情好时自伤行为少,心情不好时自伤行为多且强度大。

②原因：当小培在需要得不到满足时、休息不好、心情不好时，需要感官刺激时，逃避上课或别人不理解她表达的意思时，会发生行为问题。

③过去的处理方式及成效：

家长的做法：哄她，给她吃糖；用绳子绑住其双手；用手打她的手；大声责备和恐吓她。以上做法都没效果，捶头行为仍然发生，有时反而更严重了。

老师的做法：按住她的双手；给她的双手戴上柔软的重量环；使用行为替代转移其注意力，替代物是她喜欢的塑料管；培养她的兴趣，让其玩带壳的花生；给她戴上橡胶手套；教其玩触觉球。尝试多种方法，效果仍不佳。

3. 直接观察结果

我们利用 ABC 行为功能评量记录表（A、B）对行为前事、后果和行为功能进行总结归纳，把引起行为问题的前事归纳为 11 类：掉了塑料吸管、妈妈离开、情绪不稳定、在教室上课、拿走小竹签、等待吃、想要继续扔珠子、情绪不好、被要求坐下或坐好、想要妈妈在身边、被要求穿鞋或大便、拿走勺子或糖果纸、拿走矿泉水瓶。ABC 行为观察记录表采用的是次数记录的方法，而 ABC 行为功能评量记录表则采用事件记录的方法，将两周观察的行为问题分成 63 个事件。从附表可以看出，获得感官刺激 15 件，占 23.81%；获得需要 24 件，占 38.10%；逃避任务 14 件，占 22.22%；引人注意 10 件，占 15.87%，由此可知，个案自伤行为的功能主要是为了获得需要、逃避外在刺激和获得内在刺激。这次与前面的行为动机评量表结果及访谈的结果是一致的。

表2　ABC 行为功能评量记录表（A）

前事		获得感官刺激	获得需要	逃避任务	引人注意
活动休闲	自由活动	3	4		
	课间休息	3	5		4
做某项事	在教室上课	4	8	12	2
	进入教室	1		1	
	上课前		1		1
	下课后	2	2		
律动课	音乐课		1		1
	体育课	1			
	感觉统合课	1	1	1	
用餐时			2		2
总数		15	24	14	10

学前视障儿童教育 实践与研究

表3　ABC行为功能评量记录表（B）

分类	前事											行为问题	干预结果			可能功能			
	掉了塑料吸管	妈妈离开，情绪不稳定	在教室上课	拿走小竹签	等待吃	想要继续扔珠子，情绪不好	被要求坐下或坐好	想要妈妈在身边	被要求穿鞋或大便	拿走勺子或糖果纸	拿走矿泉水瓶	用拳头捶打头或桌子	行为问题增强	行为问题减少	不干预	获得感官刺激	获得需要	逃避任务	引人注意
进入教室							9					1		9		9		9	
自由活动				13								2	13			13	13		
生活课			9									3		9				9	
课间		11										4			11	11			11
下课后										6		5	6			6	6		
学科课					6							6		6		6			6
音乐课									4			7			4	4			4
课间	5											8		5		5			
学科课				9								9			9			9	
学科课								14				10			14	14	14		
课间									3			11			3	3			
学科课									3			12	3					3	3
感觉统合课							4					13	4					4	
自由活动				6								14		6		6	6		
学科课				13								15			13	13	13		
放学									4			16			4	4		4	
学科课				8								17			8			8	
用餐时					6							18	6					6	6
学科课											9	19	9			9	9		
下课后	7											20	7					7	
学科课				6								21	6					6	

152

（续上表）

分类	掉了塑料吸管	妈妈离开，情绪不稳定	在教室上课	拿走小竹签	等待吃	想要继续扔珠子，情绪不好	被要求坐下或坐好	想要妈妈在身边	被要求穿鞋或大便	拿走勺子或糖果纸	拿走矿泉水瓶	用拳头捶打头或桌子	行为问题增强	行为问题减少	不干预	获得感官刺激	获得需要	逃避任务	引人注意
	前事											行为问题	干预结果			可能功能			
课间					6							22			6	6			6
音乐课							2					23		2					2
自由活动				14								24	14					14	
科学课										12		25	12					12	
体育课											8	26	8					8	
学科课										12		27	12						12
课间					9							28	9					9	9
自由活动									6			29	6					6	
学科课				13								30		13	13				
用餐时	4											31	4					4	4
学科课	19											32	19					19	
学科课									7			33	7					7	
学科课								8				34					8	8	
感觉统合课			23				7					35	23			23	23	23	
科学课					6							36	6					6	
下课后	13											37		13	13				
上课前					7							38	7					7	7
自由活动	6											39		6	6				
学科课			21									40	21					21	
课间											11	41	11			11			
学科课							7					42		7				7	7

（续上表）

分类	前事											行为问题	干预结果			可能功能			
	掉了塑料吸管	妈妈离开，情绪不稳定	在教室上课	拿走小竹签	等待吃	想要继续扔珠子，情绪不好	被要求坐下或坐好	想要妈妈在身边	被要求穿鞋或大便	拿走勺子或糖果纸	拿走矿泉水瓶	用拳头捶打头或桌子	行为问题增强	行为问题减少	不干预	获得感官刺激	获得需要	逃避任务	引人注意
学科课			14									43	14			14		14	
总数	42	23	103	40	18	28	29	31	30	32	14	43	161	108	114	171	185	162	62

从表 2 和表 3 可以看出，小培在休闲活动、做某项事、律动课和用餐时出现的 24 件自伤行为是为获得需要，15 件是为获得感官刺激，14 件是为逃避任务。小培在这期间出现自伤行为，主要是因为她的需要得不到满足、为了逃避任务或想获得感官刺激。

为了保障学生的安全，我们拿走小培喜欢的尖利物。而小培的兴趣非常单一，只对竹签、塑料吸管等尖利的条形物感兴趣，喜欢用尖利物轻刮嘴唇、耳朵。当她的需要得不到满足或由于上课内容太难、形式不适合她或为了逃避不舒服的感觉时就会出现自伤行为。

4. 功能分析结果

功能分析分为逃避情境、注意情境、要求情境和独处情境。每周四天，共两周，每个观察时段约为十分钟，每个情境每次出现两分钟，观察记录两分钟内行为问题实际发生的次数。

表 4　功能分析观察记录表

情境	1	2	3	4	5	6	7	8
逃避	19	11	15	17	21	10	17	14
注意	4	6	5	12	14	10	5	13
要求	17	16	19	14	20	15	16	13
独处	22	18	17	7	9	13	17	15

在四种情境中，小培行为问题发生次数的平均数分别为：逃避情境为15.5，注意情境为8.625，要求情境为16.25，独处情境为14.75。在四种控制情境中，要求情境中发生频率最高，逃避情境和独处情境次之，注意情境最低。由此推断出其行为问题的功能是多重功能。这个结果与前面行为动机评量表、家长和老师访谈、直接观察的结果是一致的。由此可知，个案行为问题的主要功能是为了获得需要、逃避任务和获得感官刺激。

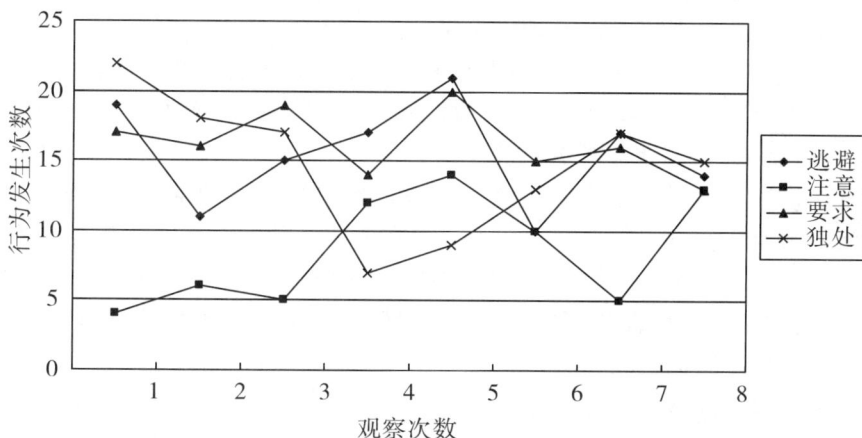

图1 功能分析观察记录图

（二）讨论

1. 介入成效结果

表5 阶段内分析

阶段	基线期	介入期	倒返期	再介入期	追踪期
观察次数	7	10	7	10	7
自伤次数	13~22	5~14	11~20	4~15	4~9
平均次数	17.5	9.5	15.5	7.5	6.5
趋向走势	↗	↘	↗	↘	↗

由表5可知，在阶段内的分析中，在基线期，自伤的次数在13~22，平均次数是17.5，呈上升状态；在介入期，自伤的次数在5~14，平均次数是9.5，趋势呈下降状态；在倒返期，自伤的次数在11~20，平均次数是15.5，

呈上升状态；再介入期，自伤的次数在 4 ~ 15，平均次数是 7.5，呈下降状态；在追踪期，自伤的次数在 4 ~ 9，平均次数是 6.5，呈上升状态。在正向行为支持方案（教学策略建议）介入后，小培的自伤行为明显减少，当撤除介入方案之后，小培的行为问题开始增加，再实施前面的介入方案，这时小培的自伤次数又开始减少，低于初次介入期的平均值，这说明介入方案是有效的。

2. 功能评量

（1）行为问题的功能及功能评量结果的一致性。

前文对个案的行为问题用了四种方法进行功能评量，结果都认为个案行为问题的主要功能是出于获得需要、获得感官刺激、逃避任务。

（2）行为与环境之间的关系。

从访谈和观察看出，个案所处的环境过于单调，活动空间有限，可供玩耍的玩具又有限，其兴趣单一，在家只会在休闲区玩耍，而在学校为了安全，个案通常待在教室里，且玩具有限，兴趣被剥夺（如竹签、尖利的塑料吸管等危险物被剥夺）、需要得不到满足、语言障碍（表达不出）或学习的任务太难，也会导致个案的自伤行为。

3. 介入成效分析

本研究采用倒返设计来检验介入是否能降低行为问题发生的次数。个案的自伤行为趋势在基线期呈现上升的现象，是因为老师主要采取惩罚、行为塑造等干预方式来介入行为问题，这些对个案产生不了效果；介入正向行为方案后，个案的自伤行为开始减少，行为问题的发生率明显下降，说明介入产生了不错的效果。在介入期结束、倒返期开始之前停止观察一个星期，撤销正向支持行为方案的所有策略。两周的倒返期内，仍是采用原来的介入方式，个案的行为问题又开始增加，这时开始复制介入期的方案，检验是否能够再次使个案行为问题减少，再介入期的平均值是 7.5，而且呈现下降趋势，证明了介入方案的有效性。再介入期结束后刚好碰上了寒假，寒假回来后追踪两周。由于小培刚回学校有点不适应，行为问题稍微出现了增加的趋势。这些都说明了正向行为支持的介入对减少个案的行为问题是有效的。

在总结任课老师和家长的介入策略的基础上，结合前面获得行为问题的功能，共同商讨和制订适合个案的正向行为支持方案。正向行为支持属于教育型，即认为行为问题是具有某种功能的，行为受到周围环境的影响，同时也反作用于环境；认为应该用适当的行为来替代不适当的行为，应该避免对行为问题进行直接的惩罚，采用替代性行为训练、改变环境因素、心理关爱等方式给予个案全面的正向支持。虽然不能消除小培的行为问题，但是可以尽可能地减少行为问题发生的次数，取得较好的介入效果。

表6　正向行为支持方案

问题	成因分析	教学策略建议
自伤行为	①由于需要得不到满足 ②环境过于单调 ③存在语言障碍 ④功课太深，难以应付 ⑤缺乏学习兴趣 ⑥课程内容与个案的成长相差太远 ⑦学习目的、目标模糊不清 ⑧缺乏安全感 ⑨环境因素，如太多干扰 ⑩实用课和技能课过多	①尽量满足其合理的需要 ②为个案创造丰富的环境，让个案有事情可做，将注意力集中于某事 ③引导个案用他人可以接受的方法与人沟通，如运用身体语言、面部表情、手势动作等代替自伤行为 ④以个案的基线为起点，把学习内容细分成可应付的小步子 ⑤仔细留意个案现时的兴趣，并引导其进入学习内容或教学中 ⑥选择切合生活的学习内容（具有实用性的） ⑦让个案清晰地知道每个学习范畴、科目和课堂的学习目标 ⑧制造可预期的环境，以提高安全感及自主性 ⑨减少环境中的干扰 ⑩加强休闲训练并增加室外活动课，如使用游戏活动法

五、结论与建议

（一）结论

本研究的主要目的是对多重障碍盲童的行为问题进行功能评量，确定其行为功能，并探讨由功能评量发展而来的正向行为支持方案的介入成效。因此在学校选取一名多重障碍盲童的个案，对其自伤行为进行观察研究，以下是本研究的研究结果：

1. 行为功能

本研究通过使用行为动机评量表、访谈、直接观察和行为功能分析对个案行为问题进行评量，推断出个案行为功能是出于获得需要、获得感官刺激、逃避任务，属于多重功能。

2. 功能评量的一致性

根据本研究的结果，个案在行为动机评量表、访谈、直接观察和行为功能分析四种方法里，共同推出获得需要、获得感官刺激、逃避任务是个案自伤行为的功能。

3. 行为与环境之间的关系

通过访谈,我们了解到个案具体行为问题的表现、频率等与个案所处的环境因素、背景情况等有关。之后,我们又通过直接观察来获得行为问题的具体表现、频率、持续时间,行为问题发生之前的事件,行为问题发生之后的结果。确定行为问题功能的关键在于看行为与情境事件、前提事件以及结果之间的关系。对行为问题做观察记录,了解到什么情境事件和前提事件可以诱发行为问题;行为问题的出现是离不开周围环境的影响的。本研究所做的 ABC 行为功能评量记录结果显示,该个案在需要得不到满足、上课、情绪不好时都出现高频率的自伤行为,主要是因为个案需要感官刺激或者课堂任务太难等等。

4. 使用正向行为支持策略能达到较好的效果

我们以前使用过多种方法来减少个案的自伤问题,但效果都不佳。原因在于没有对行为问题的功能进行分析,未考虑环境因素,未考虑到个案自身的个性特质,所以屡试屡败。本研究在获得行为功能的基础上,制订了系统的介入方案,从前事控制(事先安排多样性活动)、行为训练策略(休闲技能训练)和后事处理(正面练习的过度矫正)对个案的行为问题进行介入,最终取得了良好的效果。

(二)建议

(1)老师、家长、保育员要求一致。

行为问题错综复杂,单靠老师个人,常常会觉得力不从心。在处理行为问题的过程中老师、家长、保育员应该要求一致,共同为个案制订和发展正向行为方案,以解决其行为问题。

(2)功能评量应该是持续的。

当发现对行为问题的介入效果不显著时,就应该对该行为问题重新进行功能评量,以获得新的行为功能,以此制订新的行为介入方案。

(3)增加室外活动课。

贪玩是孩子的天性,平时应该让个案多在室外活动,如滑滑梯、荡秋千、骑木马等。另外,学校应添置一些个案比较喜欢的玩具,如发声玩具、动物模型等,在休闲时间,应让学生尽情地享用这些玩具,而且老师也应和学生一起玩,尽情地体会玩具以及玩耍的乐趣。

(4)常见的学习问题也可能导致其行为问题,只要把个案的生活、学习问题、学习环境等作有序的、系统的安排,就能减少或避免他们不良行为的发生。

参考文献

1. 沈明翠. 发展性障碍儿童行为问题功能评量及介入成效的个案研究 [D]. 重庆：重庆师范大学，2007.

2. 陈维轩. 身心障碍学生行为问题之功能评量 [J]. 特殊教育季刊，2003（8）.

3. 林惠芬. 功能评量对智能障碍学生行为问题介入处理成效之研究 [J]. 特殊教育学报，2001（15）.

4. 刘昊. 正向行为支持法干预孤独症儿童问题行为的个案研究 [J]. 中国特殊教育，2007（3）.

5. 宋玲. 初探功能性行为评估 [J]. 中国特殊教育，2004（8）.

6. 钟仪洁，钮文英. 自闭症儿童固著行为的功能分析与介入成效之研究 [J]. 特殊教育研究学刊，2004（2）.

多重障碍盲童心理辅导的个案分析

周海云

多重障碍盲童除了视力障碍外，还兼有其他生理、心理或感官上的障碍。多重障碍的合并出现，导致他们出现各种心理问题的概率增高。这些心理问题主要有：消极、撒谎、偷拿东西、暴力倾向、暴怒、注意力不集中、经常大声尖叫、爱喧闹、个性孤僻、情绪困扰和行为问题等。一些从事多重障碍盲童教育和研究的教师发现，多重障碍盲童的心理问题比正常儿童多很多，大脑器质性损伤及家庭、学校和社会等不良因素的共同作用是造成其心理问题产生的主要原因，使得他们的身心发展面临更加严重的阻碍。面对这一事实，我们如何根据多重障碍盲童中出现的心理问题和行为异常给予相应的干预，促进他们身心健康的良好发展，是我们亟须解决的一个大难题。

本文对一个有心理问题的多重障碍盲童心理辅导的典型案例进行总结和分析，并提出了对这类多重障碍盲童进行心理健康教育的建议和策略，期望能为从事多重障碍盲童教育的教师和家长提供一些实践性的借鉴。

一、案例

吴×，13岁，男。该生经广州市儿童医院精神卫生中心测试智商为41，为中度智力残疾，经观察、筛查，初步评估该生是全盲。他有简短的成句（5个字以内）能力，可与他人进行简单句式对答，有简单语言理解能力，但不具备是非辨别能力，性格比较倔强，异常行为表现为站立或坐下时总爱前后摇晃身体，抠或戳眼睛、左右不停地摇头、手舞足蹈、自笑、时常哭闹、自伤，且有严重的抓、踢等攻击他人的行为。目前，该生身高接近160厘米，手部和足部力量较大，上学有阿姨陪读。

（一）主要情况

班主任和阿姨反映，吴×近一个月时常情绪不稳定，在教室、家里经常出现哭闹、发脾气、自伤、攻击他人等行为，严重影响上课秩序，给他人造成伤害，在同学中造成不良的影响。

（二） 心理辅导的主要问题

情绪问题、行为问题，主要表现为自笑、摇晃、抠或戳眼睛、哭闹、自伤（用头撞桌子或撞地）、攻击他人（抓人或踢人）。

（三） 心理辅导方案

吴×有一定的语言理解与表达能力，在教师的提醒下能够有意识地控制自己的行为。因此主要采用解释性心理辅导、培养健康的个性、制订计划和建立健康档案、自我暗示、注意力转移、意识唤醒矫正法、疏导法、环境控制法、忽视法、奖励法、排除障碍法、教育康复训练法以及行为矫正法等，尽快消除其不良行为。计划心理辅导每周 2 次，每次 15～20 分钟；康复训练每周 4 次，每次 25～30 分钟。

二、心理辅导的主要过程和教育对策

（一） 解释性心理辅导

由学校的心理教师对吴×的行为进行讲解和分析，明确告诉他这种哭闹、自伤、攻击他人的行为是错误的、不被允许的。教育他哭闹只会影响教师的教学和同学的学习，自我伤害只能给自己带来痛苦，不能解决任何问题，而攻击人只会引起他人的痛苦、厌恶，给他人的身体带来伤害，在同学中会造成不良的影响。心理辅导中要善于控制其错误的想法，让他认识到自己的错误。

（二） 培养健康的个性

吴×从小生活在很少与人交往的封闭式环境中，家庭条件优越，父母溺爱，但受到姐姐的冷落。这样的家庭环境，使其形成了不良的个性品质，如性格孤僻，不愿与人交往，不爱接近群体，固执任性；少言寡语、哭闹、自伤、攻击他人等。这些不健康的个性品质是吴×参与集体生活、接受学校教育的严重障碍。因此，培养热情、开朗、活泼、乐观向上的健康人格是其心理康复的重要内容。

（三） 制订计划和建立健康档案

要取得理想的康复效果，家长、教师和养护人员必须"对症下药"，针对吴×的残疾程度、年龄特点、生活环境和心理状况的差异，制订相适应的康复训练计划。分析其基础情况、规定训练目标、采取可行措施、选择有效方法、设计训练过程并定时进行康复效果评量。同时还应为其建立健康档案，将变化发展情况记录归档，便于对比、监察和总结。

（四）自我暗示

通过自我暗示的方法，要求吴×不断地提醒自己，在课堂上不可以自笑、摇晃、自伤或攻击他人，并要求他主动控制自笑，增强自己的控制力，相信自己是可以克服的。在辅导和训练过程中发现吴×有以上行为，教师应立即给予暗示，要吴×进行自我控制。

（五）注意力转移（代替法）

当吴×有不良行为时，教师、养护人员可用其他有意义的、有趣的事物使其注意力转移。当吴×发脾气扔玩具或攻击他人（抓人、踢人）时，引导他用好的行为代替不好的行为。例如，吴×正在扔玩具，可以叫他扔球；在吴×走过来正要抓人时，教师可以用握手来代替；吴×正想踢人，可以让他踢足球等，这样就避免了不良行为的发生。

（六）意识唤醒矫正法

如果上述替代性活动成效不大，可采用意识唤醒矫正法。如将吴×座椅换成摇椅并在摇椅背后系一个铃铛，这样当吴×开始不自主地前后晃动身体时，整个身体及摇椅都会晃动起来，被其摇响的铃铛声会提醒吴×在摇晃，从而使其主动停止并寻找其他外来刺激；此外，还可以给抠或戳眼睛的吴×戴上太阳镜等。

（七）疏导法

当不恰当行为出现时，孩子被引向另一个更适当的活动中。当吴×坐在那儿摇晃身体或抠、戳他的眼睛时，可以引导他进行游戏活动，如做手指操，或进行双手协调训练，如串珠、画画、撕废旧报纸等。当吴×有自伤、抓人行为时，父母可牢牢地握住他的手腕，待他挣扎 1～2 分钟后才放手。通常此法对抠或戳眼、抓人等手部行为有较好效果。事后再教给他合理泄愤的方法，对他就更有帮助了。

（八）环境控制法

为吴×布置一个属于他游戏、活动的空间，教他自己摆放物品于固定的位置，如给吴×提供一个安全舒适的环境和适宜活动的地方，给他提供一个日程表，做到一节课有清晰的开始、过渡和结束，做到教室、家里的学具、衣物、桌椅等摆放有序。这样从环境的改良入手，便可达到帮助吴×控制行为的目的。

（九）忽视法

有的学生有时为了引起别人的注意，故意用捶头或用头撞地等不良行为来得到关心。如果教师、家长表现得很关心，那么，下次孩子便会乐此不疲。因此，教师要仔细观察学生行为背后隐藏的真正目的。假如吴×的自伤行为是为了引起教师或家长注意，大可以不理睬他，以达到减少和消除不良行为的目的。

（十）奖励法

如一开始在5分钟内无自伤行为即予以表扬或奖赏，然后逐渐加长到10分钟、20分钟、一节课、半天、一天、一周，直到不良行为消除为止，这对智力水平较好的孩子较为有效。

（十一）排除障碍法

（1）功课太深，难以应付——以吴×的基线作起点，把学习内容细分成可应付的小步子。

（2）不合适的活动——调整课程。

（3）学习内容太难——将学习任务分层。

（4）太多的结构——在活动过渡或环境变化前给予吴×提示。

（5）学习目的、目标模糊不清——让吴×清晰地知道每个学习范畴、科目和课堂的学习目标等。

（十二）教育康复训练法

（1）提高其认知能力，让吴×掌握简单语言沟通能力，从而代替哭闹、自伤、攻击他人的行为。

（2）采用感觉统合训练的方法，通过排球、滑板、爬地、爬彩虹桥、走平衡木、大笼球、跳床运动等项目训练，改善吴×的注意力缺陷，增强其自我控制能力。

（十三）行为矫正法

若上述方法仍不奏效，则尝试采用惩罚暂停、递减等方法。如吴×有一次异常行为被记录，他将被罚串50粒珠子或罚插盲文点字两行；或一旦有摇晃、自伤行为就让其站起来几分钟或被请出教室片刻；或有异常行为即取消或暂缓其最喜爱的活动；或制订出计划使每天的异常行为的次数递减，并由教师、家长共同监督执行等。

值得提醒的是，对于多重障碍盲童的异常行为一般不宜采取惩罚法。惩罚只有暂时作用，它在策略介入时有些效果，但并不能真正解决问题，达不到治本的效果。多重障碍盲童心理行为问题最好通过功能评量的方式找出影响其行为问题的成因，再针对导致行为问题的功能采取相对应的支持性策略才能长期有效。

三、研究结果与分析

经过两年的心理辅导与康复训练，吴×已经学会了有意识地控制自己的行为，自笑、抠眼等行为未再出现，自伤、攻击他人行为也减少了。虽然偶然有摇晃身体、哭闹、多动行为，常常影响正常的教育教学活动，但由其生理本能需要而引起的行为问题受到外界的压制，从而产生严重的情绪问题，通过心理辅导和教育康复难以见效，最终仍要借助药物得以改善。这表明对于智力低下的多重障碍盲童的严重情绪行为问题，仅通过心理辅导和教育康复难以达到理想效果，有时也需要借助一定药物来进行辅助治疗。

总的来说，由于多重障碍盲童大脑发育迟缓、自控能力差，大部分伴有多动、注意力缺陷，上课时手脚不停，不能静坐，注意力容易受外界的干扰。像吴×这样伴有自伤、攻击行为的学生，常常易激动、哭闹、打人，以发泄自己的情绪。他的攻击行为往往找不出明显原因。行为通常发生突然，如需要得不到满足或活动受阻时出现用头撞墙或踢人等伤害自己和他人的行为，以发泄自己的不满。这种行为如不及时防范，可能会给自己和他人带来严重伤害。

四、建议

（1）教师、家长、保育员要求一致。行为问题错综复杂，单靠教师个人，常常会觉得力不从心。在处理行为问题的过程中应该要求一致，共同制订和发展正向行为方案，以解决行为问题。

（2）常见的学习问题也可能导致其行为问题，只要把个案的生活、学习问题、学习环境等做到有序的系统的安排，就能避免或减少其不良行为的发生。

（3）本个案的情绪和行为好转一段时间后，容易出现反复，作为训练者应该本着坚持不懈的态度，直到个案的不良行为消失为止。

参考文献

1．郑虹．智障学生心理辅导的个案分析［J］．中国特殊教育，2006（1）．

2．曹正礼，赵鹏．谈谈盲童的康复与训练［J］．中国特殊教育，1994（2）．

3．彭霞光．视力残疾儿童的教育理论与实践［M］．北京：华夏出版社，1997．

语言沟通障碍盲童教育康复训练的个案研究

周海云

随着我国特殊教育事业的迅速发展，特别是医学技术的进步，根据各地、市残联数据统计，多重障碍盲童确诊人数呈逐步上升趋势，越来越多的多重障碍盲童得以生存下来进入盲校学习。多重障碍盲童是指除盲以外还兼有其他生理、心理或感官上障碍的儿童，这类儿童是教育中最困难的群体。在他们当中，有盲兼智力障碍、盲兼语言障碍和盲兼行为障碍等不同情况。根据对广州市启明学校近 60 名多重障碍盲童的初步评估和日常观察可见，绝大部分多重障碍盲童伴有语言沟通障碍，轻度者一般学会说话的时间较迟，语言表达能力较差；中度者多吐字不清，伴有口吃，说话前言不搭后语；严重者语言发展处于原始水平，以一些无意义的叫声最为常见，有的甚至没有言语机能。对于他们来说，能够具有沟通能力极为重要，如果不能清楚、准确地表达自己的需要，生活对他们来说将会更加困难。作为盲校的老师和学生的家长要想教育好这类儿童，就必须和他们建立有效的沟通方式，培养他们的沟通和表达能力，使他们得到健康的成长。如何才能提高他们的语言沟通能力呢？下面以一个案例来阐述。

一、研究对象

K 学生，女，早产儿，医生诊断为视网膜病变，全盲，兼有中度智力低下和语言障碍，6 岁进入盲校特训 1 班。K 学生和父母一起居住，爸爸是教师，妈妈在家待业。家庭条件一般，爸爸工作较忙，对 K 学生的照顾和教育较缺乏，来校前 K 学生未接受过任何教育。

二、研究目的和内容

(一) 研究目的

本文通过对一例语言沟通障碍盲童的教育康复训练过程进行研究分析，

提出一些可行的教育康复训练方法，为特殊教育工作者和类似问题儿童的家长提供一些参考。

（二）研究内容

研究内容主要体现在三个方面：①通过与家长的访谈和对 K 学生行为的观察，我们进行了多方面的筛查评估，做出诊断，为制订适合 K 学生的个别教育计划做准备。②探讨对语言沟通障碍盲童进行教育康复训练的可行性方法。③为此类儿童的语言沟通障碍问题提出有针对性的教育建议。

三、研究过程

（一）K 学生语言沟通障碍的评估和诊断

1. 访谈和观察 K 学生的行为

刚入学，该生除了妈妈以外，排斥他人，不愿意与教师、小朋友们一起玩，喜欢独自听音乐，对拉振的发声玩具、电子琴特别感兴趣，对周围的事无反应。由于家长的过度保护，使其养成了"吃饭要人喂，衣服要人穿，大便要人帮，走路要人牵"的习惯。只要 K 学生有要求，妈妈都尽量满足。该生喜欢上音乐课，但因有语言障碍不会表达，询问她任何事都无反应。走路不稳，不会穿衣，生活自理困难。只能发几个简单的元音，嘴巴不能正常闭合，构音困难，发音含糊，吐字不清，不能理解指导语，更不会有目的地回答问题和说话。

2. 医学评估

查看 K 学生的各种医学病历和检验报告，国内医院的医生也无法对这类儿童进行科学的医学评估。参照"国内盲童智力筛查测试"，经初步筛查判定该生属于中度智力障碍。

3. 教育学评估

通过对其感知觉、社会适应、语言、运动等领域进行初步的评估，我们发现 K 学生各方面水平指标基本为零。

（二）K 学生语言沟通教育康复训练的方法和过程

由于 K 学生先天的视力和智力障碍，且在关键期也没有进行适当的治疗、康复和教育训练，因此她的语言沟通问题很难得到彻底的解决，教师和家长要做好充分的思想准备。为了让 K 学生能在自身的基础上最大限度地发展语言沟通能力，家长与教师应着重于对其开展语言理解和语言应答等能力的训练。

1. 语言能力训练

（1）发音能力训练。

①口形、舌操和呼吸训练。为了矫正 K 学生发音时双唇、牙齿、舌头不会协调动作的缺陷，让她进行舌操和呼吸训练。包括双唇动作，如张、合、绷紧和噘嘴等；牙齿动作，如开、合、叩击、咬下唇等；舌头动作，如伸、缩和转动等；呼吸训练，如呼、吸、吹气等。目的是刺激双唇、牙齿和舌头的运动，掌握气流的运用，促进感知觉的发展，为吐字发音时协调配合打下基础。

②基本的发音训练。学习发一些元音，然后连上一个辅音，过渡到音节。在训练时多借助实物、多媒体手段提高学习兴趣，教师加上声调和丰富的表情，给学生一个完整且深刻的印象；同时，可使用一些录音机、录音笔等辅助手段进行训练，触摸教师示范的口形、借助录音机可以听自己的发音，既可以和教师的发音做比较，找出不足，又可以和自己前后的发音效果做比较，看到进步，树立信心。

（2）语言理解能力训练。

①扩大感知范围，丰富词汇量。多重障碍学生由于学习的自我意识水平低下，主动探求的意识差，感知范围狭窄，使其贮存于大脑中的词汇变得极为有限，从而给其语言的理解和运用造成了相当大的困难。因此，教师应尽量扩大儿童的感知范围，丰富儿童的感知经验，加强概念的建立，尽可能多地积累词汇。如教室与寝室的物品很多，带领她感知物品的同时引导她说出物品的名称；吃饭时，引导她说出菜谱的名称等。这样随时随地的训练，从简单到复杂，日积月累，使其语言词汇不断丰富，其语言能力才有可能得到循序渐进的发展。

②利用或创设情境，帮助建立概念。利用日常生活情境来理解词汇。如早上起床了，穿衣服、上厕所、刷牙、洗脸等；来到学校，放书包、洗手、喝水、做早操等；把语言理解融入每一个时间段，每个环节都是词汇理解训练的好机会。如在"酸甜"这个词语中，创设"酸甜"概念的情境，准备糖水与柠檬汁让她品尝，亲身体验，教师从旁指导，进而促进她理解掌握"酸甜"这个词语的意义。

（3）表述能力训练。

语言的基本材料是词汇。先训练 K 学生说字、词语和简单的句子。从她感兴趣的东西入手，如她对拉振的发声玩具感兴趣，我们就应从这些玩具入手，将训练的过程设计成由说一个音节字（"要"），到说两个音节的词语（"我要"），再到说句子（"我要玩具"）。类似还有"我要糖""我要回家"

"我要上厕所"等。既巩固了她的发音能力，又培养了她正确表达自己意愿的能力。在训练的过程中，利用实物创设一定的语言环境，让她在实际生活中通过学习慢慢增加词汇量。

（4）养成良好的听和说的习惯。听别人说话时要安静、认真、集中注意力，做到不乱说、不插嘴。自己说话时要声音响亮，尽量做到吐字清楚。

2. 语言应答训练

随着概念的增加、理解能力的提高，这时便可以在一定的情境中进行应答训练，巩固和提高理解能力，发展初步的表达能力。应答的方式包括手势动作、面部表情、使用实物和图片、开口说话。

（1）使用代表物应答。笔者通过观察发现，K学生由于无法和小朋友或大人沟通，当她想做些什么时却无法表达，因此常常被教师、同学忽视，影响了她的热情和学习情绪。于是笔者针对她暂时还不会用语言作答的情况，为她准备了一些代表物，这些代表物可表示开心（用笑脸表示）、想喝水（用杯子表示）、要吃饭（用勺子表示）、想听音乐（用小铃铛表示）、要上厕所（用手纸筒表示）、想出去玩（用小皮球表示）等。让她用实物作答时，要有耐心，给她足够的时间，并在训练中多提示她，让她对训练的内容做出反应。

（2）使用声音、表情和手势应答。教师要先记下她喜欢的物品及活动，然后训练她用声音、手势或面部表情表达自己想要的物品或想做的事情，等她准确地表达自己的意图后，再满足她的要求。这样经过一定的训练后，K学生便能学会使用声音、动作或表情来表达自己的诉求。

（3）创造说的机会。如她不会使用"不"这个字来表达自己的意图的话，那么可以给她一点苦或辣味的东西尝尝，或是让她做她不喜欢做的事情，或是游戏时突然中止，或让别的孩子夺走她手上的玩具，看看她有什么反应，给她创设说的机会。

（4）提问和回答问题。提问要简单、具体，最好是有选择性的。如"你想玩积木还是想玩娃娃?"而不是"你想玩什么?"第一个问题要比第二个问题容易得多。再如问她喝什么饮料时，可问"你想喝茶还是果汁?"而不是"你想喝什么?"让学生回答有选择性的问题时，还可以让他们熟悉各种东西的名称。如出示一只杯子，问"这是什么"，然后回答"这是一只杯子"，接着让她进行模仿。当她指着某样东西说"这是什么"的时候，这就是提问。

（5）增加语言交流的机会。要根据她的兴趣爱好，组织丰富多彩的活动，如游戏、比赛和课外活动等，增加与她语言交流的机会，引导她多说话。如她在一定的情境中掌握了"茶杯"和"喝水"这两个概念，再向她提问"你想干什么"并让她回答，这样就比较容易吸引她把自己的意愿说出来，主要目的是引导她逐步把概念和相应情境结合起来运用。

（6）看实物说话。这也是一种情境的创设语言沟通训练。它是锻炼多重障碍盲童说话的一种好方法。教师可以给她准备一些实物，让她说出名称。也可以根据实物，提出一些问题。同时教师还可以准备一些听力的内容，让她说出名称，口头表达能力达到一定程度时可以让她利用自己的想象描述一下听到的画面。教师和家长可以指着实物，告诉她实物的名称，让她复述，还可以和她一起用简单的语言叙述一些日常小事。

（7）创设说话的活动。首先从传物、传话开始。传话是她初步与周围人沟通的重要方式，也是语言理解与表达的简单结合，如"把梨递给小志"，这样她就比较容易理解。其次是创设各种活动，如每天的"送报纸"活动，让她每天到传达室拿报纸，送到二楼校长室，这中间涉及与人打招呼等活动，这样不仅可以提高儿童的理解和表达能力，同时还可以增强其与人交往的能力。

3. 康复训练

（1）边做运动边说话。对大肌肉和小肌肉进行缺陷补偿，能促进儿童脑部发育。K学生由于视力缺陷，导致早期身体活动量不足和一些关节的活动受限，这造成了个体肌肉紧张，行动显得僵硬。笔者利用爬楼梯、散步和手指操等活动来刺激其大脑的灵活性，使其血液循环顺畅，增进脑和全身的活力。如爬楼梯时还可以进行数数训练，跑步时进行"快慢"概念的理解和掌握。这样既能锻炼她的足部肌肉，又能增进其肌肉间的协调。

（2）感知运动统整。K学生注意力不集中、缺乏自控能力、自我概念贫乏，社会交往能力低下、活动不灵便等是由于她的感知运动统整的紊乱造成的。而感知运动统整主要是给儿童创设玩的环境和气氛，通过各种控制性的活动向个体提供各类感知运动信息，特别是向个体输入一些运动觉、皮肤觉的信息，以使儿童自然而然地产生适应性反应，以达到渐渐地统整感知运动的目的，使儿童增加学习能力、运动技能和习得一些良好的行为。于是，笔者向K学生提供的提高感知运动统整治疗的方法有：给她用特制的刷子刷颈部以外的皮肤或揉她的腹部，让她坐着或站着荡秋千，坐摇摆椅任其摇个够，坐可上下弹的软球等以提供一些积极的反应活动，利于她感知觉的输入与统整。

（3）音乐疗法。音乐疗法是将音乐作为一种唤醒方式，增强人们的自我意识，以疏导感情，陶冶情操，增强各方面的意识，发展语言、学习能力、活动能力等的方法。音乐疗法常应用于情感或个性异常的视力残疾儿童。让K学生进行放松音乐疗法，如听抑扬顿挫的民间音乐《二泉映月》《听松》和《琵琶行》等，并向她提供一个舒适、安静、独处和安全的环境，以达到疏泄情感、陶冶情操的目的。再如让K学生通过听轻松愉快的音乐、民族器乐，如《步步高》《喜洋洋》和《迎春曲》等对孤僻、不耐烦、暴躁等症状进行治疗。还可以播放一些节奏强烈的流行歌曲，如《一无所有》《黄土高坡》《霹雳舞曲》等，任她载歌载舞，甚至可提供踢、打、摔、敲的物体任其宣泄。

四、研究结果与分析

（1）学年结束时对 K 学生进行了评估，经过一年有目的、有计划的训练后，K 学生的生活适应能力有了明显的提高，在教师的提示下会穿衣服、鞋子，可如厕，能独自吃饭，情绪稳定，活泼开朗。双手的协调性和灵活性增强了；生活自理能力有所提高；理解能力有了明显的提高，基本上可以理解教师的指令与问话；语言能力有所加强，能认真模仿教师的发音，喜欢说话了，也会主动打招呼了，虽然发音仍不太清楚，但在教师的鼓励下，有了缓慢持续的进步，能模仿 5 个字以内的句子；能利用实物、手势动作和表情等和别人进行沟通。

（2）对于语言沟通障碍盲童的语言障碍教育训练，要采用多种教育训练手段相结合的方式，从语言训练、沟通训练、康复训练等多个方面对学生进行锻炼。由于 K 学生是刚入校的新生，以前从未接受过教育训练，一开始难以适应学校生活，所以在刚开始时，进行训练比较困难。在训练过程中，我们根据学生的接受情况，不断调整教育训练手段、训练方法和进度，并争取家长、任课教师和生活教师的配合，最终完成了本学年的训练计划。

五、结论

多重障碍盲童的语言沟通训练是一项长期的、反复的工作，需要学校有关管理人员、教师、家长的理解和支持，需要班主任、课任教师、生活教师、家长的配合，并付出极大的爱心、耐心，更需要专业人员如语言治疗师、物理治疗师、作业治疗师和音乐治疗师的介入。在训练过程中要遵循循序渐进、小步子走、补偿缺陷的原则。重度多重障碍盲童常常伴有一些情绪行为问题，其实他们的一些行为问题就是沟通问题，作为教师一定要观察、了解孩子行为的目的，不要一味地责怪或惩罚，只有理解他们并遵循他们学习语言的特点和规律，运用恰当的方式方法，才能更好地提高其语言沟通能力，才能更好地增强其生活自理与适应能力。

参考文献

1．黄志．浅谈重度智障儿童的语言沟通训练与教学［M］．深圳：海天出版社，2006.

2．赵晓妍．轻度脑瘫智障儿童的语言沟通障碍教育训练的个案报告［M］．深圳：海天出版社，2006.

3．曹正礼，赵鹏．谈谈盲童的康复与训练［J］．中国特殊教育，1994（2）.

4．彭霞光．视力残疾儿童的教育理论与实践［M］．北京：华夏出版社，1997.

多重障碍盲童的个案评估及分析

谭间心

一、 评估对象

丹是一个 12 岁的自闭症全盲女孩，海南人，随父母迁入广州。父母大学毕业，自己开办了贸易公司，家庭经济情况较好。丹 2 岁前和父母生活在一起，后来由于父母工作忙，丹被送回海南老家由爷爷奶奶和保姆照顾、抚养。丹是足月出生，6 个月时被发现有眼疾，医院诊断为先天性视网膜色素变性，双眼全盲、无光感。3 岁左右家人发现其智力比正常儿童低，于是为她做了脑细胞注入术，其后脑至今仍留有手术时的疤痕。丹有严重的自闭倾向，平时不说话，常常摇晃身体，独自玩耍。1999 年 9 月，丹进入广州市启明学校幼儿班就读，两年后转介到本校的多重障碍儿童教育试验班。

二、 评估人员、 时间和地点

评估人员：广州市启明学校多重障碍学生评估工作组。
评估时间：2004 年 12 月。
评估地点：广州市启明学校学前部。

三、 评估目的、 内容和方法

（一）评估目的

对一例多重障碍盲童的具体情况进行评估和分析，全面了解其身心发展状况，满足其特殊教育需要，提出科学、合理的教育、康复及训练的对策。

（二）评估内容

评估一例多重障碍盲童的社会适应和身心发展状况，其标准包括：生活适应能力、感知及识数能力、环境探索能力、对声音及话语的反应能力、发声能力（以普通话为前提）、语言能力、视觉能力。

（三）评估方法

2004年5月，广州市启明学校与香港教育学院联合组建了一个课题研究小组，以 Reynell-Zinkins 量表的第一部分内容"智力发展"为蓝本，开始了"视障幼儿及多重残疾儿童智力及社会适应的发展评估"的课题研究工作。选择 Reynell-Zinkins 量表的第一部分内容"智力发展"为本课题量表的研究蓝本，是因为该部分的测量目的和目标比较契合本课题的研究。我们期望通过本研究尽可能及早地给视障儿童"创设适合的学习环境"（Reynell，1979）。陶宾（Tobin，1994）评价 Reynell-Zinkins 量表"非常深入、细致……能够给予关注视障儿童教育工作的专业人士某些诸如评估和发展建议的参考指引"。进行视障儿童及多重障碍盲童的智力和社会适应能力的发展评估研究是为了"使得那些与视障儿童工作的专业人士能够给家长或监管人照料视障儿童的恰当的发展建议"（Reynell，1979）。我们研究的目的是在于给孩子的家长和教师"某种指引或参考，表明视障儿童已经达到的发展水平及后续进展阶段，这样才可能给予孩子恰当的早期教育"（Reynell，1979）。本量表同样指向并适用于视力障碍兼其他障碍的儿童。

四、评估结果

（一）生活适应能力

丹有时候会莫名其妙地大笑。有时候能认识某些熟悉的人的声音。不能用语言，包括手势与人打招呼。不能口头要求别人帮助，但有时候会以大哭、大叫、打头或脸等不良行为来表达自我的需要。对陌生人没有反应。不会倒水但能够自己拿稳杯子喝水，有时候会将水溢出。在有指令的情况下，自己能够穿脱外套和简单的衣服。进餐时能将食物用勺子送进嘴巴，但常常拒绝这样做。经常无意识地把鞋子脱掉，但在有需要时却不懂得脱掉鞋子。有时候能用口头语言提示要上洗手间。自己能拧开水龙头，但要在别人的协助下才会搓动双手，不能独立完成洗手的整个过程。把湿毛巾放在丹的手上，并对她说"擦擦脸"时，她会做出擦脸的动作。在别人的协助下会合作刷牙。不懂得打、接电话。比较适应熟悉的地方。

（二）感知及识数能力

对冷热、气味及不同的声音有反应。能抓住一件物品，如摇铃，但不能用正确的方法摇响。自己会主动摸索物品的外形，如玩具电话。不能将相同外形的物品进行配对，也不能配对软、硬以及光滑、粗糙的物品。在熟悉的环境中懂得拿自己喜欢的物品，但不会将玩过的物品放回原处。不会将玩具车推来推去，只会把车拿起来敲打。在教师的语言提示下有时候能将玩具放回盒子，并将盒子盖上，但不能打开和盖好旋口盖。不能分辨形状相同、大小相同的物品。无法根据示例串起两个不同形状的几何体。不能用手指数 1～5，不能分辨左右，有时候能认识自己的五官和四肢。

（三）环境探索能力

会伸手接触近距离的物品，会摸索日常物品的表面，在行走中碰到桌子时会进行摸索，有时候能找到自己的常用物品，如毛巾、牙膏等。有方向感，会朝向声源的方向。在熟悉或不熟悉的环境中能找到房门开关的位置，并且能正确使用该物品。在熟悉和陌生的环境中能够绕避障碍物。在语言的提示下，有时候能走到邻居家。

（四）对声音和话语的反应能力

（1）对不同的声音有不同的反应。

（2）能顺着声音找到声源。

（3）认识熟悉的声音，如保姆、玩具的声音。

（4）对别人叫自己的名字有反应，会走过来或坐下。

（5）对常常听到的单词或短语能做出恰当的行为反应，如起来、坐下等。

（6）对常常被问到的问题有时候有表情、行为或非常简单的语言反应，其他问题则毫无反应。

（7）不能从一定数量的物品中正确选出指令要求的物品。

（8）无法根据物品的用途找出相应的物品，如用来梳头发的梳子。

（9）不能根据指令找出长、短或大、小的物品，有时候听到指令会将东西放在自己的脚下，但不认识上下前后等方位。

（10）不能分辨左右手。

（11）能跟随教师做拍拍手的动作。

（五）发声能力（以普通话为前提）

（1）能发两个或两个以上的单音，如"喝水、吃饼干"等。

（2）听到老师的话后能马上模仿出相同的音或说出相同的话。

（3）一段时间后能重复学过或听过的歌曲等。

（六）语言能力

（1）能用语言讲出所提供的三样物品中其中两样物品的名称。

（2）能说出常用物品的用途，如牙刷、电话等。

（3）能说出物品的位置。

（4）能用语言对行为进行描述，如测试者唱歌。

（5）能说出自己的正确年龄。

（6）能说出上午、下午和晚上。

（7）能说出 1~3 个同义词或反义词。

（8）能正确运用下列词语，"开心、不开心、肚子饿、吃饱了"等。

（9）能说出 5 个字以上的短句。

（七）视觉能力

全盲，这部分的能力无法评估。

五、讨论与分析

（一）视觉

丹的双眼全盲，没有光感。

（二）听觉

丹的生理性听力正常，例如听到响球的声音时会将头转向声源方向，但功能性听力有问题，对别人的询问、谈话、老师的讲课等都没有反应，不能根据用途找出相应的物品，仅仅能按照身边最熟悉的人（如保姆、专职老师）的指令，做一些简单的动作反应（如坐下、站起来等）。丹有时候比较喜欢听音乐，当听到熟悉的歌曲时会摇晃整个身体，有时候则会大声地笑出来。

（三）触觉

丹的触觉功能一般，探索身边环境的主动性不强，不会主动去触摸身边的物体和同伴，只会碰触靠近双手的物体，显得极其被动。

（四）记忆力

丹能认识自己的保姆，有时候也能认识自己的专职老师。丹在教室很安静的时候会哼唱一些歌曲，但只是简短的一句半句，有时候无法听清楚她唱什么。丹能够记住自己吃过并且喜欢吃的食物的名称，如饼干等。丹有一定的记忆能力。

（五）智力

丹不会自我玩耍，但好像会自我陶醉，有时候会长时间地在原地转圈或摇动身体，有时候会不明原因地大笑。能听懂常用的简单指令，如"穿好鞋""坐好"等。被带领时会用手指抓握保姆或老师的手肘。身体不舒服或自己的要求得不到满足时会大哭。和正常的同龄盲童相比，丹有明显智力落后的举止和行为。

（六）语言

丹在学校极少主动开口说话，偶尔会说"喝水、尿尿"。在家里和学校一样，没有说过一个完整的句子，只会重复模仿简短的词句。无法用言语来清楚表达自我的内心世界和身体感觉，有时候只会用大哭、大叫来表示身体的不舒服。丹能听懂老师或保姆常说的几个日常指令，如"站起来""坐下去""穿好鞋"等，但对稍长的简单复句、连续几个简单的发问则无法理解。

（七）人际交往

丹的社会性沟通和交往很少，只有在同自己的专职老师和保姆打招呼时，才会有少量的表情（皱一下眉头）、动作（在老师的主动下愿意握住对方的手）、言语（重复对方的招呼语）的反应。有很多小朋友对丹表示友好，但她对小朋友没有任何言语反应，无法应答大家，因此丹也没有要好的朋友。

（八）行为和情绪

大部分时间丹的情绪比较稳定，但有时候出现喜怒无常的情况，会有不明原因的哭和笑。丹有明显的情绪反应：不高兴时会发出"ou、ou……"的大叫声，而且眼泪鼻涕一起流，严重时会用力拍打自己的耳朵、用力掰自己的手指；高兴时，会摇头、大笑，会哼唱歌曲（老师无法听懂），自我陶醉。丹常常在原地旋转身体上百圈，不会摔倒，表情很兴奋、很愉快。丹在特别高兴的时候，会大声地嬉笑，但都是自我愉悦。丹每次开心的时间不确定，但每个月例假前都会大叫。丹的拒绝性行为很多，强度很大，但攻击性和破坏性行为很少。她有不合作、不服从的行为，对不感兴趣的训练活动会以大叫拒绝。有时候，尽管她刚喝过水、刚上过厕所，她还是会说"喝水了、尿尿了"。丹有逃避和退缩性行为，经常长时间站或坐在一个地方，不动也不说，对周围的情况漠不关心，无法与他人进行言语交流。丹有大量的重复性行为，每天有不明原因的笑，发出恐怖的怪叫声，每天要转圈，总要趴着或低着头。手里要拿着一个物品，如果没有物品可拿时，手指就会一直抠眼。丹有一些怪异的行为举止，喜欢快速地摸自己的下体，然后大笑。丹还有自我伤害的行为，会掐自己的手指，直至出血。

（九）身体发育

丹的身体发育良好，身材很匀称，整体外形很漂亮。体质很好，很少生病。喜欢吃鱼。

六、结论

（1）丹的双眼全盲、无光感。

（2）丹的生理性听力正常，功能性听力有问题，这与其智力有关。

（3）丹的触觉功能一般，对环境和身边事物的探索很被动。

（4）丹有一些记忆能力。

（5）和正常的同龄盲童相比，丹有明显智力落后的举止和行为。

（6）丹有语言表达的障碍，但有简单的言语理解能力。

（7）丹欠缺与人交往的技能，不懂与伙伴玩耍，只喜欢一个人独坐在椅子上，喜欢拉熟悉的大人的手，不喜欢拉小朋友的手。

（8）丹的情绪相对稳定，有时候会喜怒无常；有明显的情绪反应。

（9）丹的拒绝性行为很多，但攻击性和破坏性行为很少；有逃避和退缩性行为；有大量的重复性行为；有一些怪异的行为举止；有自我伤害的行为。

（10）丹的身体发育正常。

七、教育策略

（一）需要功能性的听力训练

学习理解听到的语音所传达的意义；根据语言指令做事情（实际行动、表情活动或心理活动）。

（二）需要触觉功能训练

主要是双手手指精细动作的训练，内容包括：串珠子、玩泥沙、拣豆子、触觉板训练（光滑和粗糙）、开关水龙头、开关门、开关灯、开关风扇等。总之，日常生活中一切可以提高触觉功能的活动都可以让丹参与。

（三）需要言语训练

（1）创设一个语言环境。在日常生活中，无论做什么事，都尽量告诉丹，向她描述你正在做的动作。比如："我正在给你倒水呢。""我在给小朋友讲故事呢。""你在玩积木呀！"在不断地重复中让丹把事物、动作和代表物、动作的词联系起来。

（2）在真实的环境中让丹学习语言。带她上街，去公园、商场，扩大她接触新事物的范围。尽可能让丹多听、多闻、多触摸。每次有重点地重复一些句子或简短的事情，帮助她记忆。

（3）训练听音摸物。开始时先让丹摸一摸，并告诉她："这是桌子。""这是鞋子。"然后问："哪个是桌子？""你的鞋子呢？"……生活中的小事，随时都可以对她说，向她发问。开始时可以针对丹的身体部位进行训练，如手、眼睛、头、脚等，以后可以发展到动词，如"小朋友在跑""老师在弹琴"等，对于动词的学习可以一边说，一边领着丹做动作。

（4）在日常的交往中注意教其招呼语、称呼语等礼貌用语。每天早上见面时，都对丹说："早上好！"放学或离开教室时都说："再见！"逐步加深丹对礼貌用语的记忆。

训练该生理解语言最重要的一点是要多重复。通过实践可知，教丹听懂一个词，有时要经过数百次、上千次的重复。有时并不是她学不会，而是重复的次数还不够，这需要很大的耐心。

（四）在某些时候需要稳定情绪

可以给丹提供独立选择的机会，选择食物、玩具或活动，以缓和其情绪。通过药物治疗，缓解其每月例假时的不舒服感。

（五）需要长时间的行为分析和行为矫正

先对该生的原始行为资料进行搜集，再制定行为记录表和行为分析表，最后采取行为干预技巧，使用行为矫正策略。

八、教育措施

（一）成立专门的师资、工作团队，开办专门的试验班

学校已经为丹这样的学生专门开办了多重障碍儿童教育试验班，组建了由校长、教导主任、班主任、语言治疗师、音乐治疗师、手工法治疗师、物

理治疗师（体育和感觉统合）、心理辅导师、医生、特教专业人士（在美国柏金斯盲校学习一年）、家长（父母和保姆）参与的专门团队，大家定期开会研究，共同制订丹的个别化教育计划（IEP）。

（二） 进行诊断和评估

工作组对丹的诊断和评估，采用量表测试、观察、调查的方法，在2001年9月至2002年1月进行了一个学期的初期观察，与丹的父母、保姆及所有的专职老师进行了访谈和连续的观察，查看了必要的病历、医学报告；评估小组的成员在2002年4月至2004年12月进行了量表测试，并进行了详细的分析和核对，完成了相关的评估，经过评估工作组的讨论审核，在多重障碍盲童教育专家的指导下，我们为丹制定出了合理的、可操作的特殊教育策略。

（三） 制订个别化教育计划（IEP）

每学期对丹进行初期评估、阶段性的进展评估、期末总评估，不断调整该生的教育计划。

（四） 在试验班接受特殊教育康复课程的训练

这些训练包括感觉训练、生活技能、定向行走、语言技能、手工美术、实用数学、综合主题课、前技能训练等，增设个别矫正课，主要是音乐治疗、语言游戏治疗、运动治疗。

总之，多重障碍盲童的教育不能单靠爱心和奉献精神，它还需要非常专业的特殊教育知识和技术，需要从事多重障碍盲童教育的每位教师把训练、康复技术和研究的结果灵活地运用到自己的实践中去。多重障碍盲童的训练和康复是一个长期而艰难的过程，这当然需要教师的爱心和奉献精神，但由于每个多重障碍盲童所处的环境、残障原因及残障程度存在差异，再加上我国多重障碍盲童教育刚刚起步。因此，对多重障碍盲童的训练和康复虽有方法但不固定，它要求从事多重障碍盲童教育的每位教师积极思考，努力学习，在借鉴外国盲校经验的同时，用自己的实践证明最有效的训练方法，并灵活地把它们运用到多重障碍盲童教育的训练实践中去。

多动盲童训练个案

陈丽红

一、个案基本情况

（一）基本资料

陈××，男，1994年8月生。出生时因早产吸氧，氧气浓度过高中毒，引起晶状体视网膜病变。眼睛做过两次手术：1996年第一次手术无效，1998年第二次手术做完后有光感，能感知太阳光。

（二）家庭状况

母亲：31岁，高中文化，自陈××出生后专职在家照顾他，健康状况良好。

父亲：40岁，初中文化，开出租车，全家经济来源主要靠父亲，健康状况良好。

由于父母文化程度不高，父亲通常晚上开出租车、白天睡觉，家庭教育主要靠母亲；母亲性格温和，对陈××比较顺从，但缺乏较好的教育方法，造成陈××性格倔强，凡事一定要顺从他的想法，否则会大闹，直到家人满足他为止。

二、各方面描述性评估

（一）语言发展方面

陈××刚入学时语言单一、重复，喜欢模仿别人说话，不能和别人进行一问一答的交流，词汇贫乏，不懂语法规则。

（二）认知发展方面

能口数1~10，不能数实物，没有基本概念，如大小、长短、粗细等，不能进行分类和匹配，双手精细动作能力差，机械记忆学习，对各种声音非常敏感、好奇。

（三）社会化方面

对家人较依恋，不喜欢别人亲近他，不喜欢与其他幼儿玩耍，不能遵守游戏活动规则，常独自一人玩，自己玩的东西不肯给别人玩，比较孤僻。

（四）行为与情绪方面

不顺心就发脾气、推桌子或大叫等；非常喜欢把东西弄出刺耳的声音，然后走开一段距离侧着耳朵听；好动，不能安静地坐在椅子上超过两分钟，喜欢抖动身体，非常抗拒学习，运动能力强。

（五）生活自理方面

自理能力较差，不能进行自我照顾，不会自己用勺子吃饭，不肯自己刷牙、洗脸，但个人很爱干净，不喜欢脸上有一点脏东西。

三、教育训练的阶段目标

总目标：通过对陈××在行为习惯、语言交流及学习能力方面的培养与训练，使其能够顺利地进入小学一年级学习。

实施时间：2001 年 9 月至 2003 年 6 月。

阶段目标：共三个阶段目标。

（一）第一阶段：行为习惯和语言交流方面

（1）逐步适应学前班的生活常规，养成良好的生活行为习惯，学会用正确的方式表达自己的情绪。

（2）能理解较复杂的指令，并能做出正确的反应；能对两个或两个以上的连续提问做出正确反应；能用正确、简单的句子表达自己的需要和愿望；逐步减少和避免单一、重复的提问；学习传达信息，初步学习叙述事件的简单经过。

（3）能够和同伴一起进行游戏活动，遵守游戏规则，学会与同伴交流。

（二）第二阶段：学习能力方面

（1）安静地坐在座位上学习，学习时间逐渐加长，达到 30 分钟。

（2）能够跟随教师在课堂上学习一些简单的操作技能，增强机械记忆。

（三）第三阶段：进入小学前的准备技能方面

（1）加强盲文阅读中重要精细动作技能和盲文学习空间概念的训练。
（2）能够完成触摸训练（一）（二）（三）。

四、教育教学措施

表1　第一阶段（2001年9月至2002年6月）教育教学措施

教学目标	教学时间	主要教学内容及策略	效果与评价
能够与同伴一起游戏，学会遵守规则，能够进行简单的生活自理，逐步适应学前班生活常规	2001年9月至12月	1. 游戏活动："荡秋千""玩滑梯""小树叶""我会自己干"等 2. 采用正强化策略，如当儿童出现符合规定和要求的良好行为时，应立即进行强化，给予表扬、鼓励或奖励等，使儿童感到愉快和满足，从而帮助其建立良好的行为习惯	1. 能够自己用勺子吃饭 2. 能够与自己喜欢的同伴一起游戏 3. 在教师的要求下能够遵守游戏规则
能够进行简单的交流，学会表达自己的需要	2002年1月至3月	1. 教育活动："不高兴的时候""说说听到了什么""师生交谈"等 2. 采用扬长避短的策略、编组策略。如该生对声音特别敏感，所以通过发挥他的优势来帮助他进行语言学习。此外，还把他喜欢的同伴与他编成一组	1. 见到老师，在老师的提示下，能用广州话说"老师早" 2. 能够与喜欢的同伴进行简单的交流
通过各种主题活动能够用上一些学过的词语和学会说完整的句子	2002年4月至6月	1. 教育活动："唐诗诵读""味道好极了""祖国到处是欢乐""节日拍手歌"等 2. 采用任务分析策略。如在教学中，把学习内容分成几个步骤，发现该生在哪个步骤不能完成就把这个步骤再分成几个更细的步骤进行重点教学	1. 能够背诵几首简单熟悉的唐诗 2. 会使用一些简单的形容词，"圆圆的、长长的"等 3. 能够说一些完整的句子

表2　第二阶段（2002年9月至12月）教育教学措施

教学目标	教学时间	主要教学内容及策略	效果与评价
能够安静地坐在椅子上上完一节课。能够形成一定的上课常规，逐步培养其课堂学习意识	2002年9月至12月	1. 利用兴趣培养注意力。如他喜欢声音，教师通过模仿声音的活动，培养他的注意力 2. 间歇强化。针对儿童多动的具体行为，可选择与多动不相容的正确行为作为目标进行间歇强化，如对于他上课乱动不专心，提出上课要坐端正，不离开座位，不抖动身体的要求，若能安静坐上5分钟就奖励。但要注意，达到目标一定要奖励强化；不达目标，也应看到儿童的努力和进步，给予表扬和鼓励；但出现故意行为，要对其进行一定的小惩罚，让其明白要对自己的行为负责。待稳定一段时间，巩固这一效果后，再提出更高一些的要求，如安静坐上10分钟、20分钟，甚至更长的时间。教师一定要耐心观察、反复要求、积极鼓励，激励他们向着更高的目标迈进 3. 消退。如对他做出的一些故意引起教师注意的行为，教师不提出批评，并让其他幼儿也不理他，不良行为因为没有得到强化而慢慢消退 4. 循序渐进策略。 5. 个别教育策略。如对他进行个别教育可以知道他能做什么，不能做什么。个别教育要点是诊断（了解情况）、计划（教学任务）、补充（教学计划）、评价（学生成就）、修正（改变教学方法） 6. 编组的策略。如他喜欢模仿自己喜欢的同伴各方面的行为，教师可利用编组策略来促进他模仿同伴进行学习	1. 由于多动儿童的最大特点是只在参与其感兴趣的活动时会集中注意力，通过有效策略能够由不能安静地坐在椅子上超过2分钟到能够安静地坐在椅子上达30分钟 2. 在同伴的帮助下开始有学习意识，能够向教师提问，但课堂学习意识还需要训练，希望能够与同伴进行同步学习

表3 第三阶段（2003年1月至6月）教育教学措施

教学目标	教学时间	主要教学内容及策略	效果与评价
能够进行一些重要精细动作技能的训练和盲文学习及空间概念训练	2003年1月至2月	1. 细细的沙粒、串珠子比赛、橡皮泥、拼图和形状板、搭积木、拣豆子和每天的生活技能（挤牙膏、刷牙、拧毛巾、洗脸等） 2. 个别教育策略（同表2） 3. 任务分析策略（同表1）	通过训练，个案能够进行各项教育活动，双手精细动作能力加强，但活动时不能坚持较长的时间，有时会出现破坏现象
掌握触摸盲文的初步技巧，学会摸读简单的盲文点位的知识	2003年3月至6月	1. 完成触摸训练（一）（二）（三） 2. 个别教育策略（同表2） 3. 任务分析策略（同表1）	能够很好地完成触摸训练（一）（二），还未能准确摸读触摸训练（三）中的缺点触摸，需要继续训练

五、存在的问题与努力方向

（一）存在的问题

该个案训练基本能够完成各阶段的教学目标，目前已于2003年9月进入小学一年级学习。但完成的总体效果不是非常理想，主要存在以下三个问题：

（1）由于该生平时最好的同伴先进入一年级学习而他未能进入，以致对他的情绪造成一定的影响，对他的训练进度影响较大。

（2）由于幼儿园生活与一年级生活相差较大，该生还不能很好地适应一年级的学习生活。

（3）教师的变动对该生的学习生活也有一定的影响。由于每年的假期较长，家长的作用未能很好地发挥，造成学校教育与家庭教育脱节，以致影响该生的教育训练进度。

（二）努力的方向

（1）无论我们面对什么样的学生，都要去做各种各样的尝试，这样才有利于发现学生的长处，个案的数学思维较差，只会机械记忆，不能灵活思维，但教师还是要让他进行前技能训练和语言训练。

（2）每个人都会遇到学习的低谷，当个案处于学习低谷时，不要强行让他学习新的内容，可以暂缓一下。

（3）一定要让学生在真实的环境中操作真实的物体，并有独立操作的时间，始终让他保持学习的乐趣。

（4）重视家长的作用，学会与家长沟通，建立平等合作的伙伴关系，并教给家长一些教育孩子的良好方法。

参考文献

1. 沈家英，陈云英，彭霞光. 视觉障碍儿童的心理与教育［M］. 北京：华夏出版社，1992.

2. 埃里克·J. 马什，戴维·A. 沃尔夫. 异常儿童心理［M］. 3版. 徐浙宁，苏雪云，译. 上海：上海人民出版社，2009.

3. 彭霞光. 视力残疾儿童的教育理论与实践［M］. 北京：华夏出版社，1997.

4. 朴永馨，中国教育学会教育学研究会. 特殊教育学［M］. 福州：福建教育出版社，1995.

5. 袁贵仁. 中国教师新百科：幼儿教育卷［M］. 北京：中国大百科全书出版社，2003.

多重障碍盲童综合干预个案研究

曾水英

自 2002 年中央教育科学研究所与美国柏金斯盲校开展的"希尔顿项目"中的"盲兼多重残疾儿童的教育"起，对盲兼多重障碍儿童的研究日益增多，对盲兼多重障碍儿童的干预也趋向于早期干预和综合干预。综合干预是指把多种干预方法和技术整合使用，以此提高此类儿童的整体水平。多重障碍盲童是指视力障碍伴随智力障碍、语言障碍、行为障碍、自闭症、脑瘫等的儿童。在对多重障碍盲童进行综合干预时，要注重评估和动机训练，通过评估找到学生的起点教学行为，通过动机训练，激发学生的潜能。

一、研究对象与方法

（一）研究对象

文文，女，全盲，2004 年 3 月 3 日出生。母亲 29 岁怀上文文，在怀孕过程中打过安胎针，文文出生时仅 2.8 斤，属于早产低体重儿。她出生时因为缺氧，脸发紫，在保温箱观察了 40 天。文文没有新生儿黄疸，也没有先天疾病，目前没有服用药物。文文非常喜欢音乐，常常哭闹，但是听到音乐就会安静；文文不会用语言来表达需要，只会用哭闹来表示，父母陈述孩子长这么大只会说"阿英"两个字。父母曾经带文文去医院检查，她的发音器官没有问题，听觉器官也正常，但就是不说话。文文经常咬指甲，而且常常抠指甲旁边的皮；也非常抗拒别人搭她的肩膀，无法进行排队，动作笨拙，不会爬行、上下楼梯、双脚跳。

文文的父母不懂得如何去教育这个特殊的孩子，父母甚至为了让孩子不哭不闹，整天放音乐、儿歌故事给她听，孩子缺少了正常的交流方式。父母出于怜悯，凡事都帮孩子做，这导致孩子缺少学习经验，生活无法自理，动作也很笨拙。文文于 2007 年 9 月开始来我校读书，入读本校特训班，其母亲每天陪着孩子来学校读书。

（二） 研究方法

1. 观察法

采用参与性观察，对文文进行细致的观察，客观真实地做观察记录。

2. 访谈法

对文文的任课教师和父母进行访谈，了解文文的情况，对文文干预前后的变化做访谈记录。

3. 评估

（1）感觉矢量表。

感觉矢量表（Sensory Profile）中共有 125 个问题，用于评估 3 ~ 10 岁儿童感觉过程、感觉调节及行为情绪反应，从而了解儿童的感觉系统对感觉信息的反应、感觉调节能力以及感觉刺激的情绪反应。

（2）课程评量。

采用分领域的课程评量，按照不具备能力、具备部分能力、具备能力三级评分，按 0 ~ 2 分赋分。对文文的语言沟通、感官知觉和大肌肉领域进行评量。其中对语言沟通领域进行干预前、后的评量。

二、 研究过程

（一） 干预前评量结果

经过连续观察和对文文进行课程评量和感觉矢量表评估发现，文文的感觉统合失调，主要是触觉功能、前庭功能、本体功能都处于严重失调状态。文文的语言理解能力：在提示下可理解对方的简单问话，可理解常用的词汇，但词汇量不够。文文的语言表达能力：目前文文没有任何口语表达能力。文文的沟通功能：文文用大叫或哭闹的方式来表示需求和拒绝。

（二） 制订并实施干预计划

针对文文的评估情况，我们首先制订了个别化的干预计划，在常规教学的基础上增加了语言沟通训练和感觉统合训练。语言沟通训练每周 3 节课，每节课 30 分钟。感觉统合训练每周 4 节课，每节课 30 分钟。

个别化的干预计划：在 2007 年 10 月至 2008 年 6 月对其进行训练，具体内容如表 1 和表 2 所示。

表1 语言沟通训练长、短期目标

长期目标	短期目标
能够理解简单句	1. 增加词汇量，认识至少100个词 2. 增加对陈述句的理解 3. 增加对疑问句的理解
能够用词汇表达简单的需要	1. 延长牙牙学语的阶段 2. 模仿动物的叫声，学习拟声词 3. 仿说词汇 4. 用词汇表达简单的需要
能够使用词汇或者非语言方式表达需要或拒绝	1. 用点头、摇头、手势等表达需要 2. 使用单字（如"好、不"等）表达需要或拒绝 3. 用词汇表达需要或拒绝

表2 感觉统合训练长、短期目标

长期目标	短期目标
改善感觉统合失调情况，能够对触觉、本体觉和前庭觉的刺激做出适应性的反应	1. 学会爬行 2. 学会跳跃 3. 能够和同伴玩"开火车"游戏 4. 能够进行触觉、本体觉和前庭觉的组合游戏活动

三、研究结果

（一）感觉统合能力

由于没有合适盲多重障碍儿童的感觉统合评定量表，所以只是采用"感觉矢量表"，了解个案的感觉统合情况，并采用课程评量的感官知觉和大肌肉这两个领域进行评估。所以这里的研究结果采用描述性的质性研究。文文的触觉防御现象消失，文文学会了爬行、跳跃，动作的灵活度增强。文文能够与同伴一起玩游戏，如"开火车""拉圆圈"等。

（二） 语言沟通能力的前后对比结果

表3 语言沟通能力的前后对比数据

	语言理解	口语表达	沟通功能
前测（分）	2	0	6
后测（分）	5	6	11

从语言沟通能力的前后对比可以看出，文文的语言理解、口语表达和沟通能力都有了不同程度的进步，她能够理解简单的对话、老师的指令、常用的词汇和简单句，但是量不够多。她能够仿说词汇，能够用词汇表达自己的需要，但语音不太清晰。她能够用词汇与家长、老师和同学进行沟通，能够使用口语主动表达需要、拒绝、协助，能够主动与熟悉的人打招呼，能够回答问题，沟通时别人能够理解她的意思，知晓较适宜的沟通礼仪。

四 、 教学策略

（一） 创设让孩子开口的环境

文文在家里，由于父母对她的过分娇惯和保护，她根本不需要使用语言，父母就已经为她准备好了一切；而且父母为了减少孩子的哭闹，常常让她长时间听音乐和故事，孩子缺乏必要的沟通交流。父母和在校教师要给文文创设一个开口说话的环境，如父母在家中可以告诉文文一些生活用品、食物等的名称，如用毛巾给文文洗脸的时候说："这是文文的毛巾，毛巾可以用来洗脸。"同时让孩子抓握毛巾，加深对"毛巾"这个词汇的理解。另外，可以拿一个苹果，让孩子闻、摸、吃，告诉她："这是苹果，又香又甜又好吃。"当文文想吃苹果的时候，要求文文说："苹果。"或者家长给她苹果和梨，让文文选择："你要吃苹果还是吃梨?"在教孩子说话时还可以结合具体动作训练语言能力，具体的动作可以穿插在游戏的过程中，如让文文了解"拍"这个动词，老师先拍手，告诉文文"这是拍手"，然后抓住她的小手让她学习，最后说"我们来拍手"，老师重复动作，让孩子自己拍手。还可以一边唱歌或播放音乐，一边拍手，这样可以在学习动词的同时进行乐感方面的训练，同样也能达到渲染学习氛围的作用。无论是家长还是老师，都要给孩子创造开口的机会，让她表达自己的需要。这时家长或老师都要"向后退"，给孩子发展的空间。当孩子能够复述或者表达自己的需要时，老师或者家长要及时给予强化和鼓励，可以抱抱孩子，或奖励她喜欢的食物、玩具或者活动。

（二）提升动机，创立唱游课堂

文文非常喜欢音乐，音乐就是她的强化物。在训练中，老师和孩子共同选择符合儿童兴趣的、能够激发动机的物品或活动。在练习爬行时，利用强化物电子琴辅助练习。先把电子琴放在离她 1 米的地方，吸引她向前爬，等她努力爬到电子琴边上时，就奖励电子琴给她玩一小会儿，然后再继续练习，电子琴放置的距离可以根据孩子的能力逐渐延长。文文还不会说话，却可以跟着音乐哼调子，音乐是搭建和文文沟通的桥梁。创立唱游课堂，通过故事串联创编，结合感统和语言沟通课程，融合说、唱、故事、手指操、律动、感知觉与动作等在一堂课中。文文非常喜欢这些活动，参与度非常高，进步很快。

（三）营造宽松、和谐的康复环境，加大活动量

多重障碍盲童的家长因为缺少训练孩子康复的方法却又非常心切，常会给予孩子很多的压力，这容易把焦虑情绪带给孩子。老师和家长要营造宽松、和谐的康复环境，多鼓励，多表扬。文文由于视觉障碍导致接收到的刺激少，行动缓慢、活动少，以致身体发育较正常儿童迟缓。老师应结合孩子的理解能力和日常作息，为她建立实物日程表，从起床到睡觉之间的活动都安排下来，动态和静态活动结合，加大文文的活动量。其中弹跳床跳跃可以活动大肌肉，促进其身体机能的协调发展。让文文进行弹跳床训练时可以先让她以躺姿、坐姿或站姿，在跳跃床上由老师弹动弹跳床，让孩子感受弹动的感觉。然后让孩子站在弹跳床上，老师将双手放在孩子的腋下，用力把孩子抱起来，让孩子有腾空的感觉，感觉到跳起来也是很安全的。还可以让孩子站在弹跳床的边缘，老师双手放在文文的腋下，帮助孩子从弹跳床上跳下来。从弹跳床上跳下来时跟孩子数 1、2、3，数到 3 的时候帮助孩子跳下来。数数的目的是给予孩子提示，让孩子知道数到 3 就要跳下来，这样就不会吓到孩子。慢慢地，孩子就学会了在弹跳床上跳跃，为了增加练习的趣味性，跟孩子进行弹跳床的练习时可以和孩子数数、背诵儿歌和唱歌。

（四）学校感统训练与家庭感统游戏结合

学校感统训练主要通过感统器械，通过各项感统活动与游戏，期待文文能有适应性的反应。学校感统训练的内容主要有：大龙球压滚、触觉挤压、沙子游戏、跳弹跳床、爬行、上下楼梯、荡秋千、坐转盘等。家庭感统游戏是学校感统训练的延伸，能够增加感统训练的频率，给予文文更多的刺激，

激活其大脑功能，从而产生适应性的反应。文文在家里常做的感统游戏有"梳子"游戏、"抓痒"游戏、"包春卷"、爬行和跳跃等，通过这些游戏，可以帮助文文借由身体及四肢的动作，增加感官与动作经验，让其皮肤触觉、大脑前庭觉、本体觉等获得充分的发展。

五、结论

综合干预对多重障碍盲童的干预是未来干预的潮流，综合干预是有效的干预手段。在干预过程中需要注重提升孩子的动机。文文的进步离不开学校老师和她父母的努力，家校合作对孩子的教育至关重要。多数多重障碍盲童的父母都很关心孩子的发展，但苦于没有适合的教育方法，学校方面应多开展相应的教育专题讲座、家长培训，让家长掌握一定的教育技能，将学校教育和家庭教育结合起来。

参考文献

1. 徐胤，刘春玲. 轻度弱智儿童语言能力的个案研究［J］. 中国特殊教育，2006（7）.

2. 林经伟，吴歆. 家庭感觉统合训练模式的研究进展［J］. 中国民康医学，2012（15）.

3. 沈家英，陈云英，彭霞光. 视觉障碍儿童的心理与教育［M］. 北京：华夏出版社，1992.

4. 黄娟，许景明，李秀红，等. 儿童感觉统合失调及其影响因素的调查分析［J］. 中国行为医学科学，2003（2）.

5. 邹佩. 综合干预理念下自闭症儿童感觉统合训练的个案研究［J］. 绥化学院学报，2013（1）.

6. 陈家胜，陈红香. 儿童感觉统合研究回顾与展望［J］. 濮阳职业技术学院学报，2010（6）.

7. 黄昭鸣，杜晓新，孙喜斌，等. "多重障碍，多重干预"综合康复体系［J］. 中国听力语言康复科学杂志，2008（1）.

8. 彭霞光. 美国盲多重残疾儿童教育的现状［J］. 中国特殊教育，2005（12）.

多重障碍盲童语言训练的个案研究

曾水英

一、个案基本情况

（一）基本资料

（1）丹丹（化名），女，1993年2月21日出生。曾就读于本校幼儿园两年，寄读，父母（或保姆）每周五接其回家，周日送回学校。于2002年9月转介进入本校多重障碍儿童教育实验班。

（2）残疾情况：全盲，其母亲30岁时生下丹丹，母亲是初产妇，足月顺产。在丹丹5~6个月时，父母发现她的眼睛不会跟随移动，未满1岁时在眼科医院被确诊为视网膜色素变性。1~2岁时在广东省人民医院拍过脑部CT，发现有脑萎缩，后来在银行医院做了脑细胞注入术，之后没有做过任何检查。由于脑萎缩，影响了丹丹的智力发展。

（3）家庭情况：父母皆是大学本科毕业，健康状况良好。父母经营一家公司，生下丹丹时正处于创业阶段，很少有时间陪同丹丹。她从小就由保姆带，而且家里的保姆经常更换，与父亲、爷爷、奶奶的关系比较亲密。爷爷、奶奶非常疼爱丹丹，但是对她一味地溺爱，对其百依百顺。丹丹几乎每个假期都会回海南与爷爷、奶奶一起度过。目前，丹丹主要由一个来自乡下的保姆带，这个保姆专门负责洗衣、做饭，并每周接送丹丹。丹丹和这个保姆姐姐相处得很好。父母于丹丹8岁时离婚了，在丹丹大约10岁时父亲再婚，丹丹跟父亲和继母一起生活，父亲经营的公司业务蒸蒸日上，周末父亲在家时都会抽出时间陪丹丹，父亲至今仍将其当作小宝宝，对其又亲又抱，非常怜爱。不过父亲从不带丹丹外出，认为丹丹会大声吵闹，影响别人。继母没有工作，每天过着悠闲的生活。到目前为止父亲和继母还没有计划要孩子。

（二）各方面的表现

1. 语言状况

（1）4~5岁之前从未开口说话，在我校幼儿园学习的两年间，学会了一些词语，如"饼干、葡萄、苹果"等，转介到多重障碍儿童教育实验班时我们发现她说话的声音比较清晰，曾听她用家乡话和普通话讲"饼干、葡萄、苹果"等。但无论在学校还是在家里，她都很少说话。

（2）不会用语言表达自己的需要，需要吃东西或要上厕所时就会发出令人害怕的大叫。

（3）与人交往能力很差，被叫时没有反应，不能参与群体游戏、讲故事等活动。

2. 自理情况

会自己穿脱衣裤（不会分前后里外），独立穿、脱鞋袜，自己上厕所等。但是她不能独立吃饭，因为她不会用汤匙舀饭，需要大人把饭放在汤匙里，她才会把饭送到嘴巴里。

3. 体育与定向情况

身体协调能力、方向感较好，但不爱动，惰性很强。

4. 个性特点

固执、倔强、胆小，没有耐性，没有好奇心，自我保护意识过强，对没有见过的食物、玩过的东西从来不吃、不玩。

5. 交往意识

没有与人交往的策略，常独自趴在桌子上。

6. 不良行为

抠眼睛、把口水往脸上抹。

综上所述，丹丹的语言发展远远落后于她的身体发展，如果丹丹再不进行语言训练，那么，她所获得的简单的语言能力也可能会丧失。

二、教育训练的阶段目标

（1）训练时间：2002年9月到2003年7月。

（2）教学目标：能够复述教师的话语，并能与人进行简单的对话，能够理解简单的指令。

三、教学的策略

（一）建立彼此信任的关系

丹丹比较胆小，她刚转介过来时对我们不熟悉，被我们带回教室时显得很恐慌。我发现丹丹对嘈杂的环境特别害怕，她会紧紧地拉住老师的手或者用两手捂住耳朵。所以我尽量给她营造轻松、愉快的环境，用轻柔的声音与她交流。当她害怕时我抱着她，轻拍她的后背，告诉她老师和她在一起。慢慢地，她就没有那么紧张了，对环境的改变也不会那么敏感了。我常对丹丹说："丹丹，我们贴贴脸，贴完左边脸贴右边脸。"这样，我就能融入丹丹的情感世界，与她产生共鸣。

（二）找出她的基本兴趣和学习的强化物

（1）喜欢的食物：饼干、苹果、葡萄。
（2）喜欢的物体：桌子、木块。
（3）喜欢的活动：趴在桌子上手拿东西（木块或者她脱掉的鞋子）敲打地面；坐在凳子上，脚随着音乐节拍有节律地动。
（4）使她快乐的事情：和她一起玩"转圈"的游戏，老师唱"在台上我在转圈"，贴贴她的脸。
（5）学习的强化物：饼干、苹果、葡萄。

（三）利用她的兴趣和学习的强化物进行教学

兴趣是最好的老师。夸美纽斯曾说："兴趣是创造一个欢乐和光明的教学环境的主要途径之一。"我认为与她是可以实现语言交流的，只是我们提供的话题和玩具对她没有吸引力。在进行个别训练之前，我找出她的兴趣与爱好，为这个训练找到了一个切入口。她最爱吃的是饼干，我就利用饼干诱导她说话："你摸摸看，这是你爱吃的饼干，如果丹丹能讲出'饼干'，老师就把饼干给你吃。"如果她无动于衷，我就拿着饼干大力咬一口，并装作吃得津津有味的样子说："丹丹，这饼干真好吃，你快讲'饼干'，我就给你吃。"这时她就会用手来抓，如果她不讲出来我就不给她吃，尝试了很多次之后，她终于说出"饼干"二字。而且主动性语言也会增加，如说出"我要吃饼干""饿了"等。以饼干为基础，对于她爱吃的东西、爱玩的、能做的事情等，我都用这种办法引导她开口说话。令她最快乐的事情之一就是和她一起玩"转圈"的游戏，边玩边唱："在台上我在转圈。"在这项游戏中，我会给丹丹以语言的提示："丹丹，让我们向左转（向右转）。"刚开始都是我唱，但逐渐地由我唱转变为她说、她唱了。通过游戏，丹丹在玩中学习到很多语言。

（四）提供可独立选择的机会和活动

丹丹在家里的时候，一切都是由保姆包办的，她很少进行自主的活动。保姆定时给她喂饭，定时带她上厕所，她可以不说一句话就得到自己想得到的一切。这样，她缺少了开口说话的机会。所以，在对她进行个别教学的时候，我让她知道事情的发生、发展、结束，并给她独立选择的机会和活动。如在教导她吃饭时，拿饭盒、打饭、吃饭、饭后洗饭盒等一系列的活动我都让她全程参与，并让她知道、了解正在发生的事情。在吃饭时，我会让她选择自己喜欢吃的食物，并让她开口说出来。她选出自己爱吃的食物后，吃得非常开心，饭量也增加了。丹丹独自坐着的时候总会抠眼睛，所以我们在给她安排活动时间时要尽量衔接好，不让她无事可干。在这个衔接的时间里，我们会给她提供选择玩具：铃鼓还是沙槌？刚开始时她还不能用语言表达，只会用手去摸，她想要的东西就抓在手里，不想要的东西就会扔掉。但是经过一段时间的训练，她自己能用语言正确说出自己想要的玩具。

（五）创设真实的教学环境进行体验学习

视力的缺陷导致她对事物缺少了整体的认识，"盲人摸象"这个成语形象地说明了利用触觉获得的认识缺乏整体性。所以一定要创设真实、直观的教学环境。包括教室一定要以真实、易于通行、便于沟通等为原则进行布置。在进行感觉统合味觉的教学中，我从市场上买回阳桃、糖块、凉茶（苦）等，让丹丹分别品尝酸、甜、苦等几种味道（可以每节课学习一种味道），并要求她跟着老师读有关的词汇。这项教学活动收到的效果比较明显。丹丹爱吃饼干，我们就设置了购物这个课程，带丹丹去超市买饼干。在前往超市的路上，我会把路边各种景色向她进行讲解，并让她复述其中一些简单的句子，其中她说得比较好的句子是："我们去超市买饼干。"到超市后，我带领她去挑选饼干，找到她喜欢吃的饼干后就带领她去付钱，在付钱时要求她使用礼貌用语向收银员道谢。她很想快点吃到饼干，一般情况下她都愿意跟随老师学习，而且她非常喜欢购物课。

（六）给予她成功的体验

她对很多新鲜的事物都不敢去尝试，可能是因为她缺少成功的体验，所以当她有了微小的进步时我都会表扬她，有时是鼓励的语言，有时是食物（她爱吃的）或游戏。丹丹很懒惰，常常趴在桌子上，而且她还很胆小。所以，我给丹丹设立行走的初始目标只是在老师的陪伴下走出教室，走到学校跑道上。刚开始时丹丹不愿意走，当我告诉她我们要从教室走到跑道上，丹丹就会大声叫，甚至用手大力地拍打头。在这个时候，我不会强迫她。但是会告诉她老师想去跑道上和她玩"转圈"的游戏，并在一旁唱："在台上我在转圈。"丹丹听到她最喜爱玩的游戏的歌，就拉起我的手想转圈，于是我便要求她走到跑道上才和她玩。她紧紧地拉着我，终于迈出了第一步。我马上就表扬她："丹丹，你好棒啊！"等她走到跑道上，我就贴贴她的脸，和她一起做游戏。慢慢地，丹丹就能从教室走到跑道了。丹丹得到表扬时会开心地笑，而且对新事物有了进一步的尝试。

（七）利用日常生活进行训练

把语言融入日常生活的各环节中，从早上起床到晚上上床睡觉，每个环节都是语言训练的好机会。日常用语的训练，要在生活中边说边做，强化理解。如早上想起床时说："我要起床"，吃饭时说出菜的名称等。

（八）加强运动训练

一个正常人如果身体柔弱，浑身无力，会表现出无力讲话，即使讲了声音也会很小。要对丹丹进行语言训练，一个健康强壮的身体是不可少的。特别像丹丹这种安静型、懒惰型的孩子就更是需要了。运动可以增加肺活量，促进发育器官的成长，这是语言交往所需要的身体物质基础。而且语言早期的发展依赖于运动的发展，所以选择适当的运动项目，有助于对语言的理解。所以我在所要进行的运动中应给予其语言提示，如教丹丹传球时向她提示："把球传给老师""往前站"。还可以和她进行数数。在运动过程中，老师要与她不断地进行语言交流，并让她学会听指令。通过一系列的练习，丹丹的主动语言多了："老师，我要去玩球""我要荡秋千""我累了""我不想玩了"。通过运动训练，可以提高她的体能，促进身体的协调性，还可以让她在参与中学会用语言表达。

四、教学效果

经过训练，她的语言有了很大的发展，会复述教师的话；能够理解教师的指令，会说一些简单的词语和句子；能回答教师的简单问题，如叫什么名字，今年几岁，家住在哪里等；会表达自己简单的生理需要，如上厕所、喝水等。

五、存在的问题及努力的方向

（一）存在的问题

她能够很好地复述教师的话语，但是很难理解话语的含义，特别是对于较少听到的话语。虽然她会用语言表达喝水、上厕所等生理需要，但是她对身体的疼痛、天气的冷暖等内容不会表达。另外，丹丹在学校训练进步较大，可是一放假就会有退步现象。

（二）努力的方向

教给家长（包括与孩子接触较多的人）教育丹丹的方法，与家长一起对她进行教育，以期达到教育的一致性。

参考文献

1. 沈家英，陈云英，彭霞光. 视觉障碍儿童的心理与教育［M］. 北京：华夏出版社，1992.

2. 方俊明. 当代特殊教育导论［M］. 西安：陕西人民教育出版社，1998.

3. 王梅. 智力障碍和孤独症儿童的学与教［M］. 北京：华艺出版社，2003.

4. 马玉贵，邹冬梅. 浅谈弱智儿童语言训练及语言障碍的矫正［J］. 现代特殊教育，2000（7）.

视障儿童智力及社会适应发展评估量表个案分析

曾水英

一、个案的基本情况

俊俊，男，6岁。他出生在一个普通家庭，父亲是司机，母亲在一家工厂工作。他是独生子，父母非常疼爱他。在他两岁的时候经 CT 检查，患有视网膜细胞瘤，父母想尽办法给他做手术，试图使他能够有一点视力，但是手术后依然没有效果。俊俊在他生病的过程中一直表现得很坚强，所以父母也很心疼他，父母决心不再生孩子，把全部的爱都给予俊俊，教育好他。俊俊 5 岁时到我校读书，刚来的时候很怕生，不出声，天天只跟着和他一样讲家乡话的老师，就连上厕所都要跟着。后来，因老师们很有耐心，给予他足够的关注，在评估时俊俊已经能够融入集体，也熟悉了幼儿园的环境，交了几个好朋友，也不会只依赖某一个老师。

二、选择此个案的原因

因为俊俊是后天盲的，他在两岁前视力正常，评估分析其智力发展正常。

三、评估结果及分析

（一）生活适应能力

俊俊懂得微笑和大笑，能分辨熟悉的人，会使用手势和语言与人打招呼。在需要帮助时懂得引起别人的注意。会察觉有陌生人在，而且会表现出不自在。他口渴的时候懂得自己拿杯倒水喝，会自己拿勺子吃饭。自己会脱外套和其他简单的衣服，会自己脱鞋子和袜子。自己上洗手间，能独立洗手、洗脸、刷牙。会接听电话，但不会自己打出电话。在熟悉的地方能够行走自如。

（二） 感知及识数能力

俊俊对冷热、气味有反应；他会用正确的方法单手抓住物品，会双手摸索物品并用手抓住物品；能用手将食物放进嘴里；给予三种物品，其中有两种是相同的，他能将相同的物品找到；他能配对圆形、三角形和正方形；他会主动摸索物品的质地，能配对软、硬以及光滑、粗糙的物品；他懂得拿自己喜欢玩的物品，并能将玩过的物品放回原处；他会玩可动的玩具；他会从有盖的盒子里拿出玩具，将玩具放回盒子后将盖子盖上；他会打开旋口盖，会盖上旋口盖，懂得将两个大小不同的盖子盖上；他可以将相应的盖子盖到三个大小不一样的圆罐上；他懂得分辨大小、形状相同的物品，但是不能找出颜色相同的物品；他能按照示例串三种不同形状的几何体；他会正确地使用日常用品，了解日常用品的多种用途，还会有联系地应用物品；他能数手指，能数5～10件放在桌面上的物品；他会分左右，认识身体的各个部位。

（三） 环境探索能力

他会主动探索日常物品的表面，在行动中探索身体所接触到的物体，知道常用物品摆放的地点并找到它们；他能进行有方向感的行动；在熟悉的环境里他能找到日常物品的位置并正确使用该物品；他能在不熟悉的环境里找到日常用品的位置并正确使用该物品；他能够独立上下楼梯，在行走中他能绕开障碍物；在熟悉的环境中他能够避免常遇到的危险，如不会被门夹住手指等；他能够独立拜访邻居。

（四） 对声音和话语的反应能力

他对细微的声音有反应，对不同的声音有不同的反应；能够辨别声音的来源（对声源有反应、尝试寻找声源、找到声源）；能够认识熟悉的声音，包括人和玩具的声音；对自己的名字有反应，他对熟悉的单词和短语能做出恰当的反应，别人问他问题时也能做出恰当的反应；他可以从六件物品中，正确选出指令要求的物品（会根据物品的用途，找出相应的物品，物品的用途包括用来喝水的、吃饭的、梳头的、刷牙的、玩的、穿的、洗脸的）；有方向感，并理解大小、位置、长度等抽象概念；他能听教师指令做出相应动作（拍手、跺脚等）。

（五） 发声能力

他能发出除哭以外的声音，会发简单的单音，能发两个相同或类同的音，还能发两个或两个以上的音。他可以马上模仿教师的发音或话语，而且还可以事后模仿所听到的发音或话语。

（六）语言能力

他可以说出物品的名称，如碗、勺子、筷子、牙刷、梳子、毛巾、纸巾、纸盒、有柄的杯子、玩具电话、皮球、玩具车、鞋子、裤子和袜子等。能说出物品的日常用途，包括勺子、牙刷、杯子、电话和鞋子。能说出物品的位置，如"里面、上面"。他可以用语言对行为（如拍手、唱歌、踏步、拍球）进行描述。他可以说出自己正确的年龄，也能正确说出"上午""下午"和"晚上"。他可以正确运用"开心""不开心""口渴""肚饿"和"够了"等词语，他能说出9个字以上的短句，他不能说出1~3个同义词和反义词。

（七）视觉能力

全盲，这部分的能力无法评估。

（八）评估结果分析

俊俊身体健壮，虎头虎脑的，很招人喜欢，他在多项评估里面，除了需要用到视力的之外，只有一项（说出同义词和反义词）没有掌握，其他项目都完成得很好。根据观察，俊俊跟小伙伴们在一起时话语比较多，说话的声音较大，在幼儿园里有两个好朋友，但是跟老师却很少说话，而且声音很小，提问时就算懂也不主动回答，回答的声音也很小。陌生人问他问题时他也不敢回答，但是事后他会把答案说出来。我很喜欢这个孩子，他也很喜欢我，但他不会主动叫我，一般都是我主动过去跟他打招呼，他就会来拉着我的手，很小声地叫我。他很喜欢体育运动，很多项目都玩得很好，所以体格发育比较好。在体育活动中喜欢充当领导者的角色，很愿意教小朋友。我们认为俊俊因为是后天盲的，所以他的心理会比先天盲的孩子更复杂，后天性盲童，对自然环境和事物有较多了解，但视力的残缺和丧失，使他们一方面既要承受失明所带来的巨大压力，另一方面又害怕别人的歧视和嘲笑，因此，形成自尊心和自卑心并存的一对矛盾心理，并衍生出疑心过重的心理特征。据台湾地区的某教科书所述：6~10岁的男盲童缺少安全感、缺乏自信心、自我意识强、无归属感、心思不专一。因为自尊和自卑使俊俊在老师和陌生人面前不敢说话，但是他是后天失明的，方向感比较好，而且他的学习成绩和体育活动能力很好，这使他在小伙伴中很有威信，也使他在小伙伴面前很自信。根据他的各项技能评估表现可知，他不但能很好地适应幼儿园的生活，而且动手能力、理解领悟能力也很好。为了他有更大的发展，我们必须设定与他能力相符合的课程内容，施以适合他的教学方法，使他取得更大的进步。

四、教育措施

这个评估的意义是希望能找出孩子存在的不足，对他采取一定的教育措施，使孩子得到更大的发展。俊俊的各项评估表明他已经能很好地适应幼儿园的生活，其头脑灵活，能进行各项教育训练，如果社会交往能力能够得到更大的提高，那对他以后的学习和生活将起到更大的推进作用。所以我们希望能利用有效的教育措施提高俊俊的社会交往能力，并全面发展他的技能，为其顺利升入一年级打下基础。

所谓社会交往，是指在局部社会背景或微观环境下个人与个人之间的接触与往来。在盲校里是指盲生与其他人（包括学校师生、家庭亲属和社会上的人）的接触与往来。社会交往是多渠道且用各种感觉进行的，盲生除了听觉之外，无法从视觉得到对方的非语言的信息交流，如生动丰富的表情、手势和肢体语言以及交往的物理环境等，盲生也无法借助手势、表情、姿态来表达内心的思想感情，限于上述原因和知识的匮乏，势必影响到他们对别人意见的全面理解，造成了盲生社会交往中的被动性，以及由此而产生的猜疑和畏惧。从而使他们局限于盲生的小群体，畏惧社会交往，对其他人产生不信任感等。这样大大削弱了盲生的社会交往能力，也影响了盲生的健康成长。我准备利用以下的教育措施提高俊俊的社会交往能力。

（一）建立信任关系，与他做好朋友

我们要与他交朋友，激发他说话的欲望，我们每天都与他打招呼：俊俊，早上好！下午好！一开始他只是腼腆地低下头不作声，但是我们每天都和他打招呼，也鼓励他跟我们打招呼，直到有一天他听到我和其他小朋友打招呼时，他主动跟我说："老师，早上好！"虽然声音很小，但是这是他第一次主动和我说话，这使我很激动。我及时鼓励他，夸他很有礼貌，并暗示他：如果俊俊说话的声音大一点，那就更棒了。孩子得到了赞扬和鼓励，以后再见到老师就可以主动打招呼了。我们时常与他谈心，问问他父母是做什么的，平常喜欢去哪里玩，鼓励他开口说话，告诉他老师们都喜欢他，都喜欢和他聊天说话。

（二）利用孩子喜欢的活动，激发其自信，培养社会交往能力

俊俊很喜欢体育活动，如协力车、太空车、滑板等，每一项他都做得很好。所以我让俊俊做他们班的体育委员，让他喊口令进行队列练习，带小伙伴们做操。且当他喊口令时，我会表扬他声音很洪亮（其实声音并不大），听

到我的表扬，他就会越喊越大声。做体育委员使他感觉很有成就感。此外，俊俊的车开得很好，我们便让他教其他的小朋友开车，在发展其语言技能的同时培养其乐于助人的品德。

（三）游戏活动促进社会交往能力

游戏活动能促进幼儿的社会交往能力。我们常常让孩子们进行角色游戏，他们会以扮演的角色自居，想角色之所想，急角色之所急，体验角色的情感需要。例如，我们可以在活动室里设立娃娃家角、医院角、表演角等，让幼儿在扮演不同的角色时，不但能掌握社会行为规范，逐渐摆脱"自我中心"意识，而且能学习不同的角色间的交往方式："娃娃"与"长辈"的交往、"医生"与"病人"的交往、"营业员"与"顾客"的交往等，孩子们你来我往，能保持愉快的情绪，更增添了幼儿交往的兴趣。另外，幼儿在游戏角色中活动，扮演着各种角色，逐步认识理解角色的义务、职责，不断学习着社会经验和行为准则，进而使他们的同情心、责任感得到发展，并逐步养成他们互相帮助的优良品质。例如，"公共汽车队"的司机把"娃娃家"中的爷爷、奶奶送去"表演角"看表演；售票员搀着"老公公"过马路等。再如，老师和孩子共同玩角色游戏时，老师扮演客人或主人，使孩子懂得怎样接待人。一个细微的举止，一句"请进、请坐、你是谁……"既发展了口语表达能力，又可以让孩子学会合作，增加其社会交往的经验。

（四）积极和家长合作

当俊俊的父母得知俊俊将要失明的事实后，经历了以下的心理历程：先是不相信、震惊、恐慌、着急，然后开始求医问药、四处奔忙，只盼有一丝希望；用尽积蓄，举家借债只为治好俊俊的双眼，随后是怨恨自己、埋怨家人；最后是俊俊的坚强使父母感动，他们发誓为了俊俊要努力工作，还清债务，不再生孩子，全身心地爱孩子，与学校一起努力，让孩子成才。父母的心态很乐观，这使他们有正确对待孩子的方式。知道俊俊父母的心愿后，我们积极帮助他们，给予他们教育上的建议。首先，让父母帮助他感知和理解他人的情感、愿望，为他创造机会。同伴间的交往有助于矫正幼儿自私、任性的行为，懂得分享与自控从而被同伴接受，赢得大家的喜爱。例如，俊俊过生日时可以邀请小伙伴或亲戚来自己家中，分享自己的快乐，一起游戏、唱歌、共同祝福，在欢聚中体验分享的乐趣。又如，过新年，走亲访友时，带着他给亲戚拜个年，送上祝福的话，让孩子与不同对象进行交流，有效地促进其交往能力的发展。

（五）扩大范围，走出家庭

人是社会性动物，早晚要走出家门，面向大千世界。很多盲童由于看不见，长相也不太好，家长不希望别人知道自己有一个残疾的孩子，所以尽量少带孩子出去，只把他留在家里。但是如果常让孩子独自一人，会让他们丧失社会交往能力，畏惧见人，越来越自卑。所以我们建议俊俊的父母要多带他外出散步游玩，陶冶情操，感受大自然的美，虽然俊俊看不见，但是他可以感受。例如春天带他去植物园，他会用嗅觉、听觉、触觉等器官去感受身边的一切。他会闻到花的芬芳，会听到小鸟的歌唱。他在感受的同时也会学到很多知识，你可以告诉他春天来了，小草已经发芽了，树叶都吐出了嫩芽，他就会知道春天是万物复苏的季节。在日常生活中要引导他观察周围人的生活，鼓励他与人们进行简单的交往，如到超市或商场购物，鼓励他去向售货员说明想买的东西，选好后，并能在家长的指导下去交款，购回所买的东西后，会说："谢谢，再见。"这样，既能培养他的独立性，也能提高他与人交往的能力。

（六）幼小衔接，顺利过渡

我们准备用以下的方法使俊俊更好更快地适应一年级的学习生活，做好升入一年级的心理准备。一年级对于俊俊来说是既陌生又向往的。我们给予他足够的信心，告诉他一年级的老师都很好，待人和气而且温柔，他的好朋友也跟他一起升入一年级。带他们参观熟悉一年级的宿舍和班级。反复进行一年级教室、宿舍和饭堂的路线行走，使他尽快熟悉将要学习和生活的环境。与小学生联欢，搞"大手拉小手"活动，使他从思想上、感情上做好入学准备。为使幼儿园大班的幼儿适应小学的作息制度，应适当更改其作息制度，如缩短午睡时间，延长上课时间，增加上课节数，减少游戏及户外活动等。加强幼儿听、说能力的培养，在幼儿一日的活动中，经常组织他们互相交流和倾听同伴的所见所闻，在各项活动中注意丰富他们的词汇，如让俊俊说一个单词或说一句完整的句子，从而提高他的造句能力，然后让他把多个单词用完整的句子编成一个情节或一个故事，这样不但能培养他说的能力，还能培养他的想象力。在一日的活动中有意识地培养幼儿的社会适应性，使其参与活动具有主动性和坚持性，能够独立、认真、细致地完成学习任务。有目的地培养他的任务意识及规则意识，培养他独立生活的能力，培养他入学的积极态度，使他顺利走过"幼小衔接"这个"陡坡"。最后要培养他的自理能力。俊俊在幼儿园的生活自理能力较好，可以自己穿脱衣服、鞋袜，自己上厕所，自己洗脸、刷牙，自己吃饭。但是一年级对于生活自理能力的要求更高，所以我们还要教俊俊学会自己洗澡、自己洗衣服、自己打饭。为了让俊俊尽快掌握这些技能，教师要制订相应的教学计划。

（七）教师团队合作

为了让俊俊能得到全面的发展，一定要实现教育的一致性。幼儿园的每一个老师、保育员和家长都要通力合作。我们可以邀请俊俊的家长召开一次会议，商讨孩子存在的优点和不足，并将我们的计划告知家长，请家长给予我们建议和合作。由于孩子住在幼儿园的宿舍，所以保育员非常重要。我们要和保育员一起商讨，并与他们一起为提高俊俊的生活自理能力制订计划。

评估是制订教育计划和教育策略的前提，通过全面的评估，才能找到学生的起点教育行为，采用相应的教育策略。

参考文献

1. 方俊明. 当代特殊教育导论 ［M］. 西安：陕西人民教育出版社，1998.

2. 沈家英，陈云英，彭霞光. 视觉障碍儿童的心理与教育 ［M］. 北京：华夏出版社，1992.

3. 李季平. 视觉障碍儿童的心理特点浅述//中国残疾人联合会教育就业部，全国特殊教育研究会. 盲校教学文萃（下）［M］. 北京：中国盲文出版社，1999.

4. 李秀，张文京. 学前特殊儿童转衔教育研究综述 ［J］. 中国特殊教育，2005（1）.

家庭因素和感觉统合训练对内向盲童教育的个案研究

曾水英

一、研究对象与方法

（一）研究对象

1. 个案基本情况

小周，男，2004年9月生。小周是独生子，父母工作比较忙，平常都是由奶奶来带的。小周很听奶奶的话，跟父母比较疏远，特别不喜欢妈妈来学校接他。

小周因为视网膜母细胞瘤接受了左眼摘除、右眼冷冻化疗手术，现在右眼因放射治疗引起白内障，视力基本丧失。为了提高他的免疫力，小周每周都到中医院看病以及吃中药。

经过观察和评估，小周的智力正常，但是他非常内向，不主动说话，平常和奶奶会用家乡话（浙江话）交流。老师问问题时他都要奶奶代他发言，奶奶说什么，他才跟着说什么。平时和班上的孩子没有任何交往，也不跟老师说话。如果别人不小心碰到他，他就会生气，用力将别人推开。他非常抗拒搭着肩膀"开火车"的游戏。他的生活自理能力不好，吃饭要奶奶喂。鉴于这样的情况，小周在学校上课需要奶奶陪读。

2. 原因分析

（1）家庭因素：经过了解，奶奶在家里包办了孩子的所有事情，没有给孩子创造自己动手的机会。对于孩子的要求基本上会第一时间满足，孩子的延迟性满足非常差。奶奶认为孙子不喜欢同他人交往，所以很少带他到楼下玩，也很少去亲戚朋友家。即使到小区里玩时，每次见到小朋友来了，她也会拉着小周跑："快走，有小朋友来了。"她认为小周很调皮，怕他会跟其他小朋友发生冲突，也怕其他小朋友伤害小周，导致在小周的心里认为小朋友是可怕的。

（2）感觉统合触觉防御：在观察评估中发现，小周有触觉防御，导致他很难排队，不喜欢别人碰触他。

（3）心理因素：没有安全感，没有自信心。父母比较忙，对孩子的爱多表现在物质上，而天天教养他的奶奶比较严厉，他很少能从奶奶处得到表扬，经常会听到奶奶说："你真是个笨蛋啊！这个都不会！"

（二）研究方法

1. 观察法
采用参与性观察，对小周进行细致的观察，客观真实地做观察记录。

2. 访谈法
对小周的任课教师、父母、奶奶等进行访谈，了解小周的情况，对小周干预前后的变化做访谈记录。

3. 评估
使用感觉统合发展评定量表对小周的感觉统合发展进行评估，了解其感觉统合发展情况。

二、教育训练目标

（1）能和小朋友玩"开火车"游戏。
（2）结交一位朋友。
（3）自己回答教师的问题，不用奶奶代答。
（4）自己吃饭，不用奶奶喂。

三、教育策略

（一）无条件地接纳孩子

教育是爱的事业，教师是爱的化身。真爱是无条件的接纳、尊重、信任与理解。每个孩子都有自己的特质，教师要无条件地接纳才能够更好地对不同的孩子施以不同的教育。虽然小周沉默不语，也不愿意回应教师的话，但是在他心底，他是愿意跟人交流的。所以每次见到他，我就主动跟他打招呼。虽然他不回应我，非要他奶奶教着说。但是我不强迫他，我相信"润物细无声"，只要我做了榜样，做了示范，他会模仿，当他觉得有能力说了，他会说的。如果我强迫他，这更会拉远和他的距离。而且，我认为小周的安全感建立得不好，他不理我，有可能是在试探我，看我是不是真的是可亲的，是对他没有强迫和威胁的。小周很怕别人触碰他，所以每次触碰他之前，我会先告诉他，让他有心理准备。有一阵子他剃了头发后常常摸头发，摸到头发都卷起来。我想拉近和他的距离，就天天询问他："我可以摸摸你的头发吗?"连续1个月，他都是拒绝的。直到他认为我是安全的，他才让我触摸他的头发。他的运动能力很好，为了和他建立信任，我经常和他一起骑滑板车，有时候赢他，有时候输给他，有时候还故意摔一跤，让他觉得我是可亲的，跟他玩得来。后来，他听到我的声音开始主动跟我问好，开始跟我玩他喜欢的玩具双层巴士车。

（二）开展感觉统合训练

在观察评估中，我发现小周的身体感觉非常好，很多钻爬、跑跳活动都完成得很不错。但是他的前庭平衡能力存在缺陷，特别是触觉。刚和小周建立信任关系时，我会和小周玩他喜欢的活动，如跑步、钻山洞、跳弹跳床等。两次课之后，小周信任我了，我开始对他进行触觉训练，由于很小的刺激也会让触觉防御的孩子过度紧张，所以对小周的训练从深压觉开始比较好。我开始和他做大龙球压滚和触觉挤压活动。等他接受了深压觉的训练后，开始对他进行轻触觉的训练，如沙子游戏、抓痒游戏、梳头游戏等。经过2个月的密集训练（一周4次，每次15分钟，利用感觉统合课课间休息时间），小周开始能和同伴玩"开火车"游戏了。

（三）提高生活自理能力，建立自信心

一个人如果连最基本的生活自理能力都没有，那么他对自己是没有信心的。小周已经5岁了，但是吃饭还要奶奶喂，奶奶也认为他吃不到饭菜，怕饭菜凉了对孩子的肠胃不好。我和小周的奶奶做了很多沟通，并和他的父母面谈，要求他们支持孩子，给孩子自己动手吃饭的机会，只提供少许的帮助。在盛饭时先盛两勺子，等他吃完再盛，这样就可以保证饭是热的，免除小周奶奶的担心。我观察到，小周吃饭虽然笨拙，且在吃饭的过程中，掉了很多饭粒和菜，但是他吃得津津有味。当一个孩子能够自由地探索并获得成功之后，这会大大地增强他的自信心。每个人都有独立的需求，小周的奶奶非常爱他，但是她也沉浸在孩子需要她，离不开她的满足之中。这不是正确的爱，因为正确的爱是鼓励独立。

（四）给孩子犯错的机会

教育是一个不断试错的过程。没有一个人是不会犯错的，何况是一个孩子。在上一节感觉训练课时，我拿出教具螺丝组让小周操作。他很认真地试验哪个螺丝帽能插得进螺丝钉，而且是大小合适的。孩子在试验的过程中，遭到了奶奶的责骂和"帮助"："蠢蛋，那么大的螺丝帽怎么能插得进，插这

边啊!"我赶紧叫停他的奶奶,并请她离开教室。然后安抚小周,并鼓励他:"小周做得很棒,再找找有没有大的螺丝钉?"孩子眼睛看不见,肯定会插不好,但是,孩子在努力探索,奶奶这样的行为会严重打击孩子的自信心,挫伤他的积极性。课后,我和他奶奶很认真地谈了话,并把其危害性告诉了她。但是小周奶奶比较固执,很多时候还是抑制不住自己"帮"孙子的冲动。现在小周很多时候不允许奶奶跟他一起上课了,要求奶奶课后再来找他。这是孩子的自我意识的显著复苏,他在要求独立。而小周经过和我的相处,他知道我是宽松的、自由的,是允许他犯错的。慢慢地,他开始放开自己。小周是一个资质不错的孩子,只是家长对孩子的评价比较低(可能心里并不是那么想的),导致孩子对自己的评价低,怕犯错,所以总是要先得到奶奶的认可。

(五) 以优势带动劣势

每个人都有自己的优势和劣势。教师在教育学生的同时,可评估学生的优势和劣势。如小周,大运动能力、记忆能力、精细动作能力是他的优势;社会交往能力、生活自理能力是他的劣势。我们要非常了解学生的优劣势,用他的优势带动他的劣势。如小周的记忆能力非常好,长长的古诗词都能一字不漏地背诵。我就会让小周在班上背诵,班上的孩子们很佩服他,孩子的家长们也会觉得小周很棒,小周的奶奶心里也会美滋滋的,慢慢地也会对小周有正面的评价。总之,让小周能完美地表现他的优势,这能够让他快速获得成功,自信心会慢慢增强。但是如果教师不了解孩子的优劣势,一开始就训练孩子的社会交往能力,他会觉得很困难,会遇到很多挫折,慢慢地优势也不再是优势。

(六) 创设融合环境,帮助他进行社交沟通

在孩子的自我准备和家长的态度方面改造的同时,我还创造社会交往环境,让小周和班上的孩子、家长交往。班上的小锋非常喜欢和小朋友玩,我就让他们结对子,并建议家长互相走动、串门。第一次,小锋妈妈带小锋到小周家里玩的时候,小周很不开心,也不搭理小锋,在家里也是各玩各的,根本不一起玩,一起玩时就争东西。但是经过几次串门之后,小周接受了小锋,也接受了小锋的妈妈。小周家里有很多玩具,我开设"分享主题日",让大家把自己喜欢的玩具带来和小朋友一起分享。刚开始,小周总是拿自己不喜欢的、旧的玩具回来和大家玩,但是通过和大家交换分享玩具,他能得到别人的玩具,而别人的玩具中也有他喜欢的。慢慢地,他开始拿他喜欢的玩具来同大家一起玩,而且还主动让同伴玩他的玩具。我从玩具分享日延伸到

水果分享日、故事分享日，小周在这一系列的活动中，社会交往能力得到了很大的提高。现在的他很喜欢做老师的小帮手，帮助老师点名。当别人点名没有及时应到时他还会提醒，当班上有小朋友请假没有来上学时他就会惦记着："小明（小锋、豆豆……）怎么还没有来呢？"

四、教学效果及努力方向

通过一个学期的努力，小周的进步是明显的，他和小锋成了好朋友，能够和小朋友玩"开火车"游戏，触觉敏感程度减低。上课能够大声回答老师的问题，再也不要奶奶做"代言人"。生活自理能力提高，能够自己吃饭，不需要奶奶喂饭了。

孩子的进步离不开教师和家长的努力，教师要和家长密切合作。小周大部分的时间会和奶奶在一起，需要改变小周奶奶的态度和理念。学校可以经常开展家长培训，从教育理念、教育方法等方面给予家长实际的帮助和支持。虽然我们基本上实现了当初设立的目标，但是这个孩子需要更多持续的关注。当这个孩子升级离开原来的班级时，需要其他班级的教师给予支持，特别是他的班主任，班主任要给予孩子展现自我的机会，帮助他独立、自信。

注意力缺陷的多重障碍盲童康复训练的个案研究

曾水英

一、个案基本情况

（一）基本资料

小明（化名），男，1994 年 8 月生。在校时 8 岁。

（二）家庭情况

小明住在珠海市区，父亲初中文化，出租车司机，是家庭的主要收入者；母亲高中文化，她为了照顾小明，一直没有工作。父母都很爱小明，决心不再要小孩。父亲工作很忙，每个月的接送都交给母亲，而且对小明的教育也主要由母亲负责。小明的母亲性情温顺，小明常常为了让母亲早点接他回家而把嘴巴弄破，用舌头把老师给他涂的药水舔掉，让老师没有办法只好叫他母亲接他回家，母亲带他回家后不用看医生就好了。每次返校之前他就会做一些怪动作来引起母亲的注意，不愿回学校，如挤眉弄眼、使劲咬下嘴唇等，这令他母亲非常苦恼。小明在家里一刻也不能安静，家里凡是能敲响的东西，他都会大力地敲，弄得邻居睡不了午觉，因此邻居们都非常讨厌他，但小明本人却毫不在意。

（三）障碍情况

小明是早产儿，放于保温箱中吸氧 12～15 日，氧气浓度过高中毒，引起晶状体视网膜病变。眼睛做过两次手术：第一次是在 1996 年，手术无效，第二次是在 1998 年，做完手术后有光感，能感知太阳光。小明除了全盲外还伴有智力低下，认知水平非常低。

（四）不良行为

其不良行为有多动和注意力缺陷。活动过多，喜欢抖动身体，上课不断做小动作、敲桌子、摇椅子；不能安静地坐在椅子上超过两分钟，注意力不易集中，不能集中注意力做一件事，做事常常有始无终。

（五）教育情况

曾就读本校幼儿园两年，寄读，父母每月接他回家两天。他于 2002 年 9 月转介进入本校多重障碍儿童教育实验班。

二、分项评估

为了能较好地实施我们的教学，我们为小明做了比较全面的评估。通过评估了解到小明各方面的能力，了解他目前的发展水平，从而为他设置有效的学习策略。以下是小明转介到实验班时的分项评估：

（一）视觉功能

全盲，在熟悉的环境中不会碰撞物体，在陌生的环境里容易发生碰撞。没有眯眼睛、揉搓眼睛的行为。

（二）听觉和触觉功能

听力正常，对电子琴发出的声音（电子琴本身的一些音乐）感到好奇，对电子琴发出的声音如哨音等有识别，但对实际生活中的声音如哨音等没有识别。喜欢把东西弄出刺耳的声音，然后走开一段距离侧着耳朵听。能正确用手指指向声音的来源方向，但不会分辨声音的大小强弱。他喜欢一切节奏感强的声音。触觉功能一般，很少通过触觉认识事物。

（三）认知发展和语言技能

能听懂一般的问话，如父母的名字、家住在哪里等。能够说出自己的名字，但不知道自己几岁；能够记忆简单的字、词、句；知道自己是男孩子，但是不知道自己上厕所要去男厕所；会口头数数，但不会点数实物，也不会简单计算，如"1＋1＝2"。

（四）记忆力

记忆力较好，能比较正确地记忆儿歌、吃过的东西等。

（五）运动技能

基本的站立和坐的姿势都较好，粗大的运动技能较好，可以独立进行跑步练习。精细的运动技能动作欠佳，双手的协调能力不好。

（六）生活自理技能

生活自理能力较好。在教师或家长的督促下，基本上能够自己穿鞋子，穿衣服，独立上厕所，但不会使用手纸。

（七）定向行走技能

分不清左右，能独立上下楼梯，能按照提示找到教室、卧室、厕所、操场等地方。

（八）情感、行为与社会交往（特殊习癖或不良行为）

比较依赖母亲，整天想着母亲周末会来接他。喜欢老师，也喜欢固定的一两个伙伴，但是缺乏交往技巧。注意力很难集中，自控力差。嘴角会习惯性抽动。

三、教育训练的阶段目标

（一）训练时间

2002 年 9 月到 2003 年 7 月。

（二）教学目标

（1）按老师要求集中注意力听故事或音乐。
（2）在教室里静坐 40 分钟。

四、教学策略

（一）找出优势领域，进行扬长教学

我们对小明做了韦氏智力测试，得出的分数很低，我们认为此量表并不太适合盲人，但是由于缺乏盲人用的智力测试量表，我们并不能得出小明智商测试的准确结果，但是通过观察和上面所做的分项评估，我们认为小明的智力相比同龄人低，而且很爱动。小明的家人说他们曾经带小明到医院诊断，结果是小明没有多动症。小明的注意力集中时间很短，且非常好动，我们把此列入其不良行为里，并以训练注意缺陷和感觉失调的儿童来对待。小明的父母希望小明通过一年的特殊训练，能顺利升入一年级。我们和小明的母亲一起找出小明的优点和缺点，找出潜在的困难，为小明提供一个良好的家庭、学校环境。我们认为小明的自控能力虽然非常差，常常不分场合大声说话，而且不能安静地坐在教室里，但是对于他爱玩的玩具、喜欢的活动，他集中注意力的时间会有所延长。小明基本的站姿和坐姿都较好，粗大的运动技能不错，可以独立进行跑步练习。所以我们可以采用扬长教学，即发挥他的优势，弥补其他领域的不足，遵循因材施教的原则。

（二）加强体育锻炼，进行感觉统合训练

为了引导小明过多的精力，我带领他进行体育锻炼，如进行跑步、打球、跳跃、投掷等，使他过多的精力能发挥出来。我认为小明好动、注意力不易集中，很有可能是得了"感觉统合失调"，需要进行感觉统合训练。在这一个学年里，我们为小明安排了每周两次，每次40分钟的感觉统合训练，让他在轻松愉快的氛围中控制自己的身体感觉，提高听觉、触觉、平衡觉及运动协调能力，来矫治其多动的行为，从而达到提升孩子的智力和各种能力的目的。以下是我这一学年对其进行感觉统合课的训练内容。

踏板车游戏：由两块板和六个轮子组成的踏板车，可向前、向后运动。练习时让小明两脚分别放于板上，两脚交替用力进行。

在一定高度和宽度的花台边缘站立、走动：在教师的保护与帮助下，让小明在花台的边缘上站立、走动。

听信号抓人：教师拿着发声玩具，让小明循声抓人。

爬楼梯：让小明以较快的速度走上楼梯（三层为宜），然后慢走下来，重复多次。

在跳高垫上行走、跳跃：让小明听教师的掌声沿着跳高垫四周行走、按教师的节拍跳跃，重复多次。

按摩球游戏：让小明仰卧在按摩球上，颈部放松，头贴于球上，教师转动球，首先前后转动6次，然后左右转动6次，交替重复多次。

滚球：教师以声音为指引，让小明在空地上滚动触摸球，让小明站在触摸球旁边跟随触摸球行进。

钻呼啦圈：让小明双手双脚着地钻过呼啦圈。

（三）创设有次序的生活环境，培养有规律的生活习惯

小明的注意力不够集中，集中的时间很短暂，容易因外界环境而分心。所以，要将小明安置在分心刺激极少、比较有次序的环境中。我在上课时，会把他安排在离我最近，且容易看见的位置，时刻注意小明的举动。学校每天的安排如起床、上床睡觉、吃午饭、上课、吃晚饭等时间都尽可能有规律，

培养小明有规律的生活习惯。

（四）采用任务分析法，加强集中注意力的培养

要逐渐缓解小明多动的行为，就要逐渐培养他静坐集中注意力的习惯。所以我从他爱听的故事和音乐开始，采用任务分析法，把要求他静坐集中注意力的目标分成三步。第一步，要求小明安静地坐在凳子上听他爱听的故事或音乐 5 分钟，他能够做到后就把时间逐渐延长；第二步，要求小明安静地坐在凳子上听他不太喜欢的故事或音乐，时间也是 5 分钟，他能够做到后就把时间逐渐延长；第三步，要求他安静地坐在凳子上 5 分钟，不听故事或音乐，他能够做到后就把时间逐渐延长。慢慢地，小明就能安静地坐在凳子上，集中注意力听故事和音乐了。而且不听故事和音乐，其静坐的时间也在逐渐延长。小明的双手协调能力不好，于是给他设置了串珠的练习，教了 4 次课后，小明初步掌握了这项技能。但是他很不喜欢串珠，因为串珠时要安静地坐在凳子上，而且注意力要很集中。刚开始时，只要求他串一颗珠子，而且是珠孔比较大的珠子，他串好了就让他去玩。后来慢慢过渡到串多颗珠孔较小的珠子。在这些训练中，及时给予小明鼓励（语言或实物），多给予他正面的引导，增强他的自尊心和自信心。

（五）应用行为矫正治疗方法

行为矫正治疗方法是利用学习原理来纠正孩子的不适宜行为的一种方法。当他们在学习中出现适宜行为时，就及时给予奖励，以鼓励他们继续改进、巩固；而当有些不适宜行为出现时，就要加以漠视或暂时剥夺他们的一些权利，这样就会促使这些行为逐渐消失。对小明进行行为矫正治疗时，可综合应用以下方法。

1. 正强化法

其目的是通过奖赏、鼓励等方式使某种行为得以持续。在应用正强化法前要确定希望儿童改变什么行为（确定"靶行为"）及确定这种行为的直接后果是什么；设计新的行为结果取代原来的行为结果；同时在他出现适宜的行为时，立即给予其正强化，例如，奖赏、鼓励等；当儿童出现符合规定和要求的良好行为时，立即给予奖赏，使儿童感到愉快和满足，从而形成良好的习惯。例如，当他完成规定行为时，就予以奖励，使之持之以恒，从而促进儿童注意力的发展。

2. 惩罚法

惩罚法指的是在某个不需要的行为出现后立即给予一个惩罚物或取消正强化物，以后这一行为的出现频率就会减少。但是由于惩罚的长期效果并不

好，而且会引起不良的情绪反应，使之产生逃避行为，所以我们较少使用这一方法。一般采用暂时隔离法，使儿童明白什么是不良行为，从而消除不良行为，但处罚不宜采取恐吓、打骂等粗暴方式，以免造成儿童的逆反心理。

3. 消退法

消退法是一种减少或消除儿童不良行为发生的方法。治疗前首先要了解何种因素对不良行为起了强化作用，找到强化因素后，对其进行消退。例如，小明非常喜欢玩电子琴，如果他的要求得不到满足他就会发脾气。当他发脾气的时候，我们就采取不理睬的态度来对待，忽略这些行为，他发脾气的行为就会逐渐消退。

（六）了解一年级的生活，平缓过渡

小明的家长希望小明通过一年的特殊训练后能升入一年级学习。为了实现这个目标，我们在教学时注意与一年级接轨，争取让其平缓过渡。我们采取了以下办法：①带领他参观一年级的教室，与一年级的小朋友接触、交流。②中午到学生宿舍（一年级学生为主的）睡觉，由教师和高年级的学生带领他到宿舍。通过与一年级同学的交流，让他了解一年级的生活、学习要求。③带领他到一年级上课，真实体验在一年级同学中学习的感受。

五、教育效果

经过一年的训练，小明在认知发展、语言技能、生活自理、运动技能和定向行走技能等方面都有了较大的进步，注意力集中方面也比以前有进步，在教室里静坐时间达到 20 分钟。敲桌子、摇椅子的现象有所减少，乐意参加感觉统合的训练，把精力转移到体育锻炼上。我们尊重家长的意愿，决定让他进入一年级随班就读。我们认为，虽然他在某些能力方面还没有达到一年级的要求，但是他进入一年级以后可以与同龄的小朋友在一起，从而达到社会交往的目的。

六、存在的问题与努力的方向

（一）存在的问题

在进行行为的矫正时，由于不同教师所采取的教学方法有所不同，使教学效果大打折扣；小明注意力持续的时间虽然有所延长，但是还没有达到 40 分钟（常规班一节课的上课时间），这给他升入一年级就读带来了难度，小明双手协调能力还不够好，不喜欢双手协同工作，这会影响他学习盲文。

（二）努力的方向

继续加强感觉统合训练；协调好本班教师之间的合作，采取一致的教学方法；小明进入一年级进行随班就读后，我们要对其进行追踪辅导，并对常规班的教师给予理论支持——多重障碍盲童培训，让常规班教师了解多重障碍盲童的教学特点，掌握其随班就读的策略。

参考文献

1. 方俊明. 当代特殊教育导论［M］. 西安：陕西人民教育出版社，1998.
2. 沈家英，陈云英，彭霞光. 视觉障碍儿童的心理与教育［M］. 北京：华夏出版社，1992.
3. 陈华丽. 注意力缺陷多动症患儿感觉统合训练的效果观察［J］. 南方护理学报，2003（2）.
4. 易红郡. 谈谈幼儿教育中的"消退法"［J］. 学前教育研究，2000（2）.
5. 陈帼眉. 关于幼小衔接的几点思考［J］. 早期教育，1998（1）.

自我意识强烈的多重障碍盲童的
教育康复个案分析

苏乐怡

一、基本情况

灵灵，女，2000 年 6 月生。父亲为研究生学历，国家公务员；母亲大专学历，在外企工作。家庭经济条件优越，居住环境宽松，父母对孩子的教育非常重视，孩子在家的生活主要由保姆负责照料，孩子的祖父母对其宠溺，百依百顺。

二、病史

灵灵于 2002 年 1 月出现腹泻症状，后被确诊为"急性淋巴细胞白血病"。随后开始进行 9 个疗程多中心方案的化疗。化疗过程中出现口腔炎，其间合并较顽固的低钠血症，之后家人发现灵灵有视力障碍，双眼出现了白内障，且没有任何光感。

三、社会交往方面

与父母、祖父母、保姆共同生活，因居住在父亲单位的房子，与周围的邻居熟识，且有共同活动的空间，故与左邻右舍经常来往，相处融洽。节假日父母都会带上孩子到朋友家里做客和外出旅游。灵灵与同伴、成人的交往是比较主动的，但依赖性和占有欲强。

四、教育方面

在灵灵失明后，家长马上联系幼儿园，希望孩子能争取早日来园接受教育。幼儿在 2003 年 9 月就来到幼儿园小班就读，至评估时已在校就读一年多。

五、个案选取原因

灵灵本来是一个健康的孩子，疾病使她失明。家人一下子难以接受这个现实，觉得孩子可怜，渐渐地就出现过分溺爱孩子的情况，尤其是孩子的祖父母、保姆。孩子的父母虽然知道教育的重要性及溺爱孩子的危害，但有时也难免出现过分迁就孩子的情况，所以渐渐地孩子就变得不讲道理，事事以自己为中心，寸步不离成人，也不愿意与同伴一起在成人的带领下进行活动，占有欲强。

六、评估

（一）生活适应能力

灵灵懂得微笑和大笑，能分辨出熟悉的人的声音，需要帮助时懂得引起别人的注意。使用手势和简单的口头语言与人打招呼，对陌生人有强烈反应，喝水时自己能拿稳杯子，且不会溢出水。不害怕吃绵软的食物及坚硬的食物，能自己用勺子吃饭。灵灵能用口头语言表示要上洗手间，也会脱外套和其他简单的衣服。在需要的时候懂得脱鞋、袜。能独立完成洗手、洗脸、刷牙的整个过程。会接听电话，在熟悉的地方能找到常去之处，并能够独立行走。

（二）感知及识数能力

灵灵对冷热的物体有反应，对不同的气味有反应。会用双手探索物体并抓住物体，会用手拿食物放进嘴里。能配对圆形、三角形和正方形，能配对软、硬以及光滑、粗糙的物体。会玩可动的玩具，懂得拿自己喜欢玩的物品，能把玩过的物品放回原处。不经尝试，可将两个大小不同的盖子直接盖上。能从三种物体中找出不同的一种物体。能够按照示例串三个不同形状的几何体。能数 5～10 件放在桌上的物品。知晓日常用品的一种或一种以上的用途。能分左右，认识身体各部分。

（三）环境探索能力

在熟悉和不熟悉的环境里能找到日常物品的位置及正确使用该物品。能独立上下楼梯，行走中能够绕避障碍物，能拜访邻居的家。

（四）声音和话语的反应能力

对不同的声音有不同的反应。能找到声源，识别熟悉的声音，对自己的名字有反应，对熟悉的单词或短语可做出恰当的行为反应。对别人提问题时能做出恰当的反应。会根据物品的用途，找出相应的物品。能听教师指令做出相应的动作。正确选出指令要求的六个物品，会根据物品的用途，找出相应的物品，并能区分大小、长短、前后等抽象概念。能用语言说出左右方向。

（五）发声能力

能发两个或两个以上不同的单音，能马上模仿教师的发音或话语，事后能模仿所听到的发音或话语。

（六）语言能力

能说出物品的日常用途、物品的位置，能用语言对行为进行描述，能说出自己的正确年龄，能正确说出"上午""下午""晚上"，能正确运用词语说出短句，不能说出 1~3 个同义词和反义词。

七、评估分析

灵灵从两岁开始，自我观念逐渐形成，独立自主的心理也开始发展，什么事总会先想到自己。这时，孩子的自制能力差、模仿性强，看到别人玩什么，自己就要玩什么。游戏时随意去拿别人的玩具，平时也爱拿别人的东西。尤其独生子女，在家庭中吃的、穿的、玩的等各方面都能享受到最优厚的待遇。可是这些孩子往往不懂得关心和爱护别人，有的甚至对家长十分无情，这使长辈们很伤心。

其实产生这种后果的根源还在于成人对孩子的教育。孩子一两岁时逐渐意识到"自我"存在后，就会产生"我的"和"我要"的主动性。如果家长在吃、穿、用、玩各方面，一味地满足孩子的需要，而没有引导他去想到别人，同时去满足别人的需要，就会使孩子自然而然地形成"只有我自己"的自私心理，他就不会想到"别人也需要"。有些家长对孩子的这种"独"的表现还加以赞扬，认为孩子"多有心眼"，这实际上是肯定了孩子的自私心理与行为。孩子这种"独"的习惯，今后可能会发展成为达到"自我"的要求而不顾社会道德，甚至不惜用违法的手段去实现自己的目的。

因此，在教育时要十分注意从开端抓起，让孩子从小就养成在接受家长的爱的同时，去关心和爱护他人的品德，这才是真正对孩子的爱。

八、教学建议

（1）从小教育孩子尊敬老人，关心父母，并使其初步懂得大人工作劳动的辛苦。家长身体不适时，应当教育孩子学会表示关怀与同情；当大人把好东西给他们时，应教育孩子表示感激之情，而不是理所当然的接受。这样使孩子在家庭中处于适当的位置，而不使他们感到自己是唯一受照顾的对象。

（2）有意要求孩子为家庭成员做力所能及的事，如帮奶奶拿眼镜、帮妈妈收拾房间等，让孩子在实践中养成关心别人的好习惯。

（3）当有小伙伴来家里玩时，让孩子将糖果、玩具分给小伙伴们吃和玩，共享欢乐，以培养孩子团结、谦让、友爱的行为习惯。当孩子为抢玩具发生争执时，要耐心说服孩子，培养他们学会和同伴商量着借，或轮换着玩，也可以用别的玩具来吸引、分散他的注意力，耐心地和他商量而不要采取强行夺走的方法，这样反而会加强他的占有欲。

（4）家长还应该注意成人间的相互关心、爱护、体贴，在生活中为孩子做榜样。使孩子懂得，要真正地爱别人，就要为别人奉献自己。

九、教学措施

（一）教会幼儿学习与同伴共同参与活动

教师在组织幼儿生活时，应注意观察幼儿的行为，调节幼儿与同伴的交往，使幼儿在集体中学会与人合作、与人交往，这样不但使他们与人交往的心理得到满足，更重要的是从别人那里得到了经验，促进了发展。例如，在活动时，教师可注意观察幼儿的游戏情况，人为地干预他们的活动，给孩子创造与同伴共同游戏的机会。或者将其带到有 2～3 人的游戏小组，让其慢慢学会与别人共同活动。

（二）教授一些交往的技能

孩子之间有种天然的亲和力，他们喜欢在一起做游戏，但在游戏中常常出现各自游戏、互不干扰的局面，或互相攻击、争抢玩具的现象，特别是由于灵灵年龄小，占有欲强，又缺乏社会交往经验。因此，教给孩子一些友好交往的技能是非常必要的。

首先，通过各种教学活动和形式教幼儿礼貌待人。要求孩子和教师、同伴、家长之间见面时能相互问好，告别时说"再见"，请求别人帮助时要说"请"，接受别人帮助后说"谢谢"，无意中碰到别人要说"对不起"，接受别人道歉时说"没关系"。

其次，注意教授孩子主动交往的方法。例如，鼓励幼儿把自己的玩具拿出来与朋友一起分享，跟小朋友和老师说一说自己喜欢看的动画片，和小朋友拉拉手、抱一抱表示友好，和小朋友协商游戏的玩法等。

再次，要培养幼儿自己解决问题、处理矛盾的能力。在日常生活和游戏中，利用各种方法、故事、儿歌、情境表演或在幼儿发生矛盾时通过具体事件生动形象地向他们讲明什么是友爱互助，什么是分享合作，针对孩子在交往中可能出现的矛盾，向孩子提出一些问题。例如，只有一个玩具，两个朋友都想玩，怎么办？小朋友打你时，应该怎么办？引导幼儿归纳总结出解决矛盾的正确方法，如"两个人轮流玩"或者"两个人一起玩"等。

最后，老师加入幼儿的活动，也是教授幼儿交往技能的良好途径。老师加入幼儿的活动中，往往能带动幼儿的热情，激发他们共同活动、友好交往的愿望。活动中，可以暗示幼儿看看老师是怎么和小伙伴说的、做的以及老师对每个孩子的态度是怎样的，从中渐渐明白老师对谁都一样，孩子明白了这个道理后，有助其减少占有欲望。

（三）帮助幼儿克服"自我中心"，培养利他行为

"自我中心"是幼儿思维的一个显著特征。由于"自我中心"的影响，幼儿的行为大多从"利己"的观点出发，这与现代社会要求相互合作、相互交流、具有创新精神的人才观格格不入，严重影响了幼儿与同伴的交往。因此，我们帮助幼儿克服以自我为中心，发展利他行为。

首先，利用文艺作品，对幼儿进行形象的教育。幼儿是通过观察和模仿来学习的，直观生动的形象容易为幼儿所接受。借助故事、儿歌、动画片等文艺作品中的正面形象来教育幼儿；同时，要求父母和本班老师做好表率作用。研究表明，老师间的和谐相处、愉快合作，有利于幼儿团结、友好等积极情感的培养，从而，在交往中易被人接受。

其次，幼儿的行为除了从父母、老师等成人那里学习、模仿以外，绝大部分是从同伴那里学来的，他们通过与同伴之间的交往，会产生认知上的冲突。老师的鼓励、赞许、奖励等外部激励方法都能强化孩子的利他行为，克服其消极行为，但是，在实际生活中，幼儿有时不仅依靠外部强化，还要依赖于自身的强化来支持自己的行为。自我强化是幼儿在活动前自己先设立一些行为和活动的标准。在活动过程中将自己的活动情况与这些标准进行对照。如果是达到标准的，就愉快、自尊、自豪、满足，从而加强和维持自己的行为，这种自我强化对幼儿利他行为的发展具有十分重要的作用。

最后，角色游戏也能帮助幼儿发展利他行为。在角色游戏中，幼儿通过扮演某个角色，可以体验角色的内心感受，了解他人的思想感情，而且在游戏中，幼儿可以在短时间内接触各种角色，体验到不同人物的思想情感，从而脱离"自我"这一中心，增强意识水平，这对培养幼儿的利他行为十分有效。

参考文献

1. 袁贵仁. 中国教师新百科：幼儿教育卷［M］. 北京：中国大百科全书出版社，2003.

2. 彭霞光. 视力残疾儿童的教育理论与实践［M］. 北京：华夏出版社，1997.

3. 高华. 用最好的方法教育孩子［M］. 北京：中国妇女出版社，2004.

有社会交往障碍盲童的教育个案分析

苏乐怡

一、研究对象

1. 基本情况

心心，女，2000 年 7 月生。家住香港。幼儿园学生，智力正常，能看清距其 1 米左右的物体。

2. 家庭背景

该幼儿家庭情况一般，父母需要外出工作，有一个哥哥。父母对孩子的教育还算重视，孩子到了 3 岁时马上联系幼儿园让孩子接受教育。孩子在家一直由父母照顾，甚少与外界接触，性格胆小，害怕接触陌生人。

3. 病史

心心出生五个月，家长发现孩子的眼睛有问题，立即带孩子去看医生，由于治疗还算及时，孩子到现在还有一点视力。

4. 社交情况

幼儿与父母共同居住，能与家长交流，但很少出门，很少去公共场所活动。

5. 教育情况

在校学习四个月，寄宿，周六、日回家。

二、个案选取原因

心心是一个文静瘦弱的小女孩，最大的特点就是不爱说话。在家里也不主动说话，只是问一句答一句；如果见到陌生人，便很紧张。可能是因为甚少与外界接触，造成了孩子胆小的性格，害怕接触陌生人。

三、评估

（一）生活适应能力

心心懂得微笑和大笑，能分辨出熟悉的人的声音，需要帮助时懂得引起别人的注意。偶尔会很害羞地使用手势与语言同人打招呼，对陌生人有强烈反应，喝水时自己能拿稳杯子，且不会溢出水，在成人的协助下能用小水壶倒水自行饮用。她不害怕吃绵软及坚硬的食物，能自己用勺子吃饭，但需要较长时间咀嚼。自己能用口头语言表示要上洗手间，会自己脱外套和其他简单的衣服，在需要的时候懂得脱鞋、袜，能独立完成洗手、洗脸的整个过程，在成人的协助下也会自己刷牙，会接听电话，在熟悉的地方能找到常去之处，并能够独立行走。

（二）感知及识数能力

对冷热的物体有反应，对不同的气味有反应。会用双手探索物体并抓住物体，会用手拿食物放进嘴里。能配对圆形、三角形和正方形，能配对软、硬以及光滑、粗糙的物体，会玩可动的玩具，懂得拿自己喜欢玩的物品，能把玩过的物品放回原处，不经尝试可将两个大小不同的盖子直接盖上，可找出大小、形状、颜色相同的物体。能够按照示例串三个不同形状的几何体。知晓日常用品的一种或一种以上的用途，但不能有联系地应用不同物品。能数5～10件放在桌上的物品，认识身体各部分，但还不能分清左右。

（三）环境探索能力

在熟悉和不熟悉的环境里能找到日常物品的位置及正确使用该物品。能独立上下楼梯，行走中能够绕避障碍物，能找到邻居的家并去拜访。

（四）对声音和话语的反应能力

对不同的声音有不同的反应。能找到声源，认识熟悉的声音，对自己的名字有反应，对熟悉的单词或短语能做出恰当的反应。别人提问题时能做出恰当的反应，能正确选出指令要求的六个物品，会根据物品的用途，找出相应的物品，能区分大小、长短、前后等抽象概念，能按教师指令做出相应的动作，但还不能用语言说出左右方向。

（五）发声能力

能发两个或两个以上不同的单音，能用粤语马上模仿教师的发音或话语，事后能模仿所听到的发音或话语。

（六）语言能力

能说出物品的日常用途、物品的位置，能用语言对行为进行描述，能说出自己的正确年龄，不能正确说出"上午""下午"及"晚上"，能正确运用词语说出短句。能说出 1~3 个同义词和反义词。

（七）视觉能力

她会主动、习惯性地使用双眼来观察物品。看东西时会把物品放在自己的视野范围内，会用眼注视固定物体并跟着会动的物体移动，看到自己要找的东西时会走过去拿在手里，看东西时视线可以上下、左右移动，可以看到红、蓝、绿、黄等基本颜色以及距离自己 1 米左右体积较大的物体（约 8×8厘米），距离自己半米以内较小的物体（约 4×4 厘米），看到距离自己约 5 米处的体积较大的印刷字（比 N12 更大的字）。懂得使用放大镜。可以看到及明白彩色简单儿童图画的内容。会画直线，但不太懂画线条画和简单的儿童画。室内光线充足时有兴趣看东西，室内光线不足时会自己走到窗前或光线好的地方去看东西。在室内外活动都会用视力行走，不会碰到人和家具。

四、分析

在生活适应方面，孩子能在成人的协助下自己吃饭、喝水，会上洗手间，会脱衣服。能独立洗手、洗脸，在熟悉的地方能找到常去之处并独立行走。感知各种事物及识数能力表现较好。在熟悉的环境和不熟悉的环境里能找到日常物品的位置及正确使用该物品。能独立上下楼，行走中能够绕避障碍物，能找到邻居的家并去拜访。能找到声源，对别人提出的问题能做出恰当的反应，能根据物品的用途找出相应的物品并能说出其名称，能听教师的指令并做出相应的动作。但对陌生人有剧烈反应，会很害羞地使用手势和语言与人打招呼。还不能区分左右。心心不爱说话，即使在家里，也是问一句答一句。造成她这种情况的原因，主要是环境与教育的影响。孩子的父母溺爱、娇宠孩子，限制孩子的活动，不准孩子单独外出，不让孩子多接触同龄伙伴，造成孩子不合群，缺乏一定的社交能力；父母过分娇宠孩子，事事包办代替，使孩子丧失锻炼的机会；有时是父母过分严厉，使孩子整日战战兢兢。

五、教学建议

（1）我们在平常要为心心创设轻松愉快的语言环境。良好的语言环境是人与人之间交流的重要因素，在这样的环境中，孩子敢于发表自己的意见，也愿意跟父母、周围熟识的人交谈。

（2）增加交往的机会。语言是在交流中产生和发展的，要增加与孩子交流的机会，并创设语言情感交流的环境。孩子只有在广泛的交往中，感到有很多东西要说出来的时候，语言活动才会积极起来。尤其是孩子之间的交往更是重要，因为他们的身心发展有相同特点，并有共同语言。

（3）发展多种兴趣和爱好，培养其活泼开朗的性格，这样，面对陌生人或人多时她才会自信而不是胆小害怕。

（4）和孩子多交谈。除在课堂上提问她外，在课余时间找她谈话，问问她的一些兴趣爱好，在交谈中用柔和的语气和她说话，并利用一些辅助性的举动来加强幼儿的亲切感，如拍拍她的小手、摸摸她的头等，让她充分感受到老师也是很在意她的，消除她对老师的恐惧心理，在课堂上敢于回答问题，提高胆量，配合老师上好课。

（5）提供表现的机会，帮助幼儿建立自信。胆小的孩子往往是对自己缺乏自信，认为自己不是最能干的，生怕老师和小朋友笑她，解决这个问题最好的办法就是帮她找回自信，如在儿歌朗诵中，我鼓励她大胆表演，同伴的掌声使她不仅增添了荣誉，更重要的是使她找回了自信，她能证实自己也是很棒的。有了这样的例子，心心在今后的学习生活中不仅胆子大了，而且人也变得活跃了。

（6）多说鼓励性的语言。在教育孩子当中，赞扬性的话也是必不可少的，如果孩子整天听到的都是批评的话，会使她感到厌恶，而且麻木，但如果适当地对她进行表扬或鼓励的话，那收到的反响会大不相同，她会在表扬中找回自我，改正自己的错误。因此，在与心心的接触中也需经常运用一些表扬、鼓励的话语来开导她，使她在小朋友面前树立自信，提高胆量。

（7）与家长取得联系。家长是教育工作中不可缺少的一部分，在教育心心的同时，我还与她的父母取得联系，及时了解她在家的学习生活情况，对于她的一些问题双方有针对性地对她进行教育。

六、给家长的建议

（1）创造一个温馨祥和的家庭氛围。让孩子自由自在地生活，并让孩子有充分发挥的空间。

（2）端正父母的教育态度，从思想上和行为上深刻认识对孩子的溺爱只会造成孩子怯懦、任性的性格。父母要纠正孩子怯懦的性格，要认识到只有教育得当，才能使年幼的孩子得到健康发展。

（3）平时注意培养孩子的独立性、坚强的毅力和良好的生活习惯。鼓励孩子去做力所能及的事情，让其学会自己照顾自己。当孩子遇到困难时，不要一味包办，而要让她自己想办法解决。当然，开始时父母要予以必要的指导，使孩子慢慢学会自己处理各种事，而不能马上不问不管使孩子手足无措，更加胆小。

（4）带孩子到大自然中去，使孩子敞开胸怀、开阔眼界，还要教给孩子适当的技能。例如，唱歌、绘画、手工等，使孩子坚信自己并不笨，从而增强自信心，敢于参加小伙伴的活动。

（5）鼓励孩子与人接触交往。可以多带孩子到各种集体场合，别人对孩子的友好尊重，能使她感到快乐，孩子也会多与人交往。最主要的是要孩子和同龄伙伴多接触，有意识地邀请一些小朋友到家中来，让她做小主人。平时也要注意帮助孩子结交新朋友。

胆小不是病，但对孩子的全面发展有不利的影响。家长只要端正教育态度，运用正确的教育方法，就一定能改变孩子胆小的性格。

参考文献

高华. 用最好的方法教育孩子［M］. 北京：中国妇女出版社，2004.

提高视障儿童学习能力的个案分析

李敏华

一、 基本情况

男，5 岁，全盲，个子不高，好动，健康状况一般。

二、 病因

该幼儿是早产儿，龙凤双胞胎中的弟弟，因早产视网膜病变，并伴有多动症、注意力涣散，无自虐行为。多动症又称"轻微脑功能障碍综合征"，儿童时期并不少见，多见于学龄儿童，男孩多于女孩。引起本病的原因较复杂，一般认为孕期的胎儿轻度脑损害是重要因素，主要与早产、难产、产伤、窒息和某些传染病、中毒等有关，也可能是因为教育不良、遗传等。

三、 家庭情况

家里有四口人，父母 30 多岁，高中文化。龙凤双胞胎中的姐姐视力正常。父母是江西人，家庭经济收入较好，在南京做生意，并在南京定居。平时生意比较忙，没时间照顾该幼儿，父母也不太喜欢该幼儿。除上幼儿园外，基本由保姆照顾，都是在家里玩耍，极少外出活动。

四、 个案由来

在世界各国的基础教育领域中（包括发达国家），很多学习困难生都有不同程度的学习障碍，而且学习障碍儿童在各年龄段都有一个相当稳定的比例。国外调查资料表明，学习障碍儿童人数占学龄儿童总数的 4% ~ 6%，在某一项或多项学习中存在困难的学生有 13%。对学习障碍盲童制定有效措施是教育者刻不容缓的任务。对于学习障碍而言，我国大陆地区对其研究的时间并不长。真正将学习困难（学习障碍）的儿童作为专门的教育研究对象是从 20

世纪 80 年代初期开始的。到目前为止，对于学习障碍的界定也有很多，学术界最早的界定是美国特殊教育家柯克做出的，他提出了"学习无能"的概念：学习无能是指儿童在语言、说话和社会交往技能方面的发展障碍。运用最广的则是由美国联邦教育署在 1977 年 8 月 23 日提出的：学习障碍是个体在涉及理解或运用语言（口头或书面语言）方面的一种或多种基本心理过程出现的失常。这种失常可能表现在听、想、说、读、写或数学计算方面的能力不足。

通过对学习障碍概念的初步了解，笔者对学习困难幼儿有了新的认识。不再一味地认为是学习习惯差、智力有问题造成的，还存在很多原因。下面就对该名学习障碍盲童进行个案分析。

五、行为的描述及成因

该幼儿注意力集中时间短，好动，经常奔跑，喜欢到处乱摸。2003 年初刚刚学会讲话，9 月底入学，暂无自虐行为。他上课时，手不知道应该放在什么位置，老师告诉他之后，只能够坚持 2～3 分钟。一会站在自己的位子上，一会转头左看右看其他同伴。对幼儿园活动性比较大的课程很感兴趣，对安静性的课程其稳定时间不超过 5 分钟，经老师提醒后只能稍有改正，但持续时间短。对于老师提出的问题，能理解老师所说的意思，回答时，虽然口头表达不是很清楚，但如果让他慢慢说还是能够说出来的。他的动作很不协调，现在还不能连续向上跳 10 下，体育课上跑、跳、走他都做不好。手、眼不协调，总是极易受外界干扰。从上述个案可以看出，这位儿童具有较多的多动症表现。行为表现为活动过度、注意困难、行为冲动三者同时存在，即身体及精神上都长时间不休息，注意力只能短暂集中，容易发脾气，具有明显不受束缚的倾向，只需要很少的睡眠，活动过度，不该活动时控制不住，且多伴有学习困难，其中以注意力不集中最突出。如上课时注意力不集中，精力特别旺盛等。该幼儿多动症的表现主要属于感统失调中前庭平衡功能失常的表现。爱尔丝博士指出：感统失调会严重影响儿童的健康成长，主要体现在严重影响儿童心理素质的提高，对儿童智力开发和综合能力的培养不利，也会使其学习能力和性格上出现障碍，人际关系敏感或社交退缩，心理素质差。其具体表现如下：

（一）前庭平衡功能失常

表现为多动不安，走路易摔倒，原地打圈晕眩，上课不专心，爱做小动作，任性，兴奋好动，自控能力差，情绪不稳定，爱挑剔，语言发展迟缓等。

（二）触觉过分敏感或过分迟钝

表现为害怕陌生的环境，吃手、咬指甲、爱哭、爱玩弄生殖器等；过分依赖父母、容易产生分离焦虑；过分紧张、过分碰触各种东西；有强迫性的行为（一再地重复某个动作），个人表现缺乏自信、消极退缩。

（三）本体感失调

方向感不强，容易迷路，容易走失，容易驼背，近视，过分怕黑。

（四）动作协调不良

不会系鞋带、扣纽扣、用筷子等精细动作。

儿童感统失调无疑会造成儿童学习和社交障碍，尽管这样的儿童有正常或超常的智慧，但由于大脑的协调性差而影响了儿童的注意力和记忆力、语言表达、人际交往，因而直接影响了儿童的学习、生活、运动，也影响了儿童的人际关系，妨碍其正常的成长。严重影响儿童心理素质的提高，对儿童的智力开发和综合能力的培养不利，也会使其学习能力和性格上出现障碍，造成儿童对人际关系敏感或社交退缩，心理素质差。儿童感统失调实践证明，越早发现、越早矫正对儿童的成长越有利。如果错过矫正时机，轻则学业受挫，重则性格分裂，毁其终生。

六、阶段性学习能力分析

（一）生活适应能力

在跳跃游戏或和父母一起的唱歌游戏时有表情，懂得大笑。能分辨出熟悉的人，如父母。会用语言与手势同人打招呼。察觉有陌生人时，不会坐立不安。需要帮助时懂得引起别人的注意。如用哭来达到吃饭的目的，希望得到别人的关心时，会用身体蹭熟悉的人。在喝水的时候，能双手拿稳、捧着杯子喝，且不会溢出水。不害怕吃绵软和坚硬的食物，能自己用勺子吃饭。穿衣时懂得合作，会将胳膊抬起来或将手伸到袖子里。自己能脱外套和其他简单的衣服。尿急时，能用口头语言表示要上洗手间，会自己脱裤子。在洗脸、洗手时，会自己开水龙头，能独立完成洗手的整个过程。大人把牙刷、杯子、牙膏准备好，他会自己刷牙，但不能独立完成刷牙的整个过程。电话响时，不会拿起电话接听，也不懂得拨号码或打出电话。在熟悉的地方能找到常去之处，并能够独立行走。

（二） 感知及识数能力

对味道有反应。对冷热的物体有反应。对香味、臭味等不同的气味有反应。会依照正确的方法用五个手指抓住物品（单手）。会用双手探索物体并抓住。把食物放在桌上，会用手拿来吃。在没有人协助时，自己会主动摸索物品的外形。给予三种物品，不能将两种相同外形的物品找到。不能配对圆形、三角形和正方形，不能配对软、硬以及光滑、粗糙的物体。在摆放玩具的区域中，懂得拿自己喜欢的物品，并会玩可动的玩具。在熟悉的环境中，会把玩过的物品放回原处。不能从一个有盖的盒子里拿出玩具，也不会将玩具放回盒子，并将盒子盖上。不会打开旋口盖也不会盖好旋口盖。不懂得将两个或三个大小不同的盖子盖上。不能够按照示例串三个不同形状的几何体。会正确使用日常用品，但不知晓日常用品的一种或一种以上的用途。会有关联地应用物品。不能用手指数 1 ~ 5，也不能数 5 ~ 10 件放在桌上的物品。能分左右，认识身体各部分。

（三） 环境探索能力

会伸手触到近距离的物品，会探索日常物品的表面，在行动中会探索身体所接触到的物体。知道自己常用物品摆放的地点并能找到。在熟悉的环境里能找到日常物品的位置及正确使用该物品。能够独立上下楼梯，能够绕避障碍物。在熟悉的环境中能避开常遇到的危险，不会被门夹住手指，不会滚下楼梯，不会乱开气阀等。

（四） 声音和话语的反应能力

对细微的声音有反应，对不同的声音有不同的反应，会主动尝试寻找声源，并会顺着声音找到声源。认识熟悉的声音，包括人和玩具的声音。对自己的名字有反应，对熟悉的单词或短语可做出恰当的行为反应。如老师说"起来、坐下、过来、早上好、再见"等时会照做。别人问问题时有表情或行为反应，有语言反应。能从三件物品中，正确选出指令要求的物品。把指定的四个物品放到桌上，不能正确选出指令要求的物品（至少两样）。把指定的六个物品放到桌上，不能正确选出指令要求的物品（至少三样）。根据物品的用途，可找出相应的物品。不会区分上下、左右、前后方向，也不会区分大小、长短等抽象概念。能根据教师的指令做出相应的动作。

（五） 发声能力

能发两个相同或类同的音，也能发两个或两个以上不同的单音。能马上模仿教师的发音或话语，听到后立刻发出相同的音或说出相同的话，事后能模仿所听到的发音或话语。过一段时间后能重复学过或听过的歌曲等。

（六）语言能力

能说出两样物品的名称、日常用途、位置，会用语言对行为进行描述。能说出自己的正确年龄，能正确说出"上午""下午"及"晚上"，不会说出 1~3 个同义词或反义词，不会正确运用下列词语："开心、不开心、口渴、肚饿、够了"，也不会说出 9 个字以上的短句。

七、教育教学措施

（一）在生活的各个环节渗透生活教育，养成良好的生活习惯

要培养幼儿良好的生活习惯，首先得让幼儿形成正确的概念，了解什么是良好的生活习惯。然后就需要在日常生活的各个环节中渗透生活教育，用恰当的方法培养和教育幼儿养成良好的生活习惯。

1. 在游戏中学习

幼儿喜欢在有趣的活动中接受教育，而游戏则是对幼儿进行生活习惯教育的良好手段。

2. 善于抓住时机，注重随机教育

许多良好的生活习惯是在日常生活中随时随地习得的。

3. 巧妙地运用文学作品

该幼儿很喜欢听故事、念儿歌，在教育该幼儿养成良好生活习惯的过程中，可以巧妙地运用这一形式。如在洗手的时候，让幼儿边洗边念："洗手前，先卷袖，再用清水湿湿手，擦上肥皂搓一搓，指尖指缝都搓到，哗哗流水冲一冲，我的小手洗净了。"这样孩子就会在不知不觉中根据儿歌引导的步骤完成洗手的任务。

（二）训练视觉障碍儿童的日常生活自理能力

应将各种技能或活动分解成很小可操作的步骤，手把手教孩子或向孩子解释，注意每次教授的方法和过程都是一致的。

1. 训练吃喝能力

教会孩子每次吃东西之前要洗手；如果他完全看不见，帮助他学会吃各种食品；每次都让他坐在同一个位置，筷子、碗、勺子都放在同一位置，并按同一顺序摆放，相同的食品最好放在桌子同一位置，并放在盘子的不同地

方；手把手教他用杯子喝水，把喝水的杯子放在相同的位置，使他容易拿到，杯子最好是不易破碎的塑料或不锈钢制品，以免伤害孩子；教育孩子在家人没来吃饭前自己不能先吃，除非得到父母的同意；吃饭时不要发出"呼呼"的声响，也不要在嘴里有饭时张大嘴说话。

2. 训练洗澡、洗衣能力

应在家里洗浴室以相同的方式教孩子学会洗澡；如果他一个人不能单独去洗澡的地方就要安排大人陪他去，还可以从屋里到洗浴室牵一根绳子，帮助他摸着绳子自己去洗浴室；告诉孩子洗澡时为防止别人看见，应在没人的地方洗澡或在洗澡时关上门，并拉上窗帘；洗澡后要他穿干净的衣服，告诉孩子穿的衣服必须经常换洗，也可教他闻闻衣服的味道，以了解自己所穿衣服是否干净。

3. 训练洗漱能力

应该每天刷牙洗脸，刷牙使用的牙刷不要太硬；告诉孩子洗完脸后要擦护肤品，特别是在冬天这点尤为重要。

4. 训练上厕所能力

教会孩子上厕所；如果他不能单独去厕所，老师可带他去，也可以牵一根绳子，帮助他通过摸着绳子独自去厕所；告诉孩子便后要用手纸擦干净，教会他自己做；每次便后要冲水，要用肥皂洗手；厕所设计应注意保障视障儿童的安全。

5. 训练穿衣服能力

教会孩子穿衣服；教会他识别衣服的正反面，可以在衣服背面内部缝个标记，以便区分；也可将不同的形状标记缝在不同颜色的衣服内，让他记住，以便穿衣服时挑选他要穿的颜色。

（三）用多姿多样的感统训练活动调动孩子的兴趣

感统训练活动调动了孩子的兴趣，他们从对感统训练的陌生发展到今天的熟悉和喜爱。感统训练活动提供给孩子感觉信息，帮助孩子开发中枢神经系统、抑制和调节感觉信息，帮助孩子对感觉刺激做出比较有结构的反应，最终目标是使孩子的综合能力提升，如行为能力、组织能力、学习能力、集中注意力等。

感统训练活动的内容有：

（1）通过涂色和对沙、土、塑粒、木屑、纸片、米等的触摸、翻滚、抓推来强化孩子的辨识力。以抓痒、刷身、冰袋、梳头、吹风、球池、大龙球滚压等方式来完成对触觉敏感或不足的治疗。

（2）身体跷跷板、坐卧大龙球、倾斜垫上滚和隧道来完成对孩子触觉敏感和迟钝、多动、身体协调不良的治疗。

（3）跳跳床的多种玩法，如跳床接物来锻炼孩子的平衡反应、大肌肉运动、视觉运动、眼球运动能力。

（4）通过平衡台的多种玩法及吊缆的多种玩法，来完成对前庭固有感觉不足的治疗及矫正重力平衡感。

（5）走平衡板、走直线、走脚踏石及投、拍、爬等组合的综合活动来纠正手脚及身体协调不足。

（四）加强对其注意力的培养

对于孩子应逐步培养其静坐集中注意力的习惯。可以从听故事做起，逐渐延长其集中注意力的时间。也可把他安排在老师身边的座位上，以便在上课时能随时得到老师的监督和指导。如果儿童在集中注意力方面有所进步，应及时表扬、鼓励，以利于强化。应耐心、反复地进行教育和帮助，培养他们的自尊心和自信心，消除他们所存在的紧张心理，帮助他们提高自控能力。父母应和医生经常保持联系，帮助医生了解教育孩子的情况，征求医生关于治疗上的指导性意见；有条件时，应争取医生、家长、老师三方的合作，共同教育。

参考文献

1. 沈家英，陈云英，彭霞光. 视觉障碍儿童的心理与教育［M］. 北京：华夏出版社，1992.

2. 玛利亚·蒙台梭利. 童年的秘密［M］. 马荣根，译. 北京：人民教育出版社，2005.

3. 彭霞光. 视力残疾儿童的教育理论与实践［M］. 北京：华夏出版社，1997.

4. 朴永馨. 特殊教育学［M］. 福州：福建教育出版社，1995.

5. 袁贵仁. 中国教师新百科：幼儿教育卷［M］. 北京：中国大百科全书出版社，2003.

视障儿童五项能力评估与训练的个案研究

牛秀玲

一、个案的基本情况

刘某某，女，1998 年 3 月生。刘某某家住广东省佛山市顺德区，父母均为农民，初中文化，靠养鱼为生。夫妻俩还育有一子，小男孩聪明伶俐、活泼可爱，身体健康。家庭经济状况在当地实属困难，主要经济来源是养鱼的收入，偶尔会得到一些亲朋好友的资助。家居环境一般，有较为宽敞的住房，居室整洁，但没有幼儿专门的活动空间。

刘某某先天双目失明，出生后先后到广州、中山等多家大医院治疗，被诊断为先天性视网膜发育不全，治疗无果。

刘某某从小跟父母生活在一起，主要由母亲照顾她的日常生活。父亲工作忙，很少参与日常生活和教育活动；父母都很少与孩子相伴和进行语言方面的交流，很难注意到孩子的行为表现及其发展变化。孩子很少与外界进行社会交往活动，交往活动基本局限在与家人之间。家长能耐心地教育孩子做一些力所能及的事，如自己吃饭，如厕，刷牙洗脸，用自己的手帕或餐巾纸擦手、擦脸、擦鼻涕等，且家长表示没有信心通过自己的努力教育好孩子。

二、选择此个案的原因

刘某某由于视力残疾，失去了许多参加社会交往活动的机会。家长担心别人知道自己有一个残疾孩子，很少让孩子接触社会，更无心带幼儿逛公园、商店等接触社会的活动，使孩子的认知能力和社会交往能力都受到了限制，造成孩子胆小怕事和轻微自闭的性格。

刘某某于 2004 年 9 月入学，入学一个月后的评估表现：能专注地倾听别人说话，能理解听到的话语所表达的意思；能与老师进行一些简单的对答，说话声音很小，从不主动与老师、小朋友进行交流，表现出轻微自闭的性格。对美工活动感兴趣，喜欢尝试各种各样的美工新材料。喜欢倾听各种声音、音乐，不能够主动跟着音乐节拍做动作，做动作时有一定的节奏感，不会主动玩各种玩具。能够进行一些较简单的手指活动训练，进行盲文点位插写很困难。对数的概念有一定的认知能力，对学习数学有兴趣，对数的概念不敏感，虽然能点数 1~10 的物体，可是不能说出物体的总数。会根据物体的一个特征分类，不能够正确感知物体的数量。能准确指出自己身体器官的具体方位，在教师引导下知道一些简单的节日名称。知道根据秋冬的天气变化，增减衣服。能够用顺墙行走的方法在室内各环境定向行走，方向感较差。不能掌握身体及基本的空间概念。

刘某某不会与别人交往，表现出轻微自闭，存在社交缺陷，这不仅影响儿童的学习方式，而且影响儿童社交技能的发展。

三、评估表现

（一）生活适应能力

刘某某有一定的生活适应能力。能够用表情表达自己的情感体验，如在游戏或唱歌时懂得笑。能熟悉周围人的声音，在成人提示下会与老师打招呼，能用语言表达自己的需要。会自己吃饭、喝水、上厕所，自己能脱外套和其他简单的衣物，能自己独立完成洗手、洗脸的全过程，在成人的协助下会自己刷牙，在熟悉的地方能够独立行走，会接听电话等。

（二）感知及识数能力

刘某某对酸甜或其他味道有反应，对物体的冷热有反应，对不同的气味如香臭等有反应，在没有人协助下，自己能主动摸索物体的外形，自然地抓握物品，会玩可动的玩具和简单的拼插玩具，自己能主动探索物品的质地，不能熟练掌握不同质地物品的匹配。能在摆放玩具的区域中拿自己喜欢的玩具，但是不能把玩过的玩具放回原处。会从盖紧的瓶子或盒子中取出物品，并将其盖上。能正确使用日常用品，会有联系地应用物品，如用梳子梳头、用饭盒和勺子吃饭等。基本能认识身体各部分，不会区分左右。识数方面只会数 1~10。不能点数自己的手指，不能根据物品的大小、形状匹配物品，不能正确说出物品的形状，也不懂得分辨相同的物品，不能够按照示例串两个不同形状的物体。

（三）环境探索能力

能探索近距离的物品及日常物品的表面，能独立行走，但方向感较差，能在熟悉的环境里找到日常物品的位置及正确使用该物品，如找到房间的门把手或电灯开关。在行走中能够绕开障碍物。能自己单独上下楼梯。

（四） 对声音和话语的反应能力

对不同的声音有不同的反应，如听到刺耳的声音会捂耳朵，听到欢乐的声音会微笑。认识熟悉的人的声音和熟悉的玩具发出的声音，能听懂成人的语言，对熟悉的话语做出恰当的反应，如老师说"起来、坐下、过来、早上好、再见"等时会照做。能用语言回答别人的问题，能在指定的多种物品中选出自己熟悉的物品，能根据物品的用途找出相应的物品。能听教师的指令做出相应的动作，如"请你跟我拍拍手、请你跟我跺跺脚"。

（五） 发声能力和语言能力

能说出熟悉物品的名称和日常用途，能用语言描述物品所在的位置，如把勺子放在杯子里问："勺子在哪里？"她会说："勺子在杯子里。"能用语言对行为进行描述，能正确运用"开心""口渴""够了"等词语，能说出 9 个字以上的句子。不能正确说出自己的年龄。

四 、 分 析

刘某某经过一年的学习，比以前有了较大进步。现在能感知软、硬、粗、滑质地的物品。对美工活动感兴趣，喜欢尝试各种各样的美工新材料。喜欢倾听各种声音，能够跟着音乐节拍做动作。能专注地倾听别人说话，能理解听到的话语所传达的意思，能听说方言和普通话，能与老师进行正确的应答。但在集体面前说话不够大胆，与小朋友交流不够主动。能够用顺墙行走的方法进行室内各环境定向行走，掌握身体及基本的空间概念。能够进行一些较简单的手指活动训练，进行盲文点位插写。

刘某某对数的概念有一定的认知能力，对学习数学有兴趣，能够点数 1 ~ 10，不能说出所数物品的总数，会根据物体的一个特征分类，正确感知 1 和 2。

刘某某能准确指出自己身体器官的具体方位，知道教师节、中秋节等节日的名称、习俗。知道根据天气变化增减衣服。能够在老师的带领和声音的指引下进行走、跑、跳等运动，爬行和跳跃方面做得比较好。喜欢与小朋友一起玩游戏，例如一起玩车，学会玩跑步机和开太空车、健身车等。一些简单的生活技能基本能独立完成，自己上厕所大小便，饭前便后自己开水龙头洗手。在老师的帮助下能穿脱衣服、鞋袜。愿意参加各项集体活动，与同伴交流不主动，但对人友好。

五、教学措施与建议

老师之间、老师与家长之间应密切配合，加强对刘某某进行社会交往方面的教育。如何培养刘某某的社会交往能力呢？

（一）视障儿童社会交往的特点分析

1. 视障儿童与成人之间的交往

视障儿童由于视力缺陷，所表现出过分依赖、自卑、呆板、孤僻等个性倾向。他们与成人的交往往往是被动的依赖。许多视障儿童不能与成人正常交流，不能主动说出自己的意愿。例如，在幼儿园，大部分视障儿童喜欢静坐和重复同一个游戏，他们与老师的交流，语言较为贫乏，话题较为单一。多数话题都是讲述幼儿园的生活，如"什么时候上课呀？什么时候可以回家呀？"交流方式大多是一问一答，很难与成人交流他们的情感体验。由于视障儿童与成人的交往受到一定的限制，他们在学习继承社会生活的经验和一切文化科学知识上也要受到一定影响。因此他们在智力发育上大多数要比正常儿童稍晚。

2. 视障儿童与同伴间的交往

由于视障儿童的视觉缺陷，他们与同伴的交往范围较小，只局限于自家兄弟姐妹间的交往和与同班儿童间的交往。很难且不愿意与正常儿童交往。由于家庭的关系视障儿童间的交往方式单一，只是表现出喜欢跟哪个玩，喜欢跟哪个在一起等简单的交往。他们主要是通过语言和听觉进行交往的。他们只能借助语言交流信息和情感，通过听觉判断同伴的喜怒哀乐。由于视觉局限，他们喜欢自己玩玩具，喜欢单独完成一件事情，很难与同伴合作完成一件事情。他们之间争吵的机会很少，也很难体现出团结协作的精神。

（二）视障儿童社会交往特点形成的原因

视障儿童由于视力问题，失去了许多参加社会交往活动的机会。家长不让孩子接触社会，更无心带儿童参加逛公园、商店等让孩子接触社会的活动，使孩子无缘接触大自然的方方面面。从而使儿童认识和社会交往方面都受到了限制。

语言是交往的工具，语言交往是儿童社会交往的主要方面。视障儿童由于缺少感官刺激，再加上不当的早期家庭教育，语言发展较迟缓，理解能力较差。语言的贫乏也影响了儿童的正常社会交往。

视障儿童生活圈子狭小，不能与其他正常儿童一起游戏、生活。生活环境受到限制，也制约了视障儿童社会交往能力的发展。

（三）培养儿童的社会交往能力的方式

家庭是儿童教育的第一学校，家长是儿童的第一任老师，是儿童教育的启蒙者。因此，作为视障儿童的家长要给儿童提供良好的家庭教育环境，不要嫌弃、放弃儿童，要为儿童创造广泛接触社会的机会，多带儿童参加社会性的活动，如逛公园、商店等。要让儿童广泛接触社会。同时，要与儿童多交流，不能娇生惯养，要对儿童进行初步的礼貌教育，让他们做一些力所能及的事，尽量让其自己的事情自己做。此外，多进行一些补偿性的训练。家庭和学校配合为儿童创设良好的社会交往环境。多带儿童参加社会性的活动。

学校是儿童接受教育的场所，儿童从接受家庭的教育转变为在学校接受教育，这在其心理上需要一个适应过程，老师首先要做好视障儿童入校的适应教育，抓住时机对儿童进行社会交往方面的训练。盲儿童在家大多数娇生惯养，过分依赖父母，生活自理能力较差，很多事情都是由家人包办，来到学校这个陌生的环境会有一种不安全的恐惧感，多数儿童会出现哭闹的现象，有的儿童会表现出只跟一个老师，其他谁都不跟；有的儿童会表现出无论怎样都不愿意与老师交谈。这就需要老师主动与儿童多交谈，像妈妈一样多关心、抚摸儿童，与儿童一起游戏，满足儿童的需求，培养儿童与老师间的社会性交往。

把培养儿童的社会性交往贯穿到儿童的一日生活中去。儿童的一日生活包括游戏活动、学习活动、早操、课间活动等，老师在活动中要指导儿童正确的交往语言和正确的交往方法。如在交往中多提醒儿童使用礼貌的话语，多为儿童安排一些需要合作才能完成的游戏，多为儿童创设一起活动的机会，发展儿童间的社会交往能力。使儿童在游戏中交往，在交往中学习。从而使视障儿童的社会交往能力不断提高。

参考文献

1. 袁贵仁. 中国教师新百科：幼儿教育卷［M］. 北京：中国大百科全书出版社，2003.

2. 彭霞光. 视力残疾儿童的教育理论与实践［M］. 北京：华夏出版社，1997.

第四部分
实践活动

语言活动

一、谈话活动

谈话活动是培养视障儿童学习运用语言与他人进行交流的语言教育活动，可以帮助视障儿童学会倾听他人的谈话，学习运用语言进行交流的基本规则，逐步掌握语言倾听技能，提高视障儿童的语言交往水平。

假如我是爸爸、妈妈

【活动目标】

1. 用连贯的语言大方表达个人的见解。

2. 学习围绕话题进行交谈。

3. 启发视障儿童关心父母，乐意为父母做力所能及的事情。

【活动建议】

1. 活动准备：相关的道具。

2. 情景表演：两名教师分别扮演爸爸和妈妈，扮演者用响亮的声音作自我介绍："我是小明的爸爸，是一名交通警察；我是小明的妈妈，是一名医生。"妈妈："我在给病人看病、开药、打针。"爸爸："我站在交通指挥台上，指挥来往的车辆。"

3. 导入谈话：小明的爸爸、妈妈是干什么工作的？他们是怎样工作的？在幼儿回答以后，再问：你们的爸爸、妈妈是干什么工作的？他们是怎样工作的？他们在工作中为大家做了什么？

4. 活动延伸：集体谈论爸爸、妈妈的工作。请几名父母职业不同的幼儿在大家面前谈话，要求幼儿谈话时态度大方，声音响亮。

5. 思考讨论：假如我是爸爸、妈妈，我会做什么样的工作？我会怎样工作？我会怎样看待我的孩子、帮助我的孩子？引导幼儿大胆地表述自己的想法。

我爱我的幼儿园

【活动目标】

1. 能用连贯的语言表达对幼儿园环境的认识。

2. 专注地倾听同伴的谈话，了解别人的谈话内容，培养良好的倾听习惯。

【活动建议】

1. 活动准备：活动前先带领视障儿童观察自己的幼儿园。

2. 导入谈话：小朋友们每天都来幼儿园，你们能说说幼儿园的好处吗？有什么特别的地方？你们喜欢自己的幼儿园吗？为什么？

3. 自由交谈：让幼儿自由选择同伴进行交谈，教师参与谈话，注意倾听，肯定发言中的积极观点。

4. 活动延伸：幼儿自由交谈后，请个别幼儿在大家面前说说自己的观点。

我的好朋友

【活动目标】

1. 能运用清楚的语言围绕话题进行交谈。

2. 知道要耐心地倾听完同伴的话后再发表自己的意见。

【活动建议】

1. 活动准备：视障儿童已初步建立"朋友"的概念。

2. 激发兴趣：在音乐声中玩"找朋友"的游戏，游戏结束后，教师问：你找到朋友了吗？你能告诉大家，你的朋友是谁吗？你为什么喜欢与他（她）做朋友？

3. 自由交谈：教师启发幼儿提问：你为什么喜欢与他（她）做朋友？他（她）有什么地方让你感到喜欢、让你愿意与他（她）做朋友？

4. 活动延伸：

（1）教师以平等谈话的方式拓展谈话范围：我特别想和一位喜欢唱歌的小朋友做朋友，可是，有一次，当我对他说："我可以跟你做朋友吗？"他却不理睬我。小朋友，你能帮我想想办法吗？怎样才能和这位同伴交上朋友呢？

（2）指导幼儿集体谈论"怎样交朋友"，启发幼儿运用"你说完我再说"；"你说完，我再接着你的话题往下说"的方法，围绕话题进行谈话。

我的一天

【活动目标】

1. 能用清晰、连贯的语言有条理地讲述自己一天的生活经历。

2. 学习"早上、中午、晚上、起床、早餐、上课、放学、午餐、午睡、睡觉"等词语。

3. 培养良好的生活作息习惯。

【活动建议】

1. 活动准备：了解人们一天的基本作息情况。

2. 导入谈话：让幼儿结合自己的生活作息谈谈自己一天生活的内容；教师指导幼儿有条理、连贯地讲述自己的经历。

3. 动手操作：教师与幼儿一起用盲文制作作息时间表，并带领他们一起触摸认读。

4. 集体讨论：有了时间表后，我们每天的学习和生活会变得怎么样？

5. 活动延伸：启发幼儿按照自己的实际情况制定自己的生活日程表，并能有条理地对此进行讲述。

好吃的水果

【活动目标】

1. 知道各种水果的名称。

2. 通过摸摸、尝尝、闻闻，能说出水果的特征，学习与水果有关的词汇。

3. 培养其专心倾听同伴讲话的好习惯。

【活动建议】

1. 活动准备：认识香蕉、芒果、西瓜、葡萄、荔枝、龙眼等水果。

2. 激发兴趣：桌子围成圆圈，桌上放好水果。引导幼儿触摸、观察水果，激发他们讨论水果的兴趣。

3. 观察活动：轮流比较、认识水果的特征。①通过闻、摸、看（低视生）等活动，比较和认识水果的形状、气味、颜色等特征，并用语言表达出来；②引导幼儿回忆自己所摸到的水果，并说出它的特征。

4. 品尝活动：①让幼儿参与准备工作（将水果洗净、去皮等）；②品尝水果，引导幼儿懂得吃水果时要学会等待、要想到别人；③说说水果的味道。

5. 活动延伸：引导幼儿简单谈谈水果是从哪里来的以及吃水果的好处。

如果……就……

【活动目标】

1. 能积极参与谈话，并敢于发表自己的意见。

2. 学习句式"如果……就……"。

3. 培养其富于想象的品质。

【活动建议】

1. 活动准备：与自己的想象有关的谈话。

2. 激发兴趣：孙悟空有什么本领？你觉得他的这些本领如何？如果你也有了这些本领，你可以做什么？

3. 启发想象：你最希望有什么？如果有了这样的东西以后你会怎么样？你就可以怎么样了？

4. 分组谈话：鼓励并指导幼儿大胆想象、大胆发表意见，并用"如果……就……"的句式说出自己的想象。

5. 学说句子：例如，"如果明天不下雨，我们就去公园玩"。

6. 同伴分享：互相分享大家的想象。要用上"如果……就……"的句式。

二、讲述活动

讲述活动是以视障儿童的语言表述行为为主的语言教育活动类型，可以培养视障儿童在集体场合自然大方地讲话、运用语言与他人进行交往的技能。

狐狸和乌鸦

【活动目标】

理解故事内容，对故事内容进行分析，初步培养其逻辑思维。

【活动建议】

1. 活动准备：盲文故事改造书。

2. 读讲故事：引导幼儿触摸盲文故事改造书，让幼儿感知、理解故事内容。狐狸为什么会这样？为什么那块肉一会儿在乌鸦嘴里，一会儿又到了狐狸嘴里？

3. 集体讨论：狐狸怎样才能得到乌鸦嘴里的肉？乌鸦怎样才能从狐狸嘴里要回肉？

4. 分角色讲述：要求讲清楚狐狸和乌鸦的表情有什么变化。

5. 总结讲述：先讲狐狸发现了什么，它的心情怎样？再讲狐狸是怎样得到肉的，这时狐狸和乌鸦的心情怎样，最后说说肉怎么又回到了乌鸦嘴里，狐狸怎样了？要求幼儿重点讲清楚肉怎么又回到了乌鸦嘴里。

自己的事情自己做

【活动目标】

用连贯、完整的语言围绕"自己的事情自己做"进行讲述，丰富相应的词汇。

【活动建议】

1. 活动准备：录音机、故事磁带。

2. 导入谈话。

3. 读讲故事：这个故事讲了谁？请谁到图书馆取报纸？小康愿意到楼下去取报纸吗？结果发生了一件什么事？最后怎样？

4. 引导讲述：请两位幼儿简单讲述故事的内容，并用自己认为合适的表情表现小康、小花猫和小乌龟不情愿的情绪。

5. 模仿活动：让幼儿学一学小康、小花猫和小乌龟的不同表情。

6. 活动延伸：让幼儿知道"自己的事情自己做"的真正含义。

战胜大灰狼

【活动目标】

引导幼儿围绕故事内容进行完整、连贯的讲述，丰富相应的词汇；鼓励幼儿学会聆听同伴的讲述。

【活动建议】

1. 活动准备：教学挂图（低视生用）；老虎、羊、鸡、兔等塑料模型。

2. 读讲故事：引导感知理解。

3. 观察活动：触摸模型。

4. 集体讨论：是谁发现大灰狼要吃小动物的？小动物分别想出了什么办法保护自己，又想出了什么办法战胜大灰狼？

5. 总结讲述：请幼儿理出"战胜大灰狼"的主要思路。战胜大灰狼要做两件事：第一，先保护自己，安全过河。小动物想出了什么办法使自己很快过河？第二，想办法战胜大灰狼，不让它再欺负小动物。

会想办法的乌龟

【活动目标】

引导理解故事内容，丰富相应的词汇；准确理解讲述的重点。

【活动建议】

1. 活动准备：教学挂图（低视生用）。

2. 导入谈话。

3. 读讲故事：感知理解故事内容；指导低视生看挂图。

4. 引导思考：

（1）两只乌龟从哪里来，又要到哪里去？在山坡上遇到了谁？

（2）熊看见乌龟是怎么想的，又是怎么做的？

（3）如果乌龟想不出办法来快快地跑，熊能捉到乌龟吗？

（4）乌龟想出什么办法来对付熊？结果怎样？

5. 集体讨论。

6. 分角色讲述。

猫医生过河

【活动目标】

启发幼儿围绕重点进行感知和理解；围绕重点进行辨析性倾听。

【活动建议】

1. 活动准备：教学挂图（低视生用）。

2. 导入谈话。

3. 读讲故事：引导幼儿感知、理解故事内容。

4. 观察活动：指导低视生看挂图。

5. 引导思考：

（1）谁请猫医生去看病？

（2）猫医生走到河边，发现桥怎么了？

（3）小动物们都愿意帮助猫医生吗？

（4）他们准备怎样帮助猫医生？

（5）猫医生又是如何选择最好的方法过河的？结果怎样？

6. 集体讨论。

春天的秘密

【活动目标】

让幼儿感受春天的美，激发对大自然的热爱；感知周围自然环境的变化，培养认真观察的好习惯。

【活动建议】

1. 找春天：在春光明媚时带幼儿去春游，感受沐浴在阳光下的温暖，引导幼儿观察小草、柳树、小鸟等。

2. 说春天：教师与幼儿进行谈话，你从哪里感受到春天来了？大自然在春天里有什么变化？

3. 读春天：幼儿边欣赏儿歌，边想象儿歌中所描绘的春天的美好情景，并跟着教师朗诵儿歌。

4. 导入谈话：大家触摸到了一个怎样的春天？你喜欢这样的春天吗？你还希望春天是怎么样的？

5. 活动延伸：指导幼儿展示找到的有关春天的物品。

6. 相关链接：儿歌。

春天来了

春天来了，冰雪融化了，雷声响了；小河流了，桃花开了，柳树青了；小草绿了，山雀叫了。春天来了，小朋友去春游了。

三、听说游戏

听说游戏是采用游戏的方式开展的语言教育活动。在活动的过程中，可以帮助视障儿童进行发音、词汇组合等练习，培养视障儿童口语表达的能力，提高视障儿童积极倾听的水平。

我问你答

【活动目标】

1. 教幼儿学会用"如果……喜欢……"的句式说完整的句子。

2. 进一步发展其想象力与创造性运用语言的能力。

【活动建议】

1. 激发兴趣："如果你是小猴子，你喜欢什么？"引导幼儿用假设句回答。

2. 游戏规则：

（1）参加者两人为一组；

（2）一方用"如果你是××，你喜欢什么"的句式提问，另一方用"如果我是××，我喜欢××"的句式回答。

（3）提问者不重复别人的问题。

3. 问答游戏：练习"如果……喜欢……"的句式。

（1）如果你是小猴子，你喜欢什么？——如果我是小猴子，我喜欢爬树。

（2）如果你是小鸟，你喜欢什么？——如果我是小鸟，我喜欢在天空自由自在地飞翔。

（3）如果你是小猫，你喜欢什么？——如果我是小猫，我喜欢吃鱼。

词语接龙

【活动目标】

1. 丰富词汇，提高组词能力。

2. 增强参与游戏的积极性，培养幼儿认真倾听、仔细辨别指令语言的能力。

3. 初步培养幼儿的发散性思维。

【活动建议】

1. 活动准备：一只皮球。

2. 激发兴趣：下雪天的时候玩滚雪球，雪球会越滚越大，可好玩啦！今天我们大家一起来玩一个"滚雪球"的游戏好吗？

3. 游戏规则：幼儿用一个词语中的最后一个字作为新词的头一个字，说完后就将皮球传给别人。

4. 组词练习：教会幼儿按规则进行组词活动。例如：高大—大小—小花—花儿—儿童—童话……

5. 开展游戏。

看谁说得对

【活动目标】

1. 响亮、清楚地说出动物的特征。

2. 培养其说话的连贯性。

3. 初步培养其发散性思维。

【活动建议】

1. 活动准备：一个玩具娃娃。

2. 激发兴趣：我们班来了一位小客人，他要教我们玩一个游戏，名字叫"看谁说得对"。

3. 游戏规则：游戏活动采用"我来说"—"我来听"，"想一想"—"猜一猜"的对话形式。

4. 游戏活动：采用集体与个别幼儿问答的形式，引导幼儿进行游戏。

（1）教师说，集体回答。教师："我来说。"幼儿："我来听。"教师："想一想。"幼儿："猜一猜。"教师："什么动物喵喵叫？"幼儿："小猫小猫喵喵叫。"然后教师继续提问小羊、小鸡、小鸭等动物的声音。

（2）个别幼儿回答。指导幼儿边回答边模仿动作。

5. 对答游戏。

6. 日常生活：每天利用几分钟玩一玩这个游戏，可初步培养幼儿的发散性思维。

跟我说的相反

【活动目标】

1. 鼓励幼儿大胆探索，寻找生活中的反义词。

2. 鼓励幼儿积极思维，表述声音响亮、清楚。

【活动建议】

1. 活动准备：幼儿经常接触的物品（纸、笔、书、玩具等）。

2. 相关知识：课前学习接触过以下的反义词：①笑、哭；②胖、瘦；③高、矮；④多、少；⑤长、短；⑥红、黑；⑦睁眼、闭眼，等等。

3. 找词游戏：

（1）在物品中寻找反义词。

小朋友，今天我们一起来玩一个游戏，叫"说相反"。这儿有许多东西，待会儿请你们去找两样东西，再找找这两样东西有什么不同之处。幼儿去寻找，请幼儿将自己找的东西说出来。

（2）展示一杯水，请幼儿说出多对反义词。

例如：多和少、轻和重、左和右、上和下、大和小。

4. 经验迁移：在生活中寻找反义词。

教师问，幼儿答（例如：教师说软，幼儿找硬）。速度由慢到快。

5. 活动延伸：鼓励幼儿继续寻找身边的反义词。

可爱的小动物

【活动目标】

1. 正确说出小动物的名称，准确地发出"咕、嘎、叽、喵、汪、蹦、跳"等音，并能模仿小动物的动作。

2. 提高幼儿参与集体游戏的积极性，并在集体面前说话响亮。

【活动建议】

1. 活动准备：教学挂图：草地、蓝天、白云。（低视生用）教具：小鸽子、小鸭、小鸡、小花猫、小黄狗、小白兔模型。

2. 活动导入：展示教学挂图，教师："今天，有很多小动物要到我们班做客，看看谁来了？"

3. 活动重点：教师一一展示小动物模型。

（1）小鸽子：它是怎样来到我们班的？（飞来的）怎样飞呢？请个别幼儿表演，小鸽子的本领可大了，能飞到很远很远的地方去送信还能飞回来，不会迷失方向，小鸽子怎样叫？（咕咕咕）

（2）小鸭：它身上的毛是什么颜色的？它的嘴巴是什么样的？（扁扁的）

它有什么本领?（游泳）它喜欢吃水里的什么?（小鱼和小虾）小鸭怎样叫?（嘎嘎嘎）

（3）小鸡：小鸡的嘴巴和小鸭的嘴巴不一样，小鸭的嘴巴扁扁的，小鸡的嘴巴是什么样的?（尖尖的）它喜欢吃什么?（虫和米）它是怎样叫的?（叽叽叽）

（4）小花猫：它有什么本领?（捉老鼠）它是怎样叫的?（喵喵喵）

（5）小黄狗：它喜欢吃什么?（肉骨头）它是怎样叫的?（汪汪汪）

（6）小白兔：它的耳朵是什么样的?（长长的）眼睛是什么样的?（红红的）它是怎样走路的?（蹦蹦跳）

那么多小动物到我们班来做客，小朋友们非常高兴、特别开心。

4. 游戏儿歌：《可爱的小动物》。

（1）教师说小动物的名字，幼儿模仿它的叫声，并做动作。幼儿熟悉玩法后，适当加速，要求幼儿等教师说完后才说和做。

（2）引导幼儿游戏，让一些幼儿做小老师，说小动物的名字，别的幼儿模仿小动物的叫声做动作。要求做小老师的幼儿说话响亮，吐字清晰。

5. 相关链接：

可爱的小动物

可爱的小动物，小鸽子咕咕咕，小鸭子嘎嘎嘎，小鸡叽叽叽，小花猫喵喵喵，小黄狗汪汪汪，小白兔蹦蹦跳。

荷花荷花几月开

【活动目标】

1. 巩固有关四季花卉名称的知识。

2. 引导幼儿用"××花儿×月开"的句式说短句。

3. 提高其听说能力，激励他们愉快轻松的游戏。

【活动建议】

1. 活动准备：事先丰富幼儿有关四季花卉名称的知识。

2. 导入谈话：你们知道荷花是几月开的吗?下面请小朋友来问问，听听荷花姑娘会告诉我们什么?

3. 游戏过程：大家一起问："荷花荷花几月开?"教师答："一月不开二月开。"幼儿继续问："荷花荷花几月开?"教师答："二月不开三月开。"……直到"七月荷花全部开"时，教师指导幼儿将两手掌伸开，手腕相靠摆出花瓣状，表示荷花盛开。

4. 活动延伸：鼓励并引导幼儿说出四季中多种花卉的名称，如迎春花儿春天开、石榴花儿夏天开等。

四、诗歌和故事

阅读诗歌和故事是儿童早期阅读和文学作品初步学习的语言教育活动。可以引导视障儿童欣赏文学作品，帮助视障儿童感受文学作品的语言美，使视障儿童认识书面语言和口头语言的对应关系，初步了解盲文点字。利用故事盒，帮助视障儿童理解故事情节，感受故事内容。

春晓（古诗）

【活动目标】

1. 初步培养其朗诵古诗的兴趣。

2. 让其感受春天自然景物和天气的变化特点，理解诗歌意境；激发他们对大自然的热爱。

【活动建议】

1. 活动准备：录音机、诗歌磁带。

2. 导入谈话：启发幼儿回忆和讨论所见到的春天到来的天气和景物的变化；引导幼儿关注春雨及其对植物的影响。

3. 欣赏、理解诗歌：

（1）介绍诗歌并利用录音磁带范读。

（2）讲解诗歌内容：春天睡得很沉，连天亮了都不知道，醒来听到到处是小鸟的叫声；想起昨天夜里曾经刮风下雨，不知又打落了多少花儿。

（3）解释词：眠、晓、啼。

4. 吟诵诗歌：带领幼儿朗读诗歌，要求幼儿基本能背诵。

5. 相关链接：

春　晓

春眠不觉晓，处处闻啼鸟。

夜来风雨声，花落知多少。

悯农（古诗）

【活动目标】

1. 初步懂得朗诵古诗时要注意声调和语调。

2. 理解古诗的内容，知道农民种田的艰辛，要爱惜粮食，珍惜农民的劳动成果。

【活动建议】

1. 活动准备：一张农民种田的图片（低视生用）。

2. 看图导入：让低视生观察图片，启发幼儿大声讲述：图片上有什么？他们在干什么？他们的表情是怎样的？

3. 欣赏、理解诗歌：

（1）介绍古诗的名称，并简单介绍作者的情况，引起幼儿学习的兴趣。

（2）教师示范朗诵古诗2～3遍，让幼儿完整欣赏古诗，初步感知古诗的韵律、声调和语调的特点。

（3）分句讲解古诗，帮助幼儿理解古诗的内容，教育幼儿爱惜粮食，尊重农民的劳动。

4. 学习吟诵诗歌：初步教幼儿掌握古诗的声调和语调。

5. 相关链接：

悯　农

锄禾日当午，汗滴禾下土。

谁知盘中餐，粒粒皆辛苦。

三只小猪

【活动目标】

1. 结合生活经验理解故事主题，并通过故事盒感受不同房子的建筑材料。

2. 在活动中理解故事内容，知道做事要认真，并初步懂得权衡和选择。

【活动建议】

1. 活动准备：故事盒，里面装着：①三只小猪搭房子用的材料：干草、木块、砖块（尽量用实物）；②大灰狼的头饰一个及布料玩具小猪一只。

2. 理解故事：教师讲述故事，一边讲一边从故事盒中拿出干草、木块、砖块，引导幼儿触摸、比较，感受不同材料的不同质地。

3. 故事表演：教师戴上大灰狼头饰，和幼儿一起表演故事情节，个别幼儿扮演小猪，分别选择干草、木块、砖块建房子。

4. 思考探索：

（1）引导幼儿比较交流用不同材料建房子的感受；你选了什么材料建房子？为什么要选这些材料？你是怎样建的？建成了房子你心里感觉怎么样？用什么材料建房子最容易、最快？用什么材料最慢、最难？

（2）引导幼儿讨论故事内容：三只小猪是怎样建房子的？为什么大灰狼一下子就把干草房子、木房子吹倒了？为什么大灰狼不能把猪小弟的砖块房子吹倒？如果你是小猪，你会选择什么材料建房子？为什么？

5. 相关活动：提供头饰等，利用课余时间进行表演。

小熊拔牙

【活动目标】

幼儿能结合自己的生活经验理解故事的内容，知道每天早晚都要刷牙，养成良好的卫生习惯。通过活动，幼儿能理解故事内容，并通过故事盒来感受不同的生活用品。

【活动建议】

1. 活动准备：故事录音磁带；故事盒：里面装着漱口杯、牙刷、牙膏；小熊和其他小动物的模型。

2. 理解故事：教师讲述故事，一边讲一边从故事盒中拿出道具让幼儿逐一触摸。

3. 引导思考：小熊一开始是怎样做的？这样做好不好？为什么最后它要拔牙？小熊应该怎么做？

4. 故事表演：教师和幼儿一起表演故事情节。

小白兔的雪人哪里去了

【活动目标】

1. 理解故事内容，并养成讲卫生、做事认真、不怕吃苦的好习惯。

2. 通过实验活动学习掌握词语，如"湿淋淋"，并初步懂得冰雪融化与温度的关系。

【活动建议】

1. 活动准备：制作好的冰块、故事录音磁带。

2. 小实验：哪块冰融化得快？

（1）将两块方冰叠在一起。

（2）将一块方冰放在方形积木上。

让幼儿触摸冰块，教师提问：你们猜猜，哪块冰融化得快些？为什么？幼儿自由讨论，教师不作结论。

3. 理解故事：

（1）交代故事名称，听故事录音磁带。

（2）思考以下问题："小白兔的雪人哪里去了？小松鼠和小狐狸的雪人为什么还在？小白兔应该怎么做？"

4. 触摸观察：引导幼儿触摸、观察方冰融化的情况，教师进行简单的解释。

5. 加深理解：让幼儿将故事完整地听一遍，加深对故事内容的理解。

毕业诗

【活动目标】

1. 指导幼儿学习《毕业诗》，理解诗歌内容，并能用正确的语音、语调进行朗诵。

2. 激发幼儿对成为一名小学生的自豪感，体会成长的喜悦。

【活动建议】

1. 活动准备：事先进行有关升入小学的教育。

2. 导入谈话：提问，引导幼儿思考：再过一段时间，小朋友们就要离开幼儿园升入小学了。在即将告别的时候，小朋友们的心情都是怎样的呢？引出《毕业诗》。

3. 欣赏诗句：教师有感情地朗诵一遍《毕业诗》，然后分段解释诗的主要内容，帮助幼儿理解学习。

4. 朗诵诗歌：

（1）幼儿随教师一起学习《毕业诗》，由轻声跟读到大声朗诵。

（2）全班幼儿集体朗诵《毕业诗》。要求幼儿感情充沛、仪态大方、自豪地进行朗诵。

（3）教师指导幼儿边做动作边朗诵，体会成长的喜悦。

数学活动

一、分类、匹配和排序活动

分类、匹配和排序活动是视障儿童数学概念形成以及正确计数的基础，同时也是发展视障儿童逻辑和抽象思维能力的重要认知活动。

可爱的图形朋友

【活动目标】

1. 知道周围环境中的物体有各种形状，能认识一些基本图形。

2. 会按指令选择图形，会按图形的特征分类。

3. 空间想象力和动手操作能力得到初步发展。

【活动建议】

1. 活动准备：大小不同的圆形、方形、三角形若干个；各种图形的门，各种图形的食物。

2. 感知体验：将圆形、方形、三角形的图形放在每个幼儿的桌面上，让幼儿触摸感知。请小朋友想一想我们还知道哪些东西是圆形（方形、三角形）的（要求幼儿能用完整的语句说出自己所找到的物体）。

3. 游戏"看谁找得对"：把大小不同的圆形、方形、三角形的物体放在一起，幼儿分小组按教师的要求找图形，看谁找得对。

4. 图形食品品尝会：幼儿拿出各自带来的食品品尝，并说说自己带来了哪些食品，它们是什么形状的。让幼儿将图形食品分类。活动结束整理收拾桌面。

5. 活动延伸：鼓励幼儿课后去找一找圆形、方形、三角形的物品。

鞋子对对碰

【活动目标】

1. 能按鞋子的大小、外形等特点进行配对。

2. 能在活动游戏中感受到趣味和快乐。

【活动建议】

1. 活动准备：与幼儿共同收集不同的成双的鞋子（拖鞋、皮鞋、凉鞋、运动鞋等），放在教室中间；准备两个鞋架。

2. 感知体验：让幼儿将零乱的鞋子在鞋架上摆放整齐。初步按物体的外形、大小等特点进行配对。

3. 组织讨论：你是怎么收拾的？这两只鞋子为什么要放在一起？小结：外形一样，大小一样的鞋子是一对好朋友，所以要放在一起。

4. 游戏活动："鞋子对对碰"。每人手中拿一只鞋，听音乐自由走动，寻找与自己鞋子一样的另一只，配对后，两人将鞋底相互有节奏地碰击，并念儿歌："对对碰，对对碰，一对鞋子对对碰。"与其他小朋友交换鞋子，再次游戏。

5. 活动延伸：在日常生活中让幼儿自己收拾鞋子，并整齐摆放在鞋架上。

粗细排序

【活动目标】

初步掌握辨别粗细的简单方法，建构粗大和细小的概念。

【活动建议】

1. 活动准备：各种粗细不同的木棍、药瓶、饮料瓶；大小厚度相同的硬币。

2. 感知体验：展示硬币，请幼儿说出它的形状。然后将 10 个同样的硬币放在一起，用卷纸粘贴起来。请幼儿观察它的形状，并告诉幼儿：这就是圆柱体。圆柱体的两端是两个一样大的圆形平面，从上到下一样粗，它躺着能滚动，直立能站稳。

3. 观察讨论：让幼儿用手握的方法比较各种不同粗细的木棍或饮料瓶等。辨别粗和细，顶端平面圆形大的圆柱体就粗，顶端平面圆形小的圆柱体就细。

4. 探索尝试：让幼儿将五种粗细不同的物体排序。①从粗到细排序；②从细到粗排序。

5. 活动延伸：家长配合幼儿一起把多种粗细不同的物体进行排序。

高矮排序

【活动目标】

1. 学习比较高矮，会将 5 个左右的物体按高矮顺序排序。

2. 能在日常生活中比较高矮，理解高矮的相对性。

【活动建议】

1. 活动准备：小松鼠、小熊、大象、小鸡、长颈鹿模型各一个；积木若干。

2. 感知体验：

（1）展示按从矮到高排列的小动物：小松鼠、小熊、大象。小朋友摸摸看它们当中谁最高，谁最矮，谁不高也不矮？（大象最高，小松鼠最矮，小熊不高也不矮）

（2）展示小鸡、长颈鹿。让幼儿比较它们谁高谁矮？（长颈鹿高，小鸡矮）现在长颈鹿和小鸡也要参与排队，它们应该排在什么位置？教师请一位小朋友上来帮它们排队。幼儿排好后再比较，并说说现在谁最高，谁最矮。

3. 情感体验：教育幼儿爱护小动物，爱护环境，保护小动物的家园——森林。

4. 游戏活动："搭房子"。幼儿自由组合，每组不超过两人，用积木搭出高、矮不同的房子，然后比一比谁的房子最高，谁的房子最矮，并按从高到矮的顺序排一排。

二、数的认识

视障儿童学习数的知识能较好地认识与了解周围事物之间的数量关系，学习数的简单加减运算方法有助于幼儿发展初步逻辑思维能力，有助于解决生活中遇到的一些简单的数学问题。

单、双方块拼拼插

【活动目标】

1. 初步区分10以内的单、双数。
2. 培养其动手操作能力和思维能力。

【活动建议】

1. 活动准备：鼓、连接方块；每人一个小篮子。

2. 活动导入：①看谁数得快（复习10以内的数）：教师敲鼓，幼儿数鼓点数；②游戏："我的小手真能干"。让幼儿用右手抓一把连接方块放在篮子里，然后两两拼插在一起，思考发现了什么？

3. 师生讨论：两两拼插在一起若剩下个单的就叫单数，两两都能拼插在一起的叫作双数。

4. 游戏活动：给每个幼儿若干个连接方块，听教师的指令用手抓一把放在桌面上，然后两两拼插在一起，说说是单数还是双数。游戏结束整理桌面。

方块接龙

【活动目标】

1. 让幼儿掌握从 1 数到 10，从 10 数到 1 的按顺数和倒数的方法，进一步掌握数的顺序。

2. 让幼儿感知从 1 到 10，顺数逐个加 1，倒数逐个减 1。体验 10 以内自然数列中序列之间的可逆性及可传递性。

3. 发展幼儿思维的敏捷性、逻辑性。

【活动建议】

1. 活动准备：每人一个小篮子；连接方块若干。

2. 感知体验：幼儿自由上下楼梯，上楼时顺数 1、2……10，下楼时倒数 10、9……1，理解什么是顺数、什么是倒数。

3. 幼儿探索活动：①让幼儿拼插连接方块，1、2……10 各插一条，引导幼儿感知从 1 到 10 顺数逐个加 1，倒数逐个减 1；②让幼儿拼插 10 个连接方块练习顺数，再把插好的连接方块一个一个拆掉练习倒数。

4. 游戏活动："数数接龙"。幼儿两人一组，一个幼儿先数数，后数的幼儿要根据先数的幼儿数的数给出相反的数列，如 5、6、7、8、9 的相反数列是 9、8、7、6、5。

让我来数一数

【活动目标】

在操作中学习 10 以内的数，会按数取物和按物取数，培养幼儿的动手能力。

【活动建议】

1. 活动准备：塑料小篮子若干（大小不同），糖粒若干，图形小方块若干，分别放在各组桌上。

2. 游戏活动：

（1）按数取物：教师说数字 10，幼儿分组玩"装糖"的游戏：幼儿可先取塑料小篮子 1 只，往小篮子里装糖，边装边数：如"1、2、3、4、5、6、7、8、9、10，我的篮子里装了 10 粒糖"。装完一篮子后，再另取一只篮子，重复"装糖"。

（2）按图形小方块个数取糖：教师让幼儿数出 10 个图形小方块，幼儿按方块数来装相应数量的糖，例如："我的篮子里装了 10 粒糖。"

（3）按糖粒个数取图形小方块：幼儿装好 10 粒糖后找出相应个数的图形小方块。

学习 5 以内的加减运算

【活动目标】

学会 5 以内的加减运算。培养幼儿的计算能力。

【活动建议】

1. 活动准备：5 以内的加减试题若干；球形玩具若干；连接方块若干。

2. 趣味游戏：玩"碰球"游戏。

游戏儿歌：教师问："嗨！嗨嗨嗨，我的 1 球碰几球？"幼儿回答："你的 1 球碰 4 球"……

3. 师生互动：教师说出 5 以内的加减试题若干，让幼儿算出得数。

4. 游戏活动："看谁变得快"。玩法：给每个幼儿 5 个连接方块，听教师口令开始拼插连接方块，教师说停幼儿就停止拼插，然后按要求变化所插的连接方块，进行 5 以内的加减运算。

认识硬币

【活动目标】

1. 认识面额 5 角、1 元的硬币，并能按面额进行分类。

2. 初步学会使用人民币，体验购物的乐趣。

3. 初步养成合理理财的意识。

【活动建议】

1. 活动准备：5 角、1 元的硬币，每个幼儿各有一个；布置游戏区，准备各类商品供幼儿选择。

2. 师生讨论：（出示硬币）小朋友，你们摸一摸，知道这是什么吗？那么钱有什么用？教师小结钱的一些基本用途。

3. 感知体验：

（1）让幼儿通过触摸来区分硬币的面额，如"请小朋友捏一捏、摸一摸，这些钱是什么样子的?"（圆圆的、硬硬的叫作"硬币"）

（2）认识硬币面额：数字"1"后面有个"元"字，这个硬币是 1 元。数字"5"后面有个"角"字，这个硬币是 5 角。大的是 1 元，小的是 5 角。

4. 游戏活动："看谁找得对"。教师将许多 1 元和 5 角的硬币放在一起，请小朋友按照要求找出相应面额的硬币并把它举起来。

5. 购物体验：创设"小商店"情境。开展游戏，在买卖中让幼儿进一步熟悉硬币。

6. 活动延伸：让家长带幼儿去购物，使幼儿积累使用人民币的经验。

认识纸币

【活动目标】

1. 认识面额5角、1元的纸币，并能按面额进行分类。

2. 初步学会使用人民币，体验购物的乐趣。

3. 初步养成合理理财的意识。

【活动建议】

1. 活动准备：5角、1元的纸币，每个幼儿各有一张；布置游戏区，准备各类商品供幼儿选择。

2. 师生讨论：（展示纸币）小朋友们，你们知道这是什么吗？那么钱有什么用？教师小结钱的一些基本用途。

3. 感知体验：

（1）让幼儿通过触摸来区分纸币的面额，如"请小朋友捏一捏、摸一摸，这些钱是什么样子的？"（长方形的，像纸一样的是纸币）请幼儿说说纸币分别是用什么做成的。纸币除了1元和5角外还有很多种，教师可以让幼儿摸摸看。

（2）认识纸币的面额。硬币里有1元和5角，那么纸币里也有，请你们摸一摸、找一找，哪一张是1元，哪一张是5角，说说你是怎么知道的。

4. 游戏活动："看谁找得对"。教师将1元、5角的纸币放在一起，请小朋友按要求找出1元、5角的纸币。

5. 购物体验：创设"小商店"情境。开展游戏，在买卖中让幼儿进一步熟悉纸币。

6. 活动延伸：让家长带幼儿去购物，使幼儿积累使用人民币的经验。

模拟购物

【活动目标】

巩固对人民币的认识。会在活动中灵活运用自己所学的数学知识。

【活动建议】

1. 活动准备：1元、5角的纸币、硬币若干；饼干、糖果、小动物公仔若干。

2. 游戏活动："看谁找得对"。

教师将1元、5角的硬币放在一起，请小朋友按要求找出1元、5角的硬币。

教师将1元、5角的纸币放在一起，请小朋友按要求找出1元、5角的纸币。

3．购物体验：

商店游戏：1 元区和 5 角区。

（1）教师：今天在我们幼儿园里也新开了一家儿童用品专卖店，你们想不想去看看啊？教师带着幼儿到 1 元区和 5 角区参观，让幼儿摸一摸专卖店里的糖果、玩具。回到座位上后让幼儿说一说专卖店里都有什么。

（2）教师介绍专卖店的情况：玩具在 1 元区、糖果在 5 角区。现在小朋友到店里去买自己喜欢的东西吧。

（3）幼儿自由购物。

4．情感体验：教师展示另外一件能吸引小朋友的玩具："老师这里还有一件更好玩的玩具（教师操作玩具），你们想买吗？可是这个玩具要两元钱！"把这个玩具卖给有两元钱的小朋友。刚才那位小朋友为什么还有那么多的钱呢？因为他在买东西的时候只买了一些自己特别喜欢的东西，省下来的钱可以买更好的东西。现在请你们带着自己买好的东西到教室里去玩一玩吧。

三、几何形体和空间方位

视障儿童初步学习辨别空间方位，有利于其空间知觉概念的发展。通过学习可帮助视障儿童逐步形成空间观念，促进其想象力和创造力的发展。

认识球体

【活动目标】

认识球体，知道它们的名称、特征。

【活动建议】

1．活动准备：大大小小的各种球每人一组；每人一盒彩泥、一张圆形纸片；方形纸若干张。

2．感知体验：展示皮球。指导幼儿触摸感知其外形特征，介绍它们的名称——球体，请每个幼儿在地上玩球，让其发现：将球的任意一面放在地上它都能滚动。

用儿歌概括球体的特征：小皮球圆溜溜，哪边摸它都很圆；小皮球骨碌碌，哪边推它都能滚。

3．探索发现：每个幼儿取一张圆片，让幼儿比较：转动圆片及滚球时形状怎样？发现了什么？

4．实践操作：让幼儿用彩泥做一个球，在桌面上滚动球，说说它的特点。

认识正方体和长方体

【活动目标】

认识立体图形正方体和长方体，了解其特征，知道平面和立体的不同，认识立方体与其平面图之间的关系，初步理解三维空间的概念。

【活动建议】

1. 活动准备：几张正方形和长方形的纸；各种正方体和长方体的积木；几个废旧的纸箱或纸盒。

2. 复习导入：复习正方形和长方形的知识。

3. 感知体验：用各种办法认识正方体和长方体。

（1）摸一摸积木，数一数正方体有几个面，长方体有几个面。

（2）说一说正方体的面有什么特点，长方体的面有什么特点。

（3）把废旧纸箱、废旧纸盒展开铺平，数一数有几个面。

4. 师生讨论：正方体和长方体都是由6个面组成的。正方体的6个面都是一样大的正方形；有的长方体的6个面都是长方形；也有的长方体的4个面是长方形，2个面是正方形。

5. 拼搭游戏："搭积木"。幼儿自由选取各种积木，组合搭建成各种正方体或长方体的形状，并说出自己搭的形状。

认识圆柱体

【活动目标】

认识圆柱体，知道圆柱体的主要特征。

【活动建议】

1. 活动准备：同样大小的圆形硬币若干；不同粗细的圆柱体积木；不同粗细的木棍、饮料瓶若干。

2. 复习导入：复习圆形的知识，复习正方体、长方体的知识。

3. 感知体验：展示圆形硬币，请幼儿说出它的形状。然后将10个同样的硬币整齐叠放，用卷纸粘贴起来。请幼儿通过触摸感知它的形状，并告诉幼儿：这就是圆柱体，圆柱体的两端是两个一样大的圆形平面，从上到下一样粗，它躺着能滚动，直立能站稳。

4. 操作比较：①让每个幼儿用两个粗细不同的积木进行比较，看看有什么不同；②小结：顶端平面圆形大的这个圆柱体就粗，顶端平面圆形小的这个圆柱体就细；③让幼儿用手握的方法比较各种不同粗细的木棍或饮料瓶等。

以客体为中心区分左右

【活动目标】

1. 使幼儿乐于观察和比较，并能积极参与数学活动。

2. 在以自身为中心区分左右的基础上，学会以客体为中心区分左右。

3. 培养幼儿的空间方位感，提高其思维的灵活性。

【活动建议】

1. 活动准备：木偶若干。

2. 趣味游戏：通过游戏，幼儿复习以自我为中心区分左右。教师：今天我们要玩一个游戏，当我说"左手"，你们就伸出你们的左手，当我说"右耳朵"，你们就用手指着你们的右耳朵。

3. 操作感知：幼儿初步了解以客体为中心区分左右。

（1）展示木偶（背对着幼儿），让幼儿判断其左右是什么？

教师：这是一排木偶，这里有小狗、小兔子、小乌龟……

教师：这是小狗，它的左边是什么？

（2）展示木偶（正对着幼儿），让幼儿判断其左右是什么？

教师：现在小朋友来看一下小狗的左边是什么？

（3）幼儿认识到正对着他们的事物的左右和他们是相反的。

教师：当实物和我们是面对面时，它的左边就是我们的右边。

4. 实践感知：通过游戏，幼儿进一步学会以客体为中心区分左右。几个幼儿排成一排，让幼儿说一说与他们面对面的左右分别是谁。

四、时间和日期

视障儿童对时间的感知和认识，有助于他们时间知觉的发展，利于其生活能力的增强。

认识时钟

【活动目标】

1. 了解时钟的表面结构及时针、分针的运转规律，知道时钟有整点、半点。

2. 知道时钟的用途。

3. 学会珍惜时间，养成按时作息的好习惯。

【活动建议】

1. 活动准备：实物挂钟一个，自制一座大钟（分针上有一只小兔子，时针上有一只小乌龟）；为每个幼儿准备一个硬纸片做的钟。

2．激发兴趣：教师提问：

（1）人们怎么知道现在是几点钟？（看钟、看手表）家里还有哪些？（大座钟；催我们早早起的小闹钟；还有人们为了携带方便，将钟做得很小，戴在手上，叫"手表"）

（2）钟的作用是什么？（时钟不停地走动，为人们显示时间，人们按时间来进行工作、学习和休息）

3．感知体验：

（1）请幼儿摸一摸这个钟是什么形状的？（圆形的）小朋友们还见过什么形状的钟？（正方形的、青蛙形的、心形的等）

（2）请幼儿摸一摸钟上面有什么？（有两根针）教师讲解钟上的12个数字，"12"总是在上面，"6"总是在下面，并教幼儿认识较短的"时针"和较长的"分针"。

（3）让幼儿听时钟的滴答声，感受时针、分针的运转规律，知道滴答一声就是一秒钟。使幼儿明白长针（分针）每走一圈，短针（时针）就走一格，这就是一个小时。

4．实践操作：认识整点、半点。当短针（时针）正指向某一个数字，长针（分针）正指向12时就表示"×点钟"。边拨边和幼儿一起说："1点钟、2点钟、3点钟……"直到"12点钟"（即两针重合）为止。长、短针都拨到12上，分针从12开始走起，经过1、2、3、4、5，指在6上面时，正好走了半圈，这时，时针走在12和1的中间，这就是12点半。告诉幼儿分针走半圈，指在6上面，时针就走半格，就是"半点"。然后，教师依次拨1点半、2点半、3点半。

5．实际应用：请幼儿说一说一天的作息。（早上7点起床，上午9点上课，中午12点吃午餐，下午5点放学，晚上8点睡觉）教育幼儿从小做到按时间进行各种活动，珍惜时间。

6．游戏活动：玩"老狼老狼几点钟"游戏，请幼儿熟悉整点和半点。

认识"星期"

【活动目标】

1．复习巩固1到7的序数，2到6的邻数。

2．认识时间"星期"，了解其顺序性、周期性，初步形成"星期"概念。激发幼儿对时间的兴趣，引导幼儿积极、主动、快乐地参与学习活动。

【活动建议】

1. 活动准备：

（1）教具、学具方面：故事盒，里面装有童话故事《星期妈妈和孩子们》。

（2）幼儿知识经验准备：学习8以内的序数和邻数，通过挂历、台历对"星期"的时间概念有初步了解。

2. 趣味游戏：复习巩固1到7的序数，2到6的邻数。

（1）复习序数：请幼儿按顺序排队，并讲出第一、第二……第七各是哪个小朋友，并知道用数字几表示。

（2）巩固邻数：开展"数字娃娃找邻居"的游戏。

例如：教师以数字娃娃的口气问："我是2，我的邻居是几和几？请小朋友帮助我，帮我找出好邻居。"幼儿可回答："2、2、2，你的邻居是1和3，1和3是你的好邻居。"

3. 感知体验：认识时间"星期"，了解其顺序性、周期性。

（1）听童话故事《星期妈妈和孩子们》。在第一遍教师口头讲述故事后，提问："童话的名称及故事里讲到谁？她想干什么？"幼儿回答后，教师交代本节课新授内容是认识"星期"，并提出以下问题："星期妈妈一连生了几个孩子？""她给孩子们取了什么名字？""穿什么颜色的衣服？"请幼儿再听一遍故事。

（2）再次听故事。边讲边展示星期娃娃（打乱星期一至星期日的顺序），然后请幼儿回答以上问题。需要强调的是：星期妈妈的第一个孩子是谁？第二个孩子是谁……最后一个孩子是谁？让幼儿帮星期宝宝们排队，明确星期的顺序性。

4. 游戏活动："找邻居"。

游戏规则：教师说星期几，就请小朋友讲出星期几的两个邻居（如星期二，星期二的两个邻居是星期一和星期三）。游戏反复进行四五次。

突出强调：星期日的邻居是谁啊？（意在突破星期的周期性这一难点，让幼儿具有明确的周期意识，即一个星期有七天，一个星期结束，下个星期开始）

童话故事《星期妈妈和孩子们》

星期妈妈一连生了七个孩子，她皱着眉头说："我还得给他们取七个好听的名字呢！"

星期妈妈看着孩子们，想呀想呀，觉得他们非常可爱，非常漂亮，于是她高兴地说："有了，有了，好听的名字有了。"她边说边伸出手指，轻轻地点着孩子们的脑袋说："梅花、桃花、兰花……"可是她只报了三个名字就停住了，"哎呀！不行，不行，这不是跟花儿们的名字一样了吗？"

星期妈妈又看着孩子们，想呀想呀，觉得他们非常聪明，非常伶俐，于是她又快乐地喊起来："有了，有了，好听的名字有了。"她边说边伸出手指，轻轻地点着孩子们的脑袋说："宝宝、聪聪、明明、伶伶、俐俐……"可是念到这儿，她又停住了，"哎呀，不行，不行，这不是和小朋友们的名字一样了吗？"

星期妈妈又想呀想。突然，她拍着自己的脑袋自言自语地说："啊哈！有了，有了，我的孩子是一天接一天出生的，就按他们出生的次序来取名吧！""星期一……星期六、星期七"，星期妈妈说到最后一个孩子的名字"星期七"时，感到这个名字很别扭，她想了一下说："一天生一个孩子，一天就是一日，星期七就叫星期日吧。"星期妈妈取好了七个孩子的名字，嘘了一口气，高兴地说："好啦，好啦，七个好听的名字总算取好了。"

过了一会儿，星期妈妈拿来两件红衣服说："星期六、星期日是我七个孩子中最小的两个孩子，就让他们穿上最漂亮的红衣服吧！"星期一、星期二、星期三、星期四、星期五这五个孩子长得白白胖胖的，星期妈妈说："给他们穿上黑衣服最漂亮。"于是她又拿来五件黑衣服，一边给他们穿一边笑嘻嘻地说："黑衣服，黑衣服，黑里衬出白皮肤，衣服黑，皮肤白，人人见了都喜爱。"

星期妈妈的孩子们渐渐长大了，他们不但学会了走路，而且还经常手拉手围在妈妈身边，跳起快乐的"圆圈舞"呢！

盲文前技能

一、我的盲文点字

视障儿童在正式学习盲文之前，可以让他们广泛地接触盲文点字，让他们对书面文字有熟悉的感觉和充分的体验，增强他们在小学阶段的学习信心。

"送鸡蛋"

【活动目标】

掌握上、下、左、右、中间等概念，学会一一对应；知道六个格的位置，并知道名称。

【活动建议】

1. 活动准备：帽子、六格鸡蛋板若干、乒乓球若干。

2. 感知体验：展示教具，引起幼儿触摸的兴趣。

3. 探索讨论：请幼儿触摸教具，提问："是什么物品？数数有几格？说说左边有几格，右边有几格？"教师给每格都起了名字，请幼儿边触摸边跟教师念："左上角第一格，左中间第二格，左下角第三格，右上角第四格，右中间第五格，右下角第六格。"

4. 练习巩固："送鸡蛋"。要求幼儿听清指令把鸡蛋送到相应的位置。

5. 趣味游戏："看谁做得对"。幼儿排成两列，每列3人，按六点字顺序给每个人起名字，要求记住自己的名称（如左上角、左中间、左下角、右上角、右中间、右下角），再请一名幼儿站在两列队中间，先让幼儿了解各个方位的名称，听教师指令把帽子戴在相应的方位上，让别的幼儿说说他做得对不对。

认识点字钉板

【活动目标】

学会打开点字钉板，能够双手配合按顺序插六点字，了解左上角、左中间、左下角、右上角、右中间、右下角及行的概念。

【活动建议】

1. 活动准备：点字钉板、点字钉人手一份。

2. 激发兴趣：展示教具，引起幼儿的兴趣。

3. 讨论交流：请幼儿触摸教具，提问："是什么物品？点字钉板的形状是怎样的？它的边上有些什么？想知道里边是怎样的吗？"（学习打开点字钉板）打开点字钉板，触摸里边的结构，数数每一行有几个六点字？有多少行六点字？

4. 练习体会：要求幼儿左手摸到插洞，用右手食指和拇指拿钉，找到插洞处进行插钉。

我会插六点字

【活动目标】

能够双手配合按六点字的顺序插点字，能够熟练找到每一点的位置；知道空方的意思，能够从左到右摸读点位。

【活动建议】

1. 活动准备：点字钉板、点字钉人手一份。

2. 摸读感受：请幼儿打开点字钉板，边触摸边跟教师读："左上角第一点，左中间第二点，左下角第三点，右上角第四点，右中间第五点，右下角第六点。"

3. 操作练习：要求幼儿在第一行按1、2、3、4、5、6点的顺序插六点字（不空方），教师巡视辅导幼儿。

4. 经验迁移：请幼儿在第二行插六点字（要求空方），插完后边摸六点字边跟着教师读"六点字、跳方"。

5. 竞赛游戏：比赛插写六点字，要求空方插写，看谁又准又快。

学习左、右盲文点位

【活动目标】

知道1、2、3点在左边，4、5、6点在右边，能够按照教师的指令插点位。

【活动建议】

1. 活动准备：点字钉板、点字钉人手一份。

2. 竞赛引入：比赛插写六点字，要求空方插写，看谁又准又快。

3. 思考讨论：要求幼儿把第4、5、6点拿出来后，请幼儿说说还有哪几点，它们分别在什么方向？

4. 自由练习：请幼儿在第二行插左边点位（要求空方），插完后边摸点位边跟着教师读"1、2、3在左边、跳方"。在第三行插右边4、5、6点（要求空方），插完后边摸点位边跟着教师读"4、5、6 在右边、跳方"。

5. 活动延伸：同样的方法学习上、中、下盲文点位。

有趣的数字点位

【活动目标】

知道 3、4、5、6 点是数字符号，在插数字的时候一定要插数字符号，能记住 0 到 9 的数字点位。

【活动建议】

1. 活动准备：点字钉板、点字钉人手一份。

2. 读一读：请幼儿插 3、4、5、6 点（要求空方），插完后边摸点位边跟着教师读"数字符号 3、4、5、6 点、跳方"。

3. 做一做：请幼儿在 3、4、5、6 点后面加第一点，告诉他们这是盲文的数字 1，并跟着教师读"3、4、5、6 点加第一点数字 1"。

4. 练一练：幼儿自己在第二行练习插写数字 1，教师进行个别辅导。

5. 活动延伸：

（1）同样的方法学习其他数字，要求幼儿在课余时间读数字点位，加深记忆。

（2）待幼儿记熟所有盲文数字点位后，可以进行"听声音说数字点位"的游戏。要求幼儿仔细听敲物品的声音，数数敲了几下，然后说出数字点位。

我的名字

【活动目标】

让幼儿了解自己的盲文名字点位，对自己的盲文名字产生兴趣，不要求幼儿学习拼音点位。

【活动建议】

1. 活动准备：点字钉板、点字钉人手一份。

2. 听一听：引起幼儿对自己盲文名字的兴趣。

3. 摸一摸：教师帮助每位幼儿插好自己名字的盲文点位，请幼儿自己触摸。

4. 练一练：自己练习插自己的名字，插完后教师检查。

5. 读一读：要求幼儿把自己的名字点位读出来。

二、我的盲文书

认识盲文书本对视障儿童以后的正式学习有很大的帮助。鼓励幼儿用书面语言表达他们的生活经历和思考经历过的事情，并制作成经历书，以发展他们的早期阅读能力。

各种各样的纸

【活动目标】

能够认识五种以上的纸，知道纸张的功用与种类；能够专心完成一本书的制作设计，学会爱惜自己的书本。

【活动建议】

1. 活动准备：五种以上的纸（皱纸、海绵纸、硬卡纸、砂纸、蜡光纸等），纸箱一个，胶水，订书机，装订夹，装订好的纸数张，各种制作材料。

2. 激发兴趣：引入课题，激发幼儿游戏活动的兴趣。

3. 触摸游戏："神秘箱"游戏：准备各种纸（皱纸、海绵纸、硬卡纸、砂纸、蜡光纸等）。教师先将每种纸展示出来，再说出每种纸的名称，请幼儿触摸纸，说说有什么感觉，记住纸的名称；将纸放入神秘箱，教师先伸入箱内摸出一张纸，说出感觉，让幼儿猜是什么纸；让幼儿自己从神秘箱里抽出一张纸，说出自己摸到了什么纸，再让其他幼儿触摸，检查这位幼儿的判断是否正确。

4. 讨论交流："请幼儿说说各种纸有什么作用？"教师可做补充说明。

5. 尝试制作："各种各样的纸"：请幼儿选择自己喜欢的一种纸，贴在盲文纸上，教师让学生说出纸的名称和感觉，教师用汉字和盲文写在盲文纸上；制作后再让每位幼儿把自己做的纸装订成一本经历书；请幼儿共同为这本书命名（教师可通过提问引导幼儿思考），自由触摸自己制作的经历书。

和书交朋友

【活动目标】

认识各种各样的书，知道书的名称和用途；学会爱护书本，养成良好的摆放习惯。

【活动建议】

1. 活动提供：各种类型的书本（盲文课本、幼儿故事书、电子音乐书、电子故事书、布书等）。

2. 感知体验：请幼儿触摸各种书籍，感知用不同材料制作的书本。

3. 讨论交流：教师提问：这些书一样吗？什么地方不一样？（引导幼儿从形状、大小、厚薄、材料等方面进行比较）

4. 竞赛游戏："看谁找得对"。请幼儿听清教师的要求找到指定的书本，并告诉教师这本书有什么用？

认识盲文课本

【活动目标】

掌握摆放书本的方法和正确的翻书姿势，能够一页一页地翻书；理解书本的空间概念（上、下、左、右、中间不同的方位）。

【活动建议】

1. 活动准备：用孩子可辨认的实物制作一些点字书本或一年级的课本数本。

2. 自主活动：复习所认识书的种类，教给幼儿摆放书本的方法。

3. 操作游戏："看谁做得对"：幼儿听教师说方向，然后把手放到书本上指定的方向。

4. 动手练习：学习翻书，要求幼儿从书的右下角开始一页一页地翻书，告诉教师自己的书本有几页。

三、我会摸盲文点字了

在学习盲文的早期阶段，提高儿童的快速阅读技巧是非常重要的，盲文的阅读技巧涉及正确的身体姿势、手和手指的灵活移动、手指的力度等方面。不良的阅读习惯会阻碍今后阅读的速度和阅读的过程。这个单元主要培养视障儿童掌握盲文摸读的正确姿势，鼓励他们用轻触法和逐字法进行盲文的阅读，并通过不断的练习使摸读的技巧更加娴熟，并形成良好的摸读习惯。

从左到右触摸追踪

【活动目标】

能够掌握正确的摸读盲文点位的姿势，学会两手从左到右触摸盲文点位，并能摸出一共有几个盲文点。

【活动建议】

1. 活动准备：写有四行1个点、2个点、3个点、4个点、6个点的盲文纸各一张或把这些纸装订成一本摸读书。

2. 儿歌导入：改编儿歌《我有一双有用的手》，引起幼儿摸读的兴趣。

3. 摸读游戏：教幼儿边读儿歌"我有一双有用的手，能摸书来能写字，八个手指轻轻放，右手食指带着走，不搓、不压、不抠盲文点，养成习惯人人夸"，边做相应的摸读动作，教师帮助幼儿掌握正确的摸读姿势。

4. 操作练习：让幼儿在写有四行1个点盲文的纸上练习摸读儿歌，要求幼儿摸完一行后，左手回到行头，往下摸找到下一行，右手找到左手再练习摸下一行。

摸读缺一点盲文

【活动目标】

能够掌握正确的摸读盲文点位的姿势，右手能够按六点字的 1、2、3、4、5、6 点顺序摸读，知道是缺哪一点。

【活动建议】

1. 活动准备：写有缺一点盲文的纸数张（包括缺第 1、2、3、4、5、6 点各一行；有各种缺一点的两行）。

2. 复习导入：复习摸读儿歌《我有一双有用的手》。

3. 感知体验：学习摸读缺一点盲文，要求幼儿读出有哪些点并说出缺哪一点，如 1、2、3、4、5 点缺第 6 点。

4. 自主练习：幼儿自己练习摸读，教师辅导摸读能力差的幼儿，主要帮助他们掌握正确的摸读姿势。

5. 讨论交流：缺一点盲文与缺第一点盲文是一样的吗？有什么不一样？（幼儿讨论，教师总结）

6. 活动延伸：同样的方法学习摸读缺二点盲文、盲文数字 0～9 和各种不同的盲文点位。

四、我的书写工具

做好装写字板练习对今后的盲文书写速度有很大的帮助。帮助视障儿童学会通过双手配合，左右对齐地装写字板，掌握纸的上、下、左、右、中间、边、角的空间概念，并了解盲文打字机的结构，知道打字机的作用，了解打字的方法。

认识写字板

【活动目标】

了解写字板的结构，掌握纸的上、下、左、右、中间、边、角的空间概念，学会用纸左右对齐写字板，双手压纸，用左手小指勾起左边的板，往右边压纸。

【活动建议】

1. 活动准备：写字板每人一份、盲文纸若干。

2. 激发兴趣：展示写字板，请幼儿触摸，引起幼儿学习的兴趣。

3. 问题探索：认识写字板：触摸写字板，说说形状是怎样的？（分为上板、下板）上板和下板有什么不同？（上板上有小洞，下板上有挂纸钉）数数下板上一行有几个六点字？有几行？

4. 感知体验：发给每位幼儿一张盲文纸，要求幼儿说说有几条边，几个角？找到纸的左、右、上、下、中间位置。

5. 自主练习：学习左右对齐地装写字板。要求幼儿对齐后，右手压纸不动，左手食指、中指压纸。尾指勾起左边的板向右边压纸，压到右手后右手才离开写字板，双手向下压纸，然后再练习装下一个写字板。

认识写字笔

【活动目标】

认识写字笔，掌握正确的握笔姿势，能够书写六点字，了解什么是正摸反写（写盲文和摸盲文的方向是相反的）。

【活动建议】

1. 活动准备：铅笔、写字板、写字笔每人一份，盲文纸若干。

2. 感知体验：请幼儿对比触摸写字笔与铅笔，引起幼儿学习的兴趣。

3. 师生讨论："说说写字笔与铅笔有什么不同？知道两种笔怎样握吗？"

4. 动手操作：请幼儿学习正确的握写字笔的方法：右手中指与拇指握笔，食指点笔，在纸上从右到左练习点笔（了解正摸反写的原理）。

5. 自主练习：幼儿自己装纸，学习写六点字，教师巡视辅导幼儿。

认识盲文打字机

【活动目标】

认识盲文打字机，了解盲文打字机的结构，知道打字机的作用，了解打字的方法。

【活动建议】

1. 活动准备：打字机一台。

2. 感知体验：触摸盲文打字机的结构，引起幼儿的兴趣。

3. 师生讨论："说说打字机上有什么东西？"（了解盲文打字机的结构）

4. 操作体验：教师给幼儿装好纸，幼儿自由打1、2、3、4、5、6点。

5. 竞赛游戏：听教师的指令要求来打盲文点，看谁打得又准又快。

体育活动

一、走跑活动

走是实现位移的基本技能，也是视障儿童大肌肉动作发展的一个重要方面，不仅为视障儿童其他大动作的发展奠定了基础，还扩大了视障儿童的探索空间。跑是走动作的延伸，提高了视障儿童的活动能力，增强了视障儿童的体质，为其参与多种体育活动和游戏活动提供了必要条件。

捡豆豆

【活动目标】
练习听指令并有节奏地走，体会集体游戏的快乐。

【活动建议】

1. 活动准备：录音机及相关的教学 CD。
2. 活动热身：幼儿听音乐《拉个圆圈走走》，跟随音乐做相应的动作。
3. 活动方法：幼儿围成一个圆圈蹲着，扮演豆豆，教师扮演捡豆人站在圆圈中。
4. 活动重点：建议先教会幼儿朗读儿歌再进行游戏。

游戏开始，大家边拍手边念儿歌："红豆豆、绿豆豆，捡进我的篮里头，伯伯种豆不容易，一粒豆豆也不丢。"

教师随儿歌和拍手的节奏在圈内走，边走边任意摸一下幼儿的头，被摸到头的幼儿马上站起来拉着教师的衣服跟在教师后面随儿歌和拍手的节奏走。如此反复进行，直到所有的豆豆捡完。

5. 相关资料：歌曲《拉个圆圈走走》：手拉手儿走走，拉个圆圈走走，走啊走，走啊走，看看谁先蹲下；手拉手儿跑跑，拉个圆圈跑跑，跑啊跑，跑啊跑，看看谁先站好。

狐狸先生几点钟

【活动目标】

1. 锻炼走和跑交替的能力，提高思维的判断力和反应能力。

2. 体会集体游戏的快乐。

【活动建议】

1. 活动准备：听音乐磁带《狐狸先生几点钟》。

2. 活动热身：幼儿听音乐做"关节操"，活动身体各个关节。

3. 角色扮演：低视力幼儿扮演"狐狸"，其他幼儿扮演"猴子"。游戏开始，"狐狸"和"猴子"同时向前走，"猴子"边走边问："狐狸先生几点钟？""狐狸"随意说出"1点了"，"猴子"继续往前走，"狐狸"可以回答："4点了""6点了"。当"狐狸"回答："天黑了"时，"猴子"要立刻往前快跑回家，"狐狸"立即追捕。听到哨音时，"狐狸"和"猴子"都要立刻停止跑步。

4. 情感体验：让幼儿体会到集体游戏的快乐，体验到成功的喜悦，增强幼儿的自信心。

传响球接力赛

【活动目标】

1. 练习 20～30 米快跑，提高快跑的能力。

2. 培养其合作精神。

【活动建议】

1. 活动准备：响球 2 个。

2. 活动热身：幼儿跟随音乐做"关节操"，活动身体各个关节。

3. 活动游戏：传响球接力赛。玩法：幼儿持小球站在起跑线上，同组的幼儿站在相距 10～20 米的往返线上。游戏开始，幼儿跑到往返线，把球传给同组的幼儿，幼儿接球后返回。如此进行，直到最后一名幼儿接到小球，最先跑到终点的为胜。

4. 安全提示：幼儿传接球时一定要有教师站在旁边，以防撞到其他小朋友。

二、跳跃活动

通过有目的、有计划的体育游戏、活动锻炼幼儿的跳跃能力，可以提高幼儿大脑皮质运动中枢的发展水平和功能，促进身体动作的协调，使幼儿四肢骨骼的发育更加坚固，腿部肌肉更有弹性。

石头、剪刀、布

【活动目标】

1. 提高其跳跃能力，培养其快速反应能力。

2. 使其体会集体游戏的乐趣。

【活动建议】

1. 活动热身：幼儿跟随音乐做"关节操"。

2. 活动导入：游戏"剪刀、石头、布"，讲解规则：剪刀胜布、布胜石头、石头胜剪刀。

3. 活动方法：幼儿边跳边念："石头、剪刀、布。"原地上跳两下。落地时成不同的姿势：两脚并拢为石头，两脚前后开立为剪刀，两脚左右开立为布。

4. 活动比赛：全体幼儿排成两路纵队，两队的排头相对，由排头的两个幼儿开始，输了的幼儿回到自己队伍的最后面，赢了的幼儿继续和对面的幼儿比赛，依次类推。

跨越小河

【活动目标】

1. 使其能够跨越 50 厘米的小河。

2. 发展弹跳能力。

【活动建议】

1. 活动准备：小的软垫子若干张、音乐 CD：《兔子舞》。

2. 活动热身：幼儿跟随音乐做"关节操"。

3. 集体游戏："兔子舞"。听音乐进行向前、向后、向左、向右的跳跃。

4. 师生讨论：提出问题，引导幼儿寻找"过河"的方法。"前面的小河里没有船，河上没有桥，我们怎样才能既不弄湿鞋子也过得了河呢？"

5. 方法尝试：全体幼儿排成一列横队站在垫子上，在离幼儿 50 厘米左右的地方放置若干张软垫，鼓励幼儿跳到软垫上面去。

三、钻爬投掷活动

钻爬可以发展视障儿童灵活、柔韧等素质，改善视障儿童的前庭平衡，发展视障儿童的专注力。投掷可以发展视障儿童的力量素质，培养视障儿童勇敢、不怕挫折的精神。

好玩的平衡圆

【活动目标】

1. 利用平衡圆，发展平衡、钻爬、攀登能力。

2. 尝试进行各项身体活动练习，提高其灵敏性和协调性。

3. 培养其勇敢、不怕困难的精神。

【活动建议】

1. 活动准备：平衡圆、海绵垫子若干。

2. 活动热身：听音乐做拍手操。

3. 攀登练习：教师把平衡圆摆成攀爬架的形状让幼儿认识后，鼓励幼儿双手双脚协调用力爬上攀爬架，爬到最高点时一只手模拟摘野果的动作摘野果。然后两手向后扶住平衡圆的侧面，一步一步走下来。

4. 组合练习：爬行通过一个垫子，然后攀登高山，从山上下来后再爬行通过一个垫子。

5. 休闲放松：摇椅活动：把平衡圆翻过来，变成一个摇椅，两个视障幼儿为一组，一个躺在摇椅上，另一个帮助摇动摇椅，并配上儿歌：摇摇摇，摇到外婆桥，外婆说我是好宝宝。

6. 情感体验：教师用语言鼓励胆子较小的幼儿，并适当提供保护，帮助其爬上攀爬架，为他建立成功体验。

火车钻山洞

【活动目标】

1. 训练正面钻和侧面钻动作的技能，提高身体动作的灵敏性和协调性。

2. 培养其不怕困难的良好品质。

【活动建议】

1. 活动准备：橡皮筋、椅子。

2. 场地布置：正面钻：将皮筋系在两把椅背上，相距 1~1.5 米。侧面钻：将皮筋系在两把椅背上，椅子高 1 米，宽 60 厘米左右。

3. 活动热身：游戏"请你跟我做"。教师说："请你跟我拍拍手、点点头、耸耸肩、踢踢腿、弯弯腰、蹲一蹲、跳一跳、踏踏步。"幼儿一边说："我就跟你拍拍手、点点头、耸耸肩、踢踢腿、弯弯腰、蹲一蹲、跳一跳、踏踏步。"一边做相应的动作。

4. 游戏方法：让前面的幼儿排成一路纵队站好，后面的幼儿两手搭在前面幼儿的肩膀上，如果有低视力幼儿的话让低视力幼儿站在排头。

教师大声喊："快快来，快快来，我们的火车就要开，就要开，呜——"

后面的幼儿左臂搭在前面幼儿的肩膀，右臂屈肘前后摆动，模仿火车车轮的转动。正面钻：行驶到"山洞"的洞口时要低头弯腰钻过去，"火车"继续开，钻来钻去。侧面钻：将皮筋系在两把椅背上，椅子高1米，宽60厘米左右。幼儿的火车开过来，到洞口时，蹲下先伸出一条腿，再团身移动过去，换另一条腿伸出。

5. 情感体验：让幼儿体会集体游戏的快乐。

痛打大灰狼

【活动目标】

1. 发展幼儿的投掷技能和上肢力量。

2. 培养幼儿积极愉快的情感。

【活动建议】

1. 活动准备：装沙子：幼儿每人1个塑料瓶子，可以是平时喝完的饮料瓶，让幼儿在沙池自由装沙子，不需要装满瓶，装半瓶就够了。

2. 热身活动：幼儿拿着装了沙子的瓶子做器械操：伸展、扩胸、腹背、跳跃运动等。

3. 活动尝试：幼儿手拿着沙瓶，尝试练习肩上挥臂投掷沙瓶的练习。教师可以将全体的幼儿编号，听到相应编号的幼儿投掷沙瓶，教师逐一指导。

4. 集体游戏：让幼儿在沙池前面排成一列横队，当幼儿听到教师说"大灰狼来了"的声音后，将手中的瓶子向沙池投去。

四、平衡活动

平衡是视障儿童进行各种活动和保持身体姿势所必需的重要因素，是视障儿童进行走、跑、跳等大肌肉运动的基础。

运沙包过小桥

【活动目标】

1. 提高幼儿控制身体平衡的能力和动作的协调性。

2. 培养幼儿对体育活动的兴趣。

【活动建议】

1. 活动准备：平衡木、小沙包若干个，钢琴曲。

2. 活动谈论：让幼儿想多种运送沙包过小桥的方法。可参考的方法有手平托沙包过小桥、头顶沙包过小桥、背着沙包过小桥、手举高并托沙包过小桥。幼儿按顺序轮流尝试运送沙包过小桥。

3. 竞赛游戏：看谁运沙包的方式多，走得稳，能顺利地过小桥。

4. 活动重点：鼓励幼儿大胆尝试不同的运动方式，必要时给予帮助；教师根据幼儿运动的实际情况，增减运动强度和难度，控制幼儿的运动量。

运炮弹

【活动目标】

1. 提高平衡能力，发展协调、灵敏能力。

2. 培养其积极参加活动的兴趣及自觉遵守规则的好习惯。

【活动建议】

1. 活动准备：阳光隧道 3 个，每个幼儿一个灌水的饮料瓶、平衡木一张、垫子若干、箩筐 2 个。

2. 热身活动：幼儿手拿着一个饮料瓶做器械操：伸展、扩胸、腹背、跳跃运动等。

3. 自由活动：将 3 个阳光隧道放在空地上，让幼儿自由钻爬。

4. 活动尝试：幼儿托着"炮弹"（灌水的饮料瓶），钻过"山洞"（阳光隧道），走过"独木桥"（平衡木），把"炮弹"送到"前方阵地"（箩筐）。

5. 活动竞赛：全体幼儿分成两组，托着"炮弹"（灌水的饮料瓶），钻过"山洞"（阳光隧道），走过"独木桥"（平衡木），把"炮弹"送到"前方阵地"（箩筐），看哪个队的速度快，速度快的那一队为赢。

6. 竞赛规则：速度快的那一队为赢，速度慢的那一队为输，输了的那一队要表演唱歌。

垫上角力游戏

【活动目标】

1. 培养其肌肉耐力、身体平衡性和灵敏协调能力。

2. 培养其竞争意识。

【活动建议】

1. 活动准备：体操垫子若干张。

2. 热身活动：全体幼儿在活动场内跟随教师的口令做走、跑交替练习。

3. 活动方法：教师讲解游戏玩法。

玩法一：两个幼儿同时坐在垫子上，背部互相贴紧，听到"开始"口令后，幼儿的手臂撑在垫子上，身体用力互相推挤，看谁先被挤下垫子，先下垫子者为失败者。

玩法二："斗手力"：两名幼儿面对面坐在垫子上，各用两只手互相推，以先倒下者为失败者。

4. 自由尝试：教师将两名能力相当的视障幼儿分成一组，幼儿按分组情况进行玩法一、二的游戏。若幼儿熟练后，可以让他们互相选择同伴进行练习。

5. 竞赛活动："擂台赛"：教师指定一种游戏玩法，随意选出一个幼儿做擂主，其他幼儿按要求挑战擂主，赢了的小朋友换做擂主，直到全体幼儿全部挑战完毕，最后赢的小朋友可以得到奖励。

五、球类活动

球类活动是视障儿童最喜欢的体育项目之一，也是幼儿园体育锻炼的重要内容。通过球类游戏，可以满足视障儿童的兴趣，提高视障儿童参与体育活动的积极性；促进视障儿童神经系统对肌肉的控制与调节、视觉与大肌肉动作的协调、左右手的相互配合与协调（左右手拍球）、腿部动作与手的动作的配合与协调（运球）等方面能力的发展。

在身上滚球

【活动目标】
1. 提高手的灵敏性和身体动作的协调能力。
2. 使其体验球在身上滚动、转动的感觉。

【活动建议】
1. 活动准备：与幼儿人数相等的小垫子、皮球。
2. 热身活动：教师带领幼儿在垫子上做"垫上操"。
3. 活动方法：坐在垫子上，两腿伸直并拢，将球放在脚背上，用手慢慢将球向身体上部滚动，一直滚到颈部，当球滚到腹部时，上身要顺势向后躺下，然后再将球由颈部滚回脚背，当球滚到腹部时，上身也要顺势抬起成坐姿。
4. 讨论尝试：幼儿互相讨论在身上滚球的其他方法，并进行尝试练习。
5. 竞赛活动：幼儿动作熟练后，教师选定一种方法进行比赛，看谁做得既快又好。
6. 注意事项：运动以在身上滚球为主，可根据具体情况相应地增加运动内容；注意对幼儿进行个别指导和帮助。

双手交替拍球

【活动目标】
1. 能够双手交替连续拍球 30 次以上。

2. 发展双手协调能力。

3. 提高集体荣誉感和合作能力。

【活动建议】

1. 活动准备：皮球数量与幼儿数量相等、箩筐2个。

2. 技能准备：双手连续拍球。

3. 热身游戏："运西瓜"：幼儿排成人数相等的二路纵队，两位教师负责一队幼儿，由排头的幼儿开始，幼儿双手抱着"西瓜（皮球）"，将"西瓜"运到指定地点，把"西瓜"放到箩筐里，当他把"西瓜"放到箩筐里的时候，该队的教师就指挥下一个幼儿开始"运西瓜"，看哪个队先完成。

4. 活动方法：通过前臂、手腕、手指等部位肌肉的合作与协调，用力将球拍起，当球从地面反弹起来的时候，手要自然地随着球向上抬起缓冲，然后再向下拍球，如此反复。

5. 探索学习：幼儿在活动场所四散站立，每人一个小皮球，尝试探索双手交替拍球。

6. 竞赛游戏：在相同的时间里，看谁拍球的次数最多。

7. 活动延伸："花样拍球"，指导幼儿将所学过的、自己能够想到的拍球方法在活动时间里都尝试一下，看谁会的花样多。

夹球游戏

【活动目标】

训练动作的协调性和合作能力。

【活动建议】

1. 活动准备：皮球（数量为幼儿人数的一半）。

2. 热身活动：听音乐做双手连续拍球练习。

3. 动作方法：教师讲解动作方法：两个幼儿背靠背站立，把球夹在两人背间（教师帮助），两人手拉着手，顶好球后，步伐一致，向前侧走。

4. 竞赛游戏：两个幼儿一组，两组幼儿比赛，看谁先到对面终点。

5. 安全提示：进行游戏时，起点和终点都要站一名教师，维持秩序和保证安全。

六、体操运动

视障儿童基本体操是一种融姿态操、礼仪操、艺术性体操、素质操、轻器械操为一体，以全面、协调发展身体素质为原则，并在音乐伴奏下进行，以增进健康、培养端正的体态、塑造美的形体为目的的一种锻炼方式。视障儿童基本体操锻炼可培养视障儿童不怕苦、不怕累的意志品质和独立生活能力，培养视障儿童勇敢向上的自信心和毅力，增强视障儿童的集体荣誉感。

徒手操（各节均为两个八拍）

第一节　伸展运动

预备姿势：直立。

1. 两臂平屈交叉，两手扶肩，同时左脚侧出一步。
2. 两臂侧上举，掌心相对，挺胸，抬头。
3. 还原成1的姿势。
4. 还原成直立。

5～8动作同1～4，换右脚侧出。

第二节　下蹲运动

预备姿势：直立。

1. 两臂侧平举。
2. 两腿屈膝半蹲，同时两手叉腰。
3. 还原成1的姿势。
4. 还原成直立。

5～8动作同1～4。

第三节　体转运动

预备姿势：直立。

1. 两臂前平举，掌心向下，同时左脚侧出一步。
2. 上体向左转90度，同时左臂侧平举，右臂胸前平屈。
3. 还原成1的姿势。
4. 还原成直立。

5～8动作同1～4，方向相反。

第四节　腹背运动

预备姿势：直立。

1. 两臂经体前上举，掌心向前，同时左脚侧出一步。
2. 上体前屈，两手扶膝（腿直）。
3. 上体抬起，两臂前平举，掌心向下。
4. 还原成直立。

5～8动作同1～4，换右脚侧出。

第五节　跳跃运动

预备姿势：直立。

1~4．两手叉腰，上跳 4 次。

5~8．边踏步边拍手。

第二个八拍的最后一拍还原成直立。

第六节　整理运动

预备姿势：直立。

1．两臂自然前摆（手半握拳，拳心向下），同时起脚。

2．两臂自然放下，同时落脚。

3~8 动作同 1~2，重复 3 次，最后一拍还原为直立。

罐罐操（各节均为两个八拍）

第一节　跺脚敲罐

预备姿势：直立，两手持罐罐于体侧。

1~8．两臂经体侧在胸前击罐，连续击罐 8 次，跺右脚。

第二个八拍最后一拍还原成预备姿势。

第二节　伸展运动

预备姿势：直立，两手持罐罐于体侧。

1．两臂侧平举。

2．体前击罐一次。

3．还原成 1 的姿势。

4．还原成预备姿势。

5~8 动作同 1~4。

第三节　体转运动

预备姿势：直立，两手持罐罐于体侧。

1．两臂侧平举，同时左脚侧出一步。

2．上体向左转 90 度，右臂侧平举，左臂胸前平屈，击罐一次。

3．还原成 1 的姿势。

4．还原成预备姿势。

5~8 动作同 1~4，方向相反。

第四节　腹背运动

预备姿势：直立，两手持罐罐于体侧。

1．两臂侧平举，同时左脚侧出一步。

2．上体前屈，两臂在体前下方击罐一次。

3．还原成 1 的姿势。

4．还原成预备姿势。

5～8 动作同 1～4，出右脚。

第五节　跳跃运动

预备姿势：直立，两手持罐罐于体侧。

1～4．向上跳同时体前上方击罐 4 次。

5～8．向上跳同时体前下方击罐 4 次。

第二个八拍最后一拍还原成预备姿势。

第六节　踏步敲罐

预备姿势：直立，两手持罐罐于体侧。

1～8．踏步同时体前击罐 8 次。

第二个八拍最后一拍还原成预备姿势。

七、器械健身活动

为了促进视障儿童身体正常发育，机能协调发展，通过各种器械对视障儿童进行身体整体以及局部的锻炼，培养视障儿童在静止及运动中保持正确的身体姿势，增强身体素质，补偿缺陷，改善盲态。

比一比谁的力气大

【活动目标】

提高幼儿身体力量，引导其进一步熟悉综合健身器的练习。

【活动建议】

1．活动准备：综合健身器一台。

2．活动热身：跟随音乐一起来做准备活动，活动身体各关节。

3．活动方法：

（1）我拿得起：让幼儿正手握住健身拉力器的把手，蹬紧脚踏板，曲肘用力往身体方向拉进，也可以反手进行练习。反复数次。

（2）我抬得起：让幼儿坐在综合健身器的腿部力量练习座位上，健身器的脚把置于幼儿的小腿胫骨前，两手紧握扶手，背靠椅背，练习时，大腿向前向上用力将脚抬起。反复数次。

提示：力量练习切忌急进，应循序渐进，并根据幼儿水平能力的不同，分别给予适当的重量与练习的次数。

相关资料："拍手操"。

登上珠峰，做世界第一人

【活动目标】

提高幼儿的身体协调能力，增强上下肢力量。

【活动建议】

1. 活动准备：攀爬架一个，响铃一个。

2. 活动热身：跟随音乐一起来做准备活动，活动身体各关节。

3. 活动方法："我要攀登珠峰"：让幼儿两手抓稳、两脚站稳在攀爬架的肋木上，一手往上抓稳一条肋木以后脚往上用力攀登，直到爬至攀爬架的顶部后拍响响铃。教师在旁扶着幼儿攀爬肋木，让幼儿爬上去，然后再爬下来，3~4岁：1~2组；5~6岁：3~4组。

提示：教师应该在旁边给予幼儿充分的保护与帮助，鼓励幼儿勇敢大胆地往上攀爬。

情感体现：幼儿在练习完成后，获得一定的成就感。

我的身体真好用

【活动目标】

提高腿部的柔韧性，增强腹肌的力量与身体的平衡能力。

【活动建议】

1. 活动准备：绳子一条（5米），响铃若干个，大面积的凳子若干张。

2. 活动热身：跟随音乐一起来做准备活动，活动身体各关节。

3. 活动方法：

（1）腹部支撑平衡：俯卧在一张凳子上，然后两腿伸直，两臂上举，上体抬起，尽量使身体成反弓形，保持这种姿势若干秒，放松片刻后再做一组。

游戏"看看谁的铃铛不响"：幼儿的手脚上各悬挂一个铃铛，在练习过程中铃铛最快响而且响的次数最多的为输。

（2）膝盖碰绳：拉一条与练习者腰部同高的绳子，练习者面对绳站立，然后屈膝上提，以自己的膝盖去碰绳，两腿交替进行。

4. 探究游戏："小鸭子爱清洁"。玩法：小池塘里有许多"垃圾"（塑料袋、瓶盖等），请"小鸭子"尝试用脚把"垃圾"打捞上来，鼓励幼儿积极探究用各种方法，如用脚趾夹、用脚侧面夹、用脚背顶等。

5. 区角活动：在活动区里，教师可以在投放"垃圾"时让"垃圾"发出声音，供幼儿自由地找到，从而锻炼脚部的小肌肉。

6. 相关资料：音乐《我们大家做得好》。

漂亮的桥

【活动目标】

锻炼幼儿腰部的柔韧性，提高身体灵活性。

【活动建议】

1. 活动准备：录音机1台，软垫6张。

2. 活动热身：跟随音乐一起来做准备活动，活动身体各关节。

3. 活动方法：

（1）钻"拱桥"：教师双脚跪下，两手撑在地上，形成一个"拱桥"，让幼儿迅速地从"拱桥"下面的空当钻过去。或者，可以双手往下轻轻一压，让幼儿过不去。熟练后，幼儿的快速抢时间能力就会提高。

（2）做"拱桥"：平躺在床上，然后用手和脚支撑着床做"拱桥"，开始只能用身子和脚支撑着做小"拱桥"，然后就能用手和脚做大"拱桥"了，有时还能只用双手和一只脚做"拱桥"。

提示：在练习的过程中，应不断鼓励幼儿努力做到要求，并在练习时学会自我保护。

4. 相关资料：音乐《我们大家做得好》。

我去送货

【活动目标】

提高幼儿身体的协调能力、平衡能力，增强腰肌、腹肌、背肌的力量及柔韧性，帮助内脏蠕动。

【活动建议】

1. 活动准备：塑料软桥、录音机、软垫。

2. 活动热身：跟随音乐一起来做准备活动，活动身体各关节。

3. 活动方法："我去送货"。

给每个幼儿一个纸包让其用以下的方法将东西送到目的地，敲响软垫后再回来。

（1）象步走过桥：由屈体俯撑开始，重心右移，抬起左腿和左臂，向前移动，着地后重心随即左移，然后抬起右腿和右臂，向前移动，这样左右交替向前行进。

（2）坐地回家：直角坐，两手在臀部两侧撑地，两臂撑直让臀部向上抬起并向前移动；然后臀部着地，两腿向前伸直，双手也随之向前移到臀部两侧，成直角坐姿，按照这种方法不断向前移动。

4．相关资料：音乐《拉个圆圈走走》。

定向行走活动

一、感知运动训练

感知运动训练对视障儿童良好的定向与行走能力显得特别重要，感知运动训练包括听觉、触觉、运动觉等的运用，以及借助嗅觉来确定方向。

奇妙的声音

【活动目标】

1. 通过倾听各种不同的声音，知道不同材料的物体可以发出不同的声音。

2. 发展听觉分辨能力，能够说出声源方向，利用声音进行定向。

【活动建议】

1. 活动准备：小鼓、三角铁、木鱼、小铃、圆舞板、铃鼓等各种乐器；录有各种悦耳及刺耳声音的磁带和《大自然的声音》磁带各一盘；录音机一台。

2. 激发兴趣：自由玩乐器，了解乐器发出声音的方法。

3. 趣味游戏："听声音找乐器"：教师在幼儿的不同方向敲响乐器，请幼儿说出方向，并沿着声音找到乐器，说出乐器的名称。

4. 分组练习：两个幼儿一组，一个摇乐器，一个听乐器声音找乐器。

5. 活动讨论：教师播放两段录音，幼儿倾听悦耳及刺耳的声音后说出自己的感受。

6. 休闲放松：播放磁带《大自然的声音》，请幼儿安静倾听并想象，放松自己的心情，感受大自然的美妙。

夏天的声音

【活动目标】

1. 通过倾听夏夜里各种小动物的声音让幼儿感受夏夜的热闹。

2. 提高幼儿辨别不同声音的能力，训练幼儿在多种声音中选择有意义的声音。

【活动建议】

1. 活动准备：各种声音资料（蟋蟀声、蛙声、蚊蝇声、知了声、雷声、喝饮料声、电风扇转动的声音、拍打蚊子的声音），蟋蟀、青蛙、蚊蝇、知了等模型。

2. 倾听声音：播放知了的叫声，激发幼儿听声音的兴趣。

3. 集体游戏：倾听辨别夏天的各种声音，要求幼儿在多种声音中选择自己喜欢的一种声音。

4. 交流体会：说说自己喜欢什么声音？不喜欢什么声音？为什么？

谁的耳朵灵

【活动目标】

通过操作活动，发展幼儿的听辨能力，提高幼儿的听觉注意力。

【活动建议】

1. 活动准备：分别装有硬币、木珠、米、花生仁、茶叶的各种饮料瓶各两份，打击乐器若干，录音机一台及录音带。

2. 问题探究："耳朵有什么用啊？你们最喜欢听什么声音？"

3. 趣味游戏："谁的耳朵灵"：请幼儿分别听辨硬币、木珠、米、花生仁、茶叶在饮料瓶子里发出的声音，并说出是什么物品发出的声音，还可以变换不同的方位让幼儿倾听。

4. 竞赛游戏：请幼儿倾听声音后把相同声音的物品配对，比赛看谁配得又对又快。

5. 休闲放松：教师边唱《什么乐器在歌唱》，边依次敲打木鱼、三角铁、铃鼓等打击乐器让幼儿猜，猜对的幼儿可以拿乐器听音乐拍节奏。

6. 尝试体验：用装有不同物品的饮料瓶为曲子伴奏——听音乐摇饮料瓶。

有用的手

【活动目标】

发展幼儿的触摸觉，使其掌握冷、热、软、硬、轻、重、光滑、粗糙的概念。

【活动建议】

1. 活动准备：冷水和热水每小组各一瓶、海绵球和玻璃球、砂纸和蜡光纸。

2. 歌曲导入：演唱歌曲《我有一双有用的手》，引起幼儿的兴趣。

3. 尝试操作：分别触摸冷、热、软、硬、轻、重、光滑、粗糙的物品，说出自己的感觉。

4. 分组游戏："摸摸自己"：请幼儿再摸一摸自己的小脸、衣服，说说有什么感觉？

5. 室外游戏：请幼儿到教室外面去，摸一摸外面的东西（墙壁、栏杆、运动器具、塑胶跑道、窗子、门等），然后告诉教师摸到这些东西你有什么感觉？能猜出是什么东西吗？

不同的路面

【活动目标】

能够了解校园不同的路面，例如：塑胶跑道、水泥地面、瓷片地砖、盲道、井盖、沙池，准确区分不同路面并找到相应路面。

【活动建议】

1. 活动准备：掌握集体随行方法。

2. 活动导入：请幼儿说说随行的方法，排好队准备行走。

3. 尝试体验：用集体随行的方法分别行走在塑胶跑道、水泥地面、瓷片地砖地面、盲道、井盖表面、沙池，幼儿用手、脚感受塑胶跑道，说说有什么感觉。

4. 趣味游戏："听指令找路面"：听教师说路面的名称，幼儿说出路面的位置，然后独立行走到指定的路面。

5. 讨论交流："请幼儿说说自己还走过怎样的路面。"在泥路/沥青路上行走时要注意什么？

有趣的叶子

【活动目标】

发展幼儿的触觉能力，了解叶子的形状，掌握大、小、嫩、枯、椭圆形等概念。

【活动建议】

1. 活动准备：录音机，音乐磁带，线，收集形状、大小不同的树叶或可结合春游活动。

2. 竞赛游戏：集体走到操场上，教师播放音乐，开始比赛捡落叶，音乐停，看谁捡得多。

3. 操作体验：触摸各种植物的叶子，对比叶子的大小、形状、味道，充分调动幼儿各种感官：触觉、嗅觉、听觉，并说出自己的感觉。

4. 尝试制作：数叶子、串叶子，发展幼儿的动手能力。

5. 趣味游戏：幼儿听到"风来了"的指令，就扭动身体，做出风吹落叶的动作；听到"风停了"，幼儿蹲在地上不动。教师可以变换指令，提高幼儿的听辨反应能力。

玩沙子

【活动目标】

幼儿能够独立行走在沙池，学会利用标志定向，找到指定的地方。

【活动建议】

1. 活动准备：幼儿人手一套玩沙工具（铲、箩筐、小桶），搅拌棒，水，用来装沙的矿泉水瓶等物品。

2. 探索导入：请幼儿自己走到沙池，幼儿说说自己是怎样找到沙池的？（沙池边的标志物）途中要经过什么地方？（了解斜坡的结构）

3. 操作体验：通过实际动手操作让幼儿感知沙的粗细特点；沙是一粒一粒的、松散的、不溶于水的一种自然物。

4. 竞赛游戏："装沙运沙"比赛：将幼儿分成两组，比赛用瓶子装沙子，并听铃声把沙子运到沙池对面的桶里，先把桶装满的为胜。

会闻气味的鼻子

【活动目标】

使幼儿知道鼻子可以呼吸和嗅气味，培养幼儿积极运用感官的习惯，学会利用嗅觉进行定向行走。

【活动建议】

1. 活动准备：不透明的容器，分别装有香水、臭水、大蒜、麻油、醋、酒、鱼鳞等，最好每组一套。

2. 问题探索：请幼儿说说"动物和人的鼻子各有什么用处"。

3. 感知体验：通过实际动手操作让幼儿感知香水、臭水、大蒜、麻油、醋、酒、鱼鳞等不同的气味。

4. 讨论交流："你最喜欢什么气味，不喜欢什么气味，为什么？你以前闻过哪些有气味的东西？"

5. 活动延伸：分别带幼儿到厨房、厕所、垃圾场，请幼儿通过鼻子闻一闻，判断自己来到了什么地方，学会利用嗅觉进行定向行走。

玩垫子

【活动目标】

幼儿能积极探索垫子的不同摆放方式及玩法，能愉快地参与活动，提高身体的协调性及平衡能力。

【活动建议】

1. 活动准备：大海绵垫子集中平铺在场地上，节奏明快、柔和的音乐各一段，录音机。

2. 自主探索：请幼儿听着音乐在垫子上做各种动作，要求幼儿尽量使身体保持平衡。

3. 讨论交流：请幼儿交流垫上运动的感受：容易摔跤；摇摇晃晃的，站不稳；往上跳时比在地板上跳得高；摔倒后不容易站起来。

4. 尝试体验：幼儿在平铺的垫子上尝试各种玩法，比比谁的玩法多。可以在垫子上滚，可以在垫子上跳，可以在垫子上跑，可以在垫子上翻跟头。

5. 竞赛游戏："小小特警员"：将幼儿分成两队，站在交互叠放的垫子的一边，听信号，分别以快走、手脚着地爬、跳跃的方式过垫子，先完成的一组为胜。

6. 休闲放松：幼儿自由地躺在垫子上，随着优美的音乐做身体放松动作，想象着自己在云中漫步："睡在白云上，风儿轻轻吹，云儿飘啊飘……"使身心得到充分的放松。

7. 安全提示：教师注意观察幼儿的活动情况，给予动作及安全上的指导、提醒。

二、定向行走技能训练

视障儿童活动的范围逐步扩大了，就需要他们掌握导盲随行的基本方法，提高行走的自我保护能力，让他们尽可能减少伤害，在生活中更多地体验快乐，保持愉快的情绪。

上、下楼梯训练

【活动目标】

能正确区分上、下位置，能够独立上、下楼梯，知道要靠右边上、下楼梯，注意安全。

【活动建议】

1. 活动准备：掌握上、下的概念，了解上、下楼梯的规则。

2. 自主探索：幼儿从课室行走到楼梯口，找到楼梯口的标志物。

3. 动作要领：

（1）上楼梯方法：一脚轻触第一级楼梯，运用沿物（墙或扶手）慢行的方法一步一级，逐级上楼直至最后一级（一脚前伸探知平地）。

（2）下楼梯方法：一只手扶墙或扶扶手，一脚轻触第一级楼梯的边缘后，两脚与边缘垂直站立，运用沿物（墙或扶手）慢行的方法一步一级，直至最后一级。

4. 儿歌游戏：教师带幼儿边上、下楼梯边念儿歌："小朋友，上、下楼梯，请靠右，你不推，我不挤，一级一级爬上去，一级一级走下来。"

5. 安全提示：上、下楼梯时教师要在幼儿旁边，除语言提示外还要时刻注意加强保护；要求幼儿在上、下楼梯过程中，始终要用手扶墙或楼梯扶手。

上、下手保护法

【活动目标】

学会用上肢对颈部以上进行保护，大胆地在室外行走。

【活动建议】

1. 活动准备：响铃。

2. 学习与模仿：幼儿听铃声走到指定的地点靠墙站好，要求像舞蹈演员一样脚跟、臀部、头部贴墙站好。

3. 动作要领：

上手保护：一臂屈肘抬起，上臂略高于肩，使前臂斜横于面前，掌心向外，指尖略超过对侧肩，以保护其头面部。

下手保护：一侧手臂于体前斜下伸，掌心向内，五指放松并与身体保持适当距离。

4. 自由练习：使用上、下手保护法在盲道上行走，教师纠正一些错误姿势。

集体随行

【活动目标】

能够掌握基本的随行动作，自如地跟随教师行走。

【活动建议】

1. 活动准备：幼儿已经学习过单人随行。

2. 热身活动：请一名幼儿喊指令，其他幼儿跟着做"关节操"活动。

3. 动作要领：教师先将多名幼儿由高到矮纵队排列，在教师的帮助下，最后一个幼儿以接触、抓握、站位的动作方法抓握前面幼儿肘部的上方位置；被抓握的幼儿以同样的方法用被抓握的手抓握前面幼儿肘部的上方位置，以此类推。所有幼儿按要求抓握、站位后，教师接触最前面一位盲生的被抓握臂，待抓握、站位后进行集体随行。教师要逐一帮助幼儿学习抓握动作。

4. 合作练习：设计路线让幼儿知道起点和终点，集体行走到指定地方，找到标志物，说说经过的地方。

5. 安全提示：教师行走时要保持适当的速度，不要过快过慢或忽快忽慢；幼儿应从抓握手所获得的信息及时调整自己行进的速度和步伐；在随行过程中，教师可以走走停停，练习幼儿的反应能力，每到一个地方，请幼儿触摸标志物。

呼啦圈助行训练

【活动目标】

了解使用呼啦圈助行的保护作用，学会在没有完全熟悉环境的情况下使用呼啦圈助行。

【活动建议】

1. 活动准备：每位幼儿挑选一个适合自己身高的呼啦圈。

2. 热身活动：跟着音乐，用呼啦圈做圈操：向上举、向下摆、向左转、向右转、向前伸、围着转圈。

3. 动作要领：要求幼儿双手握着呼啦圈，手心向下，成 45 度角向前推行，开始时可以慢行，熟悉后再加快速度。

4. 游戏练习："开火车"：幼儿听音乐，拿起呼啦圈自由进行推呼啦圈行走。

5. 安全提示：呼啦圈放置要有固定的位置，既要便于取放，又不能给别人造成障碍。

盲杖的认识训练

【活动目标】

了解盲杖的结构，掌握简单的持杖方法，学会利用盲杖在校园里行走。

【活动建议】

1. 活动准备：专门为幼儿制作的适合他们身高的盲杖。

2. 激发兴趣：幼儿触摸认识特制的盲杖，说说盲杖的形状，了解盲杖的结构。

3. 动作要领：主要学习直握持杖：握拳法或握笔法持杖，杖尖稍离地面，通过手腕动作使杖尖做前后、左右和上下探索动作。

4. 自由练习：幼儿自由练习直握持杖行走训练，由于握笔法持杖比较累，行走中间可以休息一会。

三、一年级环境认识

视障儿童即将进入小学一年级学习，对于新环境中的知识了解得越多，他们今后的定向能力就越强，能够更好地适应小学的生活与学习环境。

一年级教室环境认识

【活动目标】

了解一年级教室的整体环境和学习生活，知道自己即将进入小学，为进入小学做好充分准备。

【活动建议】

1. 活动准备：联系一年级教师，做好参观的准备。

2. 热身活动：路线行走，边行走边提醒幼儿所经过的地方及沿墙行走和使用上、下手保护法。

3. 动作要领：从一个起点（通常是门）开始，和孩子一起从门口沿墙行走认识整个教室布局（前门—黑板—讲台—窗户—垃圾桶—墙报—后门），然后让孩子回到门口。下一次从门口走到另一个普通的区域，再让孩子回到门口。

4. 自主探索：幼儿独立探索行走，了解一年级教室的整体环境。

5. 活动延伸：可以与一年级教师联系，请一年级学生在课余时间组织各种联欢活动或一带一互助活动，更好地做好幼小衔接工作。

小学厕所环境认识

【活动目标】

学会从一年级教室行走到厕所，了解厕所的布局，学会自己独立如厕。

【活动建议】

1. 活动准备：了解上厕所的方法。

2. 热身活动：独立地从幼儿园行走到一年级教室。

3. 方法步骤：从一年级教室行走到厕所，了解厕所门的开启方法，寻找便池的位置，找到水箱开关、拉绳的位置及使用方法，找到纸篓的位置，走到洗手池洗手。

4. 重点难点：独立找到小学厕所及学会如厕的方法。

小学食堂环境认识

【活动目标】

学会从一年级教室行走到食堂，了解食堂的布局，学会自己独立打饭进食。

【活动建议】

1. 活动准备：了解取饭菜的方式。

2. 热身活动：独立地从幼儿园行走到一年级教室。

3. 方法步骤：从一年级教室行走到食堂，了解食堂的总体布局（桌凳的类型及摆设、洗碗水池及垃圾桶位置等），找到餐桌，找到取饭菜窗口，练习取饭菜。

4. 重点难点：独立找到小学食堂及学会取饭菜的方式。

5. 活动延伸：用同样的方法认识小学宿舍环境、校医室环境、教师办公室环境。

美工活动

一、撕纸活动

撕纸是视障儿童利用废旧纸张，按照自己的意愿撕出各种形状的纸。撕纸符合幼儿好奇心理发展特点，可帮助幼儿发展手的动作。撕纸能不断刺激感知觉和运动觉的协调，同时也会对大脑产生良性刺激，促进智力开发，有益于训练幼儿手部动作的精细性和感觉的灵敏度。

分饼干

【活动目标】

1. 学习撕纸的美工技能，保持桌面干净。

2. 体验活动中成功的快乐。

【活动建议】

1. 活动准备：旧报纸、实物饼干若干。

2. 活动导入：让幼儿回忆吃饼干的情境，激发幼儿的兴趣。提问："小朋友，你们吃过饼干吗？饼干是什么样子的？"幼儿自由讨论。

3. 感知启蒙：出示饼干实物，让幼儿触摸饼干。

老师："那么，饼干是不是你们所说的样子呢？请大家来摸摸真实的饼干，摸摸饼干是什么形状的？"

小结：饼干的形状有圆形的、方形的、多边形的、长条形的，还有不同大小的。

4. 活动重点：教师示范制作"饼干"的方法，讲解、示范撕纸的动作。

撕纸动作：要求幼儿左手、右手配合，从后往前撕纸。可建议幼儿将纸撕成大小不同的"饼干"，也可将纸撕成圆形、方形、多边形、长条形。

5. 操作提示：鼓励幼儿大胆练习，教师巡回指导。将撕好的"饼干"放进大盆里，教育幼儿别把碎纸片掉到桌面上或地板上。

6. 交流作品：对作品进行评价，让幼儿互相交流作品。

燕麦片

【活动目标】

1. 学习燕麦片的撕纸美工技能。

2. 让幼儿乐于参与手工活动，体验成功的喜悦。

【活动建议】

1. 活动准备：旧报纸、燕麦片实物若干。

2. 活动导入：让幼儿回忆吃燕麦片的情境，激发幼儿的兴趣。提问："小朋友，你们什么时候吃过燕麦片？燕麦片是什么样子的？"幼儿自由讨论。

3. 感知启蒙：出示燕麦片实物，让幼儿触摸实物燕麦片。老师：未经煮熟的燕麦片究竟是什么样子的？请大家来摸摸真实的燕麦片。

小结：燕麦片是细碎的多边形，请大家制作"燕麦片"时，要撕得细碎些。

4. 活动重点：教师示范制作"燕麦片"的方法，讲解、示范撕纸的动作。撕纸动作：要求幼儿左手、右手配合，左手、右手的大拇指和食指同时捏住纸的边缘，从后往前撕纸。

5. 操作提示：鼓励幼儿大胆练习，教师巡回指导。将撕好的"燕麦片"放进大盆里，教育幼儿不要把碎纸片掉到桌面上或地板上。

6. 互赏作品：幼儿互相欣赏作品，互相摸摸作品。

圣诞树

【活动目标】

1. 学习沿着针孔小洞将圣诞树撕下来的撕纸美工技能。

2. 体验成功的快乐。

【活动建议】

1. 活动准备：圣诞老爷爷、圣诞树、音乐CD、录音机、有针孔的操作纸若干。

2. 活动导入：教师向幼儿问好，引起幼儿兴趣。

"哇！音乐真好听，看谁来了？圣诞老爷爷与小朋友问好。圣诞老爷爷给小朋友送圣诞树，你们喜欢吗？为了让每个小朋友都有一棵漂亮的圣诞树，让我们一起来做圣诞树吧！"

3. 感知启蒙："老师做的圣诞树漂亮吗？"出示范例，幼儿用手感受圣诞树作品。启发幼儿："你发现了什么？"请幼儿讨论。

4. 活动重点：教师讲解撕纸的方法，要求幼儿沿小洞慢慢地撕。制作的边角料、废纸随手放进大盆里，保持桌面的整洁。

5. 尝试操作：教师巡回指导，教师手把手教幼儿操作。

6. 情感熏陶：表扬操作积极的幼儿。

二、折纸活动

折纸活动使视障儿童初步认识到自己有改变外界环境的能力，从中得到乐趣，同时也训练了手脑之间的协调能力，促进脑功能的健全与成熟，还能锻炼双手的精细动作发展。

魔术师

【活动目标】

1. 学习正方形变三角形的折纸美工技能。

2. 体验活动中成功的快乐。

【活动建议】

1. 活动准备：正方形纸若干。

2. 活动导入：让幼儿触摸正方形纸，激发幼儿的兴趣。提问："小朋友，你们摸一下这张纸是什么样子的？"幼儿自由讨论，讨论结果：这是一张正方形的纸。

3. 激发兴趣：启发幼儿做"魔术师"，教师示范正方形变三角形的方法，讲解、示范折纸的动作。教师："小朋友，我们一起来做魔术师吧，把正方形纸变成三角形纸。"

4. 活动重点：折纸动作：要求幼儿区分上、下、左、右方位，左手、右手配合，方形纸左上角与右下角对齐折成三角形。

5. 动手操作：折好的三角形放在大盆里，教育幼儿不要用力过猛把纸弄坏了。鼓励幼儿大胆练习，教师巡回指导。

6. 活动小结：对作品进行评价。

蝴 蝶

【活动目标】

1. 学习蝴蝶的折纸美工技能。

2. 体验活动中成功的快乐。

【活动建议】

1. 活动准备：正方形纸若干。

2. 活动导入：让幼儿触摸正方形纸，激发其兴趣。提问："小朋友，你们摸一下这张纸是什么形状的？"幼儿自由讨论，讨论结果：这是一张正方形的纸。

3. 激发兴趣：启发幼儿做"蝴蝶"，教师出示蝴蝶范例成品，讲解、示范折纸的动作。

4. 活动重点：折纸动作：要求幼儿区分上、下、左、右方位，左手、右手配合，正方形的纸有四条边、四个角，从左下角和右下角一起向上对折，折成小长方形，将纸反过来，再从左下角和右下角一起向上对折，折成小长方形，小长方形四边要对齐，依此类推，最后小长方形对折，折出"蝴蝶"。

5. 动手操作：教育幼儿不要用力过猛把纸弄坏了，鼓励幼儿大胆练习，教师巡回指导，折好的蝴蝶放进大盆里。

6. 活动小结：小结并对作品进行评价。

游　艇

【活动目标】

1. 学习游艇的折纸美工技能。

2. 体验活动中成功的快乐。

【活动建议】

1. 活动准备：正方形纸若干。

2. 活动导入：让幼儿触摸正方形纸，激发幼儿的兴趣。提问："小朋友，你们摸一下这张纸是什么样子的?"幼儿自由讨论，讨论结果：这是一张正方形的纸。

3. 激发兴趣：启发幼儿做"游艇"，教师出示游艇范例成品，讲解、示范折纸的动作。

4. 活动重点：折纸动作：要求幼儿区分上、下、左、右方位，左手、右手配合，先折出三角折线，再按折线折叠，两侧折叠成菱形，对折菱形，将底下的角向中心折成直角，折好后返回，插入手指捏折，压折下方的三角形，完成。

5. 动手操作：教师巡回指导，鼓励幼儿大胆练习。折好的"游艇"放进大盆里，教育幼儿不要用力过猛把纸弄坏了。

6. 作品展示：将作品放在美工角展示。

旅行杯

【活动目标】

1. 学习旅行杯的折纸美工技能。

2. 体验活动中成功的快乐。

【活动建议】

1. 活动准备：正方形纸若干。

2. 活动导入：让幼儿触摸正方形纸，激发幼儿的兴趣。提问："小朋友，你们摸一下这张纸是什么样子的?"幼儿自由讨论，讨论结果：这是一张正方形的纸。

3. 激发兴趣：启发幼儿做"旅行杯"，教师出示"旅行杯"范例成品，讲解、示范折纸的动作。

4. 活动重点：折纸动作：要求幼儿区分上、下、左、右方位，左手、右手配合，先将正方形折成三角形，左右两角向中间折，上角向下折，在中间撑开成杯。

5. 动手操作：将折好的"旅行杯"放进大盆里，鼓励幼儿大胆练习，教师巡回指导。教育幼儿不要用力过猛把纸弄坏了。

6. 活动小结：对作品进行评价。

三、剪纸活动

当视障儿童具备较高的双手操作能力时，才能开始学习使用剪刀。剪纸活动是典型的手脑并用，是符合视障儿童身心发展规律的活动之一，能使视障儿童的手部小肌肉得到锻炼，提高手部动作的灵活性与精确性。

春天的小草

【活动目标】

1. 了解安全使用剪刀的方法。

2. 学习剪春天的小草的剪纸美工技能。

3. 体验活动中成功的快乐。

【活动建议】

1. 活动准备：旧报纸、剪刀每位幼儿各一份。

2. 活动导入：让幼儿触摸实物小草，激发幼儿的兴趣。提问："小朋友，你们摸一下这是什么?"幼儿自由讨论，启发幼儿剪春天的"小草"，了解安全使用剪刀的方法。

3. 活动重点：教师出示春天的"小草"范例成品，讲解、示范剪纸的动作。剪纸动作：要求幼儿左手拿纸，右手拿剪刀配合，大拇指套在剪刀把手环上，食指和中指套在剪刀另一把手环上，剪刀一开一合地剪。将剪刀打开，纸的边缘放在剪刀口，用力剪纸。依此类推，将纸的边缘剪成短直线的"小草"。

4. 动手操作：剪好的"小草"放进大盆里，教育幼儿将废纸放入纸篓。教师手把手教幼儿动手剪纸，鼓励幼儿大胆练习，教师巡回指导。

5. 作品展示：幼儿互相摸摸作品。

炒　饭

【活动目标】

1. 了解安全使用剪刀的方法，学习剪"炒饭"的剪纸美工技能。

2. 体验活动中成功的快乐。

【活动建议】

1. 活动准备：旧报纸、剪刀、小盆子每位幼儿各一份。

2. 活动导入：让幼儿触摸实物炒饭，激发幼儿的兴趣。提问："小朋友，摸一下这是什么？"幼儿自由讨论，启发幼儿剪"炒饭"，了解安全使用剪刀的方法。

3. 活动重点：教师出示"炒饭"范例成品，讲解、示范剪纸的动作。剪纸动作：要求幼儿左手拿纸，右手拿剪刀配合，大拇指套在剪刀把手环上，食指和中指套在剪刀另一把手环上，剪刀一开一合地剪。将剪刀打开，纸的边缘放在剪刀口，用力剪成细碎的"饭粒"。

4. 动手操作：教育幼儿将废纸放入纸篓，教师手把手教幼儿动手剪纸，鼓励幼儿大胆练习，教师巡回指导。将剪好的"炒饭"放进自己的小盆里。

5. 作品展示：幼儿互相摸摸作品。

粉　丝

【活动目标】

1. 了解安全使用剪刀的方法，学习剪"粉丝"的剪纸美工技能。

2. 体验活动中成功的快乐。

【活动建议】

1. 活动准备：旧报纸、剪刀每位幼儿各一份。

2. 活动导入：让幼儿触摸实物粉丝，激发幼儿的兴趣。提问："小朋友，摸一下这是什么？"幼儿自由讨论，启发幼儿剪"粉丝"，了解使用剪刀的方法。

3. 活动重点：教师出示"粉丝"范例成品，讲解、示范剪纸的动作。剪纸动作：要求幼儿左手拿纸，右手拿剪刀配合，大拇指套在剪刀把手环上，食指和中指套在剪刀另一把手环上，剪刀一开一合地剪。将剪刀打开，纸的边缘放在剪刀口，用力剪成细长的"粉丝"。

4. 动手操作：鼓励幼儿大胆练习，教师巡回指导，教师手把手教幼儿动手剪纸。将剪好的"粉丝"放进大盆里，教育幼儿将废纸放入纸篓。

5. 赏赏鼓励：表扬认真操作的幼儿。

窗 花

【活动目标】

1. 学习用剪刀剪窗花，使用剪刀时注意安全，将废纸放入纸篓。

2. 了解窗花是我国特有的民间艺术。

【活动建议】

1. 活动准备：各种窗花范例；正方形纸、剪刀每位幼儿各一份。

2. 激发兴趣：情景导入，激发幼儿的操作兴趣。"森林王国的老虎大王宣布：过年时除了贴春联、放烟花外，家家户户还得装饰得比往年更有创意。狐狸马上说：'那请小朋友们帮忙吧，小朋友们的手最灵巧了。'"

3. 活动导入：展示剪纸作品，了解窗花是我国特有的民间艺术以及窗花的多样性。

小结：窗花是我国特有的民间艺术作品，人们总是在过新年或遇到喜庆的日子时剪窗花贴在窗户上。

4. 活动重点：教师讲难点，并示范，对折时一定要将边和边对齐，找好中心点，剪时不能从一边剪到另一边，否则会剪断。

5. 动手操作：在幼儿操作过程中，打开窗花时，动作要轻，将废纸放入纸篓。幼儿剪窗花操作活动，教师巡回指导。

6. 呼应情境：幼儿互相摸摸作品，呼应开头的情境。

四、粘贴活动

粘贴是视障儿童把现成的图形或自然材料按要求粘贴在纸的适当位置。在粘贴中，让幼儿感知形体分割和学习分份。粘贴便于培养幼儿的空间感和方位感，提高幼儿的组织能力。培养幼儿对陌生世界的好奇心、探险意识和想象力。培养幼儿自己动手、主动探索的欲望以及在实践中尝试并创造的能力。

花雨伞

【活动目标】

1. 幼儿用图形粘贴并装饰花雨伞，左右手协调操作。

2. 幼儿感知雨伞，感受生机盎然的春天。

【活动建议】

1. 活动准备：各种不同图形的纸若干，胶水和小毛巾，每位幼儿一把雨伞。

2. 激发兴趣：引起幼儿制作的兴趣和愿望。

老师："小猫要上学了，呀，下雨了！小朋友，小猫有什么办法上学呢?"回答："可使用雨伞。"

3. 活动导入：幼儿自由讨论，出示雨伞让孩子触摸，启发幼儿装饰花雨伞。

4. 活动重点：教师讲解、示范如何装饰花雨伞。要求幼儿：①左手拿图形纸，右手拿胶水，把胶水涂在图形纸上；②涂胶水时，胶水不能挤太多，以免把图形纸弄脏；③用小毛巾擦手，保持手的干净。

5. 动手操作：尽量保持雨伞面的干净，鼓励幼儿大胆练习，教师巡回指导。

6. 呼应情境：呼应开头的情境，表扬积极操作的幼儿。

母亲节贺卡

【活动目标】

1. 用图形粘贴并制成贺卡，左右手协调操作。

2. 学会关心母亲。

【活动建议】

1. 活动准备：长方形贺卡纸每人 1 张，各种不同图形的纸若干，糨糊和小毛巾，不同图形的贺卡范例各 1 张。

2. 情感熏陶：教师以母亲节做贺卡送给母亲为建议，引起幼儿制作贺卡的兴趣和愿望。

3. 活动重点：教师详细说明制作方法：在长方形纸上用不同图形贴好，要求认真制作，保持贺卡纸的整洁。

4. 动手操作：幼儿自选材料进行图形贴画，教师巡回指导，对需要帮助的幼儿进行指导。

5. 活动延伸：幼儿贴好后，请幼儿说一说贺卡如何送给妈妈。引导幼儿如何向妈妈表示节日祝贺："祝妈妈节日快乐！"教师帮助幼儿在贺卡上写上名字。请幼儿将贺卡带回家，并向母亲表示节日的祝贺。

友谊树

【活动目标】

1. 用手掌形的纸粘贴并装饰友谊树，左右手协调操作。

2. 感受活动中与同伴交往的快乐。

【活动建议】

1. 活动准备：手掌形的纸若干，胶水和小毛巾。

2. 激发兴趣：引起幼儿制作的兴趣和愿望。

教师："小朋友，明天会有其他幼儿园的小朋友来这里，我们一起来做友谊树欢迎客人吧！"

3. 活动导入：教师出示手掌形的纸让幼儿触摸，启发幼儿制作"友谊树"。

4. 活动重点：教师讲解、示范如何制作"友谊树"。要求视障幼儿：①左手拿手掌形纸，右手拿胶水，把胶水涂在手掌形纸上；②涂胶水时，胶水不能挤太多，以免把手掌形纸弄脏；③用小毛巾擦手，保持手的干净。

5. 动手操作：尽量保持"友谊树"的干净，教师巡回指导。

6. 活动评价：对幼儿的作品进行评价。

五、画网活动

画网是针对视障儿童所设计的手工美术活动教具。教学时，请幼儿将事先剪好的图形纸放在画网上，左手按住图形纸，右手拿着蜡笔操作，因为画网有凹凸感，当视障儿童用蜡笔涂抹时，纸张上面图画部分就会凸起，这样幼儿就能够触摸探索他们的图画作品，教学也就非常直观了。画网通过抓握蜡笔、手腕关节的运动，充分刺激视障儿童的感觉器官，能够促使大脑的各部分积极活动。

花儿朵朵

【活动目标】

1. 学会关心妈妈，尊重妈妈。

2. 学习使用画网制作花朵的方法。

【活动建议】

1. 活动准备：花形纸、画网、蜡笔若干。

2. 激发兴趣：引起幼儿制作的兴趣和愿望，向幼儿介绍母亲节。教师："小朋友，5月的第二个星期日是什么节日呢？是谁的节日呢？"幼儿自由讨论。

小结："每年5月的第二个星期日是母亲节，是妈妈的节日，妈妈每天都为孩子们做很多事情。"教育幼儿要尊重妈妈，关心妈妈，制作花朵，并把花朵送给妈妈。祝贺妈妈节日快乐！

3. 活动导入：教师出示花形纸让幼儿触摸，向其介绍画网这种美工工具。

4. 活动重点：教师讲解、示范如何制作花朵。要求幼儿：①教学时，将事先剪好的图形纸放在画网上；②左手同时按住花形纸和画网，右手拿着蜡笔操作；③利用画网的凹凸感，用蜡笔涂抹花形纸。

5. 动手操作：教幼儿学习制作花朵的方法，鼓励幼儿大胆练习，教师巡回指导。

6. 情感交流：教师表扬积极操作的幼儿，要求幼儿将花朵送给妈妈。

五彩鱼

【活动目标】

1. 感知鱼的形状。

2. 学习使用画网制作五彩鱼的方法。

【活动建议】

1. 活动准备：鱼形纸、画网、蜡笔若干。

2. 激发兴趣：引起幼儿制作的兴趣和愿望，启发幼儿回忆鱼是什么形状的。

3. 活动导入：教师出示鱼形纸让幼儿触摸。

4. 活动重点：教师讲解、示范如何制作五彩鱼。要求幼儿：①请将事先剪好的鱼形纸放在画网上；②左手同时按住纸和画网，右手拿着蜡笔操作；③利用画网的凹凸感，让幼儿用蜡笔涂抹鱼形纸。

5. 动手操作：教师巡回指导，手把手教幼儿学习制作五彩鱼的方法，鼓励幼儿大胆练习。

6. 活动评价：表扬活动积极的幼儿，并用作品布置教室。

毛　巾

【活动目标】

1. 学习使用画网制作毛巾的方法。

2. 体验活动中成功的快乐。

【活动建议】

1. 活动准备：带花边的方形纸、画网、蜡笔若干。

2. 激发兴趣：引起幼儿制作的兴趣和愿望，启发幼儿回忆毛巾是什么形状的。

3. 活动导入：教师出示方形纸让幼儿触摸，让幼儿了解画网这种美工工具。

4. 活动重点：教师讲解、示范如何制作毛巾。要求幼儿：①教幼儿将事先剪好的方形纸放在画网上；②左手同时按住纸和画网，右手拿着蜡笔操作；③利用画网的凹凸感，让幼儿用蜡笔涂抹方形纸。

5. 动手操作：教幼儿学习制作"毛巾"的方法，鼓励幼儿大胆练习，教师巡回指导。

6. 活动评价：表扬积极操作的幼儿，把优秀作品集中在一起，课后展示。

手　套

【活动目标】

1. 学习使用画网制作手套的方法。

2. 体验活动中成功的快乐。

【活动建议】

1. 活动准备：实物手套、手套形纸、画网、蜡笔若干。

2. 激发兴趣：引起幼儿制作的兴趣和愿望。教师："小朋友，你们戴过手套吗？手套是什么形状的呢？"请戴过手套的幼儿向大家介绍。教师出示实物手套，让幼儿触摸感知手套的形状。

3. 活动导入：教师出示手套形纸让幼儿触摸，让幼儿了解画网这种美工工具。

4. 活动重点：教师讲解、示范如何制作手套。要求幼儿：①教幼儿将事先剪好的手套形纸放在画网上；②左手同时按住纸和画网，右手拿着蜡笔操作；③利用画网的凹凸感，让幼儿用蜡笔涂抹手套形纸。

5. 动手操作：鼓励幼儿大胆练习，教师手把手教幼儿学习制作手套的方法，教师巡回指导。

6. 活动评价：表扬积极操作的幼儿。

六、泥工活动

泥工活动可以使视障儿童更好地用空间觉和触觉感知物体的不同侧面，感知物体的立体性，可以帮助视障儿童认识事物，形成整体概念，发展视障儿童的空间立体感觉。视障儿童动手塑造，就必须动脑筋，促进手脑活动的协调性，使视障儿童的智力及手部的灵活性都得到发展。

糖葫芦

【活动目标】

1. 了解糖葫芦的基本结构。

2. 学习搓圆球形状的泥工技能，左右手协调操作。

【活动建议】

1. 活动准备：橡皮泥若干。

2. 激发兴趣：引起幼儿的兴趣，启发幼儿了解糖葫芦的基本形状。教师："小朋友，你们吃过糖葫芦吗？糖葫芦是什么形状的呢？"

3. 活动导入：请吃过糖葫芦的幼儿向大家介绍糖葫芦。教师出示实物糖葫芦，让幼儿触摸感受糖葫芦。

4. 活动重点：教师向幼儿介绍糖葫芦的泥工制作方法。要求幼儿：①教幼儿将橡皮泥分成大概相等的四小块；②将小块橡皮泥放在桌子上，手掌心盖在橡皮泥上，不断转动，搓成圆球形状；③将圆球一个一个地用小棒串起来制作成糖葫芦成品。

5. 动手操作：保持桌面的清洁，手把手教幼儿学习制作糖葫芦的泥工方法，鼓励胆小的幼儿大胆操作；教育幼儿不要把泥弄到桌面上或地板上，教师巡回指导。

6. 活动评价：表扬大胆操作的幼儿。

动物饼干

【活动目标】

1. 了解动物饼干的基本结构。

2. 学习搓圆、压扁、印模的泥工技能。

【活动建议】

1. 活动准备：橡皮泥、动物印模若干。

2. 激发兴趣：引起幼儿兴趣，启发幼儿了解动物饼干的基本形状。教师："小朋友，你们吃过动物饼干吗？动物饼干有什么形状的呢？"

3. 活动导入：请吃过动物饼干的幼儿向大家介绍动物饼干，并出示实物动物饼干，让幼儿触摸、感受、品尝动物饼干。

4. 活动重点：教师向幼儿介绍动物饼干的泥工制作方法。要求幼儿：①教幼儿将橡皮泥分成小块；②将小块橡皮泥放在桌子上，手掌心盖在橡皮泥上，不断转动，搓成圆球形状；③将圆球一个一个地用手掌心压扁，印上动物印模制作成动物饼干成品。

5. 动手操作：教育幼儿不要把泥掉到桌面上或地板上，手把手教幼儿学习制作动物饼干的泥工方法，鼓励胆小的幼儿大胆操作。

6. 活动评价：小结，让幼儿相互摸摸作品。

筷　子

【活动目标】

1. 了解筷子的基本结构。

2. 学习搓长条形的泥工技能。

【活动建议】

1. 活动准备：橡皮泥若干、筷子。

2. 激发兴趣：引起幼儿兴趣，启发幼儿了解筷子的基本结构。教师："小朋友，你们用过筷子吗？筷子是什么形状的呢？"

3. 活动导入：请用过筷子的幼儿向大家介绍筷子，并出示实物筷子，让幼儿触摸感知筷子的形状。

4. 活动重点：教师向幼儿介绍筷子的泥工制作方法。要求幼儿：①请幼儿将橡皮泥分成大概相等的两小块；②将小块橡皮泥放在桌子上，手掌心盖在橡皮泥上，一前一后搓动，把橡皮泥搓成长条形状；③把另一小块橡皮泥搓成相等的长条形状。

5. 动手操作：教幼儿学习制作筷子的泥工方法，鼓励胆小的幼儿大胆操作；保持桌面的清洁，教师巡回指导。

6. 活动评价：表扬大胆操作和活动积极的幼儿并小结。

汉堡包

【活动目标】

1. 了解汉堡包的基本结构。

2. 学习搓圆、压扁的泥工技能。

【活动建议】

1. 活动准备：橡皮泥若干、汉堡包。

2. 激发兴趣：引起幼儿兴趣，启发幼儿了解汉堡包的基本形状。教师："小朋友，你们吃过汉堡包吗？汉堡包有什么形状的呢？"

3. 活动导入：请吃过汉堡包的幼儿向大家介绍汉堡包，并出示实物汉堡包，让孩子触摸、感受、品尝汉堡包。

4. 活动重点：教师向幼儿介绍汉堡包的泥工制作方法。要求幼儿：①请幼儿将橡皮泥分成几个小块；②将小块橡皮泥放在桌子上，手掌心盖在橡皮泥上，不断转动，搓成圆球形状；③将圆球一个一个地用手掌心压扁，将压扁的泥块一层一层叠起来制作成汉堡包成品。

5. 动手操作：教幼儿学习制作汉堡包的泥工方法，教师巡回指导；教育幼儿不要把泥掉到桌面上或地板上，保持桌面的清洁。

6. 活动评价：表扬在活动中积极操作的幼儿。

音乐活动

一、歌 曲

歌曲有曲调，有歌词，它有助于培养视障儿童对音乐的兴趣，陶冶性情和品格。

《不再麻烦好妈妈》

【活动目标】

1. 知道歌曲名称，帮助幼儿理解歌词的含义和情感。

2. 初步学会结合歌曲内容做简单的动作。

3. 学会关心妈妈，做自己力所能及的事，减轻妈妈的负担。

【活动建议】

1. 活动准备：音响及相关的教学 CD。

2. 活动导入：结合"母亲节"，让幼儿想想妈妈是怎样关心自己的，引导幼儿在家学会关心妈妈，做自己力所能及的事，减轻妈妈的负担。

3. 活动过程：教师用较慢的速度演唱歌曲，帮助幼儿熟悉歌词。幼儿在教师的带领下随琴声念歌词，熟悉旋律和歌词。幼儿学会唱歌曲后，初步学习结合歌曲内容做简单的动作。

4. 演唱歌曲：幼儿学会唱歌曲后，请幼儿演唱歌曲，有能力的幼儿引导他们边唱歌边做动作。

《国旗多美丽》

【活动目标】

1. 知道歌曲名称，帮助幼儿理解歌词的含义和情感。

2. 学会唱二段体的歌曲，初步学会唱出进行曲风格。

【活动建议】

1. 活动准备：音响及相关的教学 CD、五星红旗。

2. 活动导入：出示国旗，让幼儿触摸五星红旗，引导幼儿在触摸的基础上念出歌词。

3. 活动过程：教师用较慢的速度演唱歌曲，帮助幼儿熟悉歌词。幼儿在教师带领下随琴声念歌词，熟悉旋律和歌词。幼儿学会唱歌曲后，引导幼儿唱出进行曲风格。

4. 演唱歌曲：幼儿学会唱歌曲后，请幼儿演唱歌曲，有能力的幼儿引导他们边唱歌边做动作。

《山谷回音真好听》

【活动目标】

1. 学会歌曲内容，帮助幼儿理解歌词的含义和歌唱形式。

2. 初步学习轮唱，对演唱歌曲的形式感兴趣，并能感受此形式歌曲的美。

【活动建议】

1. 活动准备：音响及相关的教学 CD。

2. 活动导入：带幼儿到空旷的地方感受回音效果。

3. 活动过程：教师有感情地范唱，请幼儿体会歌曲的回音效果。提问："哪一句老师唱的是回音？为什么？"全体幼儿跟唱 2～3 遍后齐唱。

4. 活动体验：幼儿熟悉旋律后，可分成两组：一组原音，一组回音，进行试唱。教师指导幼儿注意原音与回音的关系（原音先出现），两组相互配合，启发幼儿思考原音与回音音量的大小（回音轻）。把握歌曲的特点后，可轮换角色演唱。启发幼儿加入喊的动作。

《小篱笆》

【活动目标】

1. 初步学习三拍子和二段体的歌曲。

2. 知道歌曲名称，帮助幼儿理解歌词的含义和情感。

3. 在歌唱活动中体验歌曲的风格，感受歌曲欢快优美的情绪。

【活动建议】

1. 活动准备：音响、音乐 CD。

2. 活动导入：结合生活经验，让幼儿说说"春天的变化"。引导幼儿说说春天人们的服饰、动植物、天气等的变化。帮助幼儿小结春天的基本特征。

3. 活动过程：让幼儿知道歌曲名称，帮助幼儿理解歌词的含义和情感，让幼儿分段学习演唱二段体的歌曲。

4. 活动体验：幼儿学会演唱歌曲后，引导幼儿体验歌曲的风格，唱出三拍子歌曲欢快优美的风格。并让幼儿尝试边唱歌边学习打三拍子的节奏。

5. 演唱歌曲：请幼儿演唱歌曲，要求唱出歌曲欢快优美的风格。

《小小世界》

【活动目标】

1. 知道歌曲名称，帮助幼儿理解歌词的含义和情感。

2. 在歌唱活动中感受歌曲带来的欢快和愉悦。

3. 在熟悉歌曲的情况下，学习用简单的动作表达歌曲的欢快。

【活动建议】

1. 活动准备：音响、音乐 CD。

2. 活动过程：先欣赏歌曲，帮助幼儿了解这首歌的背景，幼儿在教师的带领下随琴声念歌词，熟悉旋律和歌词。幼儿学会演唱歌曲后，引导幼儿唱出歌曲欢快优美的风格。

3. 演唱歌曲：在幼儿熟悉歌曲的情况下，让幼儿学习用自己喜欢的、简单的动作（如拍手、转圈等）表现歌曲的欢快。

4. 歌舞表演：请幼儿随着歌曲音乐进行自由韵律活动。

《音阶歌》

【活动目标】

1. 学会演唱歌曲，感受歌曲明朗的节奏和欢快的旋律。

2. 能和同伴合作进行歌唱活动，体验同伴间的交往。

【活动建议】

1. 活动过程：幼儿在教师带领下随着琴声念歌词，熟悉旋律和歌词。在幼儿熟悉歌曲的情况下，让幼儿学习轮唱，在歌唱活动中体验同伴间的交往。

2. 活动延伸：本歌曲可以在音乐活动中改编为练声曲。

二、 韵律活动

在韵律活动中，视障儿童在音乐的伴奏下结合日常生活，学习做简单的动作等，从而逐步理解音乐的旋律和节奏，再随着音乐旋律和节奏的变化做相应的动作，并在活动中感受与同伴交往的快乐。

《圆圈舞》

【活动目标】

1. 学会唱三拍子歌曲，感受歌曲优美、欢快的旋律。

2. 通过简单的动作表演帮助幼儿记住歌词。

3. 结合定向教学认识方位如左右、前后等。

4. 能和同伴合作进行音乐活动，体验同伴间的交往。

【活动建议】

1. 活动准备：音响、音乐CD。

2. 活动过程：欣赏歌曲，帮助幼儿理解三拍子的节奏。让幼儿手拉手围成圆圈，在教师的带领下边做动作边念歌词，通过简单的动作（向左、向右、向前、向后走）帮助幼儿记住歌词及认识左右、前后等方位。

3. 活动重点：掌握左右、前后等方位。

4. 韵律活动：分小组学习，边唱歌边做动作，让每个幼儿都学会后再进行集体的活动。

5. 活动延伸：在课间让幼儿自由组合进行活动。

《幸福拍手歌》

【活动目标】

1. 学会唱歌曲，感受歌曲欢快的旋律。

2. 通过简单的动作表演帮助幼儿记住歌词。

3. 能和同伴合作进行音乐活动，体验同伴间的交往。

【活动建议】

1. 活动准备：音响、音乐CD。

2. 活动过程：欣赏歌曲，帮助幼儿理解歌曲的内容。在教师的带领下边做动作边念歌词，通过简单的动作（拍手、跺脚等）帮助幼儿记住歌词。

3. 韵律活动：分小组学习，边唱歌边做动作，让每个幼儿都学会后再进行集体的活动。

4. 活动延伸：在课间让幼儿自由组合进行活动。

日常生活模仿动作

【活动目标】

1. 结合学习生活技能（洗脸、刷牙、穿衣、穿鞋、擦桌子等）进行韵律活动。

2. 知道韵律活动的名称、动作的内容。

3. 随着音乐有节奏地做日常生活模仿动作。

【活动建议】

1. 活动准备：音响、音乐CD。

2. 激发兴趣：让幼儿回忆自己是怎样洗脸、刷牙的。

3. 探索模仿：每段音乐做一节模仿动作，每变换一次音乐就换做另一节模仿动作。如第一段音乐做洗脸的模仿动作，第二段音乐做刷牙的模仿动作，依此类推。

4. 活动延伸：提示幼儿已掌握了洗脸、刷牙、穿衣、穿鞋、擦桌子等生活本领，在日常生活中就要自己的事情自己做，减少家人的负担。

洗手帕

【活动目标】

1. 结合日常生活技能进行韵律活动。

2. 知道韵律活动的名称、动作的内容。

3. 随着音乐有节奏地做洗手帕的模仿动作。

【活动建议】

1. 活动准备：音响、音乐 CD。

2. 激发兴趣：让幼儿说说自己洗脸后是怎样洗小毛巾的。请幼儿学习做洗手帕（洗、拧）动作，教师逐个纠正动作。

3. 探索模仿：第一段音乐做洗的模仿动作，第二段音乐做拧干的模仿动作。动作掌握后再完整地做洗手帕的动作。

4. 活动延伸：提示幼儿已掌握了洗手帕的本领，在日常生活中就要自己洗手帕、毛巾，减少家人的负担。

骑 马

【活动目标】

1. 知道韵律活动的名称、动作的内容。

2. 随着音乐有节奏地做骑马模仿动作。

【活动建议】

1. 活动准备：音响、音乐 CD。

2. 活动过程：先熟悉韵律音乐（注意听马蹄的声音），再学习韵律动作。首先学习手握马缰绳的动作，两手握拳，双手一前一后于胸前平举，随着节奏双手往后微屈做勒缰绳状，然后学习跑马步的动作。

3. 活动难点：手脚协调地完成动作。

4. 快乐体验：配合音乐做骑马动作，提示幼儿动作要合节拍、要协调。

5. 活动延伸：在晨练、课间操等时间让幼儿练习做骑马的韵律活动。

《记住你，记住我》

【活动目标】

1. 学会唱歌曲，感受歌曲欢快的旋律。

2. 通过简单的动作表演帮助幼儿记住歌词。

3. 能和同伴合作进行音乐活动，体验同伴间的交往。

【活动建议】

1. 活动准备：音响、音乐 CD。

2. 活动过程：欣赏歌曲，让幼儿知道这是一首粤语歌曲，帮助幼儿理解歌曲的内容。在教师的带领下边做动作边念歌词，通过简单的动作表演配合帮助幼儿记住歌词，感受歌曲欢快的旋律。

3. 韵律活动：分小组学习，边唱歌边做动作，让每个幼儿都学会后再进行集体的活动，让幼儿在音乐活动中感受与同伴间的交往带来的欢乐。

4. 活动延伸：在课间让幼儿自由组合进行活动，可以将其作为早操的内容进行。

三、打击乐

学习打击乐不仅可以培养视障儿童对音乐的兴趣，还能有效地培养幼儿对于音乐的节奏感。打击乐一般都是集体演奏的，不仅可以培养幼儿合奏的能力，还有利于培养幼儿遵守纪律、听从指挥的集体观念。

《小士兵进行曲》

【活动目标】

1. 引导幼儿欣赏和熟悉乐曲的结构，体验乐曲传达出的朝气蓬勃的精神面貌。

2. 学习用打击乐器演奏乐曲。

3. 尝试用简单的动作和队形变换来表现乐曲。

【活动建议】

1. 活动准备：音响、音乐 CD，乐器若干。

2. 活动过程：欣赏和熟悉乐曲，再请幼儿说说自己对乐曲的感受，引导幼儿体验乐曲传达出的朝气蓬勃的精神面貌。学习演奏乐曲（幼儿先学习徒手打节奏，再使用打击乐器演奏乐曲）。

3. 活动延伸：在教师的引导下尝试用身体节奏动作来表现乐曲。

《水仙花圆舞曲》

【活动目标】

1. 熟悉音乐旋律，感受乐曲的优雅、轻快。

2. 学习用打击乐器演奏乐曲。

【活动建议】

1. 活动准备：音响、音乐 CD，乐器若干。

2. 活动过程：欣赏和熟悉乐曲，请幼儿说说自己对乐曲的感受，引导幼儿体验乐曲的优雅、轻快，引导幼儿将其与二拍子的乐曲进行比较，帮助幼儿理解三拍子的节奏。

3. 演奏乐曲：先学习徒手打节奏，再使用打击乐器演奏乐曲。

4. 活动难点：打出三拍子"强—弱—弱"的节拍。

《瑶族舞曲》

【活动目标】

1. 熟悉音乐旋律，感受乐曲的轻柔、舒展、缓慢。

2. 学习用打击乐器演奏乐曲。

【活动建议】

1. 活动准备：音响、音乐 CD，乐器若干。

2. 活动过程：欣赏和熟悉乐曲，请幼儿说说自己对乐曲的感受，引导幼儿体验乐曲的轻柔、舒展、缓慢。引导幼儿将其与二、三拍子的乐曲进行比较，帮助幼儿理解四拍子的节奏。

3. 演奏乐曲：学习徒手打节奏。再使用打击乐器演奏乐曲。根据乐曲的特点尝试让幼儿进行讨论确定演奏的方案并进行演奏。

《喜洋洋》

【活动目标】

1. 熟悉音乐的结构，感受乐曲中喜气洋洋的热闹气氛。

2. 学习用打击乐器演奏乐曲。

【活动建议】

1. 活动准备：音响、音乐 CD，乐器若干。

2. 活动过程：欣赏和熟悉乐曲，请幼儿说说自己对乐曲的感受，引导幼儿体验乐曲中喜气洋洋的热闹气氛。

3. 演奏乐曲：学习徒手打节奏。再使用打击乐器演奏乐曲。可让幼儿自由交换乐器演奏乐曲。

四、音乐游戏

音乐游戏是让视障儿童熟悉音乐，理解音乐的性质，体验到某个角色形象的音乐特点，同时还注意到音乐的变化和游戏规则的关系。

狐狸和兔子

【活动目标】

1. 熟悉音乐旋律，知道不同的旋律所表现的动物。

2. 根据故事的情节，让幼儿学习集体讨论游戏的玩法和规则。

3. 学会遵守游戏的规则，与同伴合作进行游戏。

【活动建议】

1. 活动准备：音响、音乐 CD，狐狸和兔子的头饰、手铃若干。

2. 活动导入：倾听故事，了解故事内容。

3. 熟悉旋律：知道不同的旋律所表现的动物。

4. 自由探索：根据故事的情节，让幼儿集体讨论游戏的玩法和规则，帮助幼儿熟悉每段音乐的游戏玩法。

5. 游戏玩法：代表狐狸的音乐响起，扮演狐狸的幼儿出来模仿狐狸的动作；代表兔子的音乐响起，扮演兔子的幼儿出来模仿兔子跳的动作，而扮演狐狸的幼儿回到座位上。

6. 共同游戏：幼儿分角色扮演，戴上角色头饰并晃动不同声音的手铃（帮助幼儿识别不同的角色），随着音乐进行游戏活动。

小青蛙

【活动目标】

1. 学习游戏角色的模仿动作。

2. 熟悉音乐旋律，听不同的旋律模仿不同的动作。

3. 学会遵守游戏规则，与同伴合作进行游戏。

【活动建议】

1. 活动准备：音响、音乐 CD，手铃若干。

2. 活动过程：学习青蛙跳、抓害虫等模仿动作。幼儿熟悉音乐旋律，可听不同的旋律做不同的模仿动作。

3. 共同游戏：幼儿扮演角色，随着音乐进行游戏活动。

4. 游戏玩法：一半幼儿戴上手铃扮演害虫（便于幼儿识别角色），一半幼儿扮演小青蛙进行游戏。游戏结束交换角色重新进行。要求幼儿与同伴合作进行游戏时学会遵守游戏规则。

捕 鱼

【活动目标】

1. 学习游戏角色的模仿动作。

2. 熟悉音乐旋律，初步能随着音乐旋律做不同的模仿动作。

3. 学会遵守游戏规则，与同伴合作进行游戏。

【活动建议】

1. 活动准备：音响、音乐 CD，手铃若干。

2. 活动过程：学习小鱼游、网鱼等模仿动作。幼儿熟悉音乐旋律，按照音乐的旋律做不同的模仿动作。

3. 共同游戏：幼儿扮演角色，随音乐进行游戏活动。

4. 游戏玩法：一半幼儿戴上手铃扮演小鱼角色（便于幼儿识别角色），另一半幼儿扮演渔夫角色进行游戏。渔夫手拉手围成渔网，小鱼随着音乐在网内网外游来游去，音乐停止，渔夫收网，点数捕了多少条鱼。游戏结束交换角色重新进行。要求幼儿与同伴合作进行游戏时学会遵守游戏规则。

小花猫和小老鼠

【活动目标】

1. 熟悉音乐旋律，知道不同的旋律所表现的动物。

2. 学习游戏角色的模仿动作。

3. 学会遵守游戏规则，与同伴合作进行游戏。

【活动建议】

1. 活动准备：音响、音乐 CD，小花猫和小老鼠头饰、手铃若干。

2. 活动过程：分别学习小花猫和小老鼠走、叫的模仿动作。幼儿熟悉音乐旋律，知道不同的旋律所表现的动物。学习随不同的音乐旋律表现不同动物的动作。

3. 共同游戏：幼儿扮演角色，戴上小花猫和小老鼠头饰并晃动手铃（便于幼儿识别角色），随着音乐进行游戏活动。与同伴合作进行游戏时学会遵守游戏规则。

五、音乐欣赏

音乐欣赏的目的是提高视障儿童对音乐的兴趣，增强对音乐的感受力和理解力，同时丰富幼儿的生活，陶冶幼儿的情操，对幼儿进行审美教育。

《动物狂欢节》

【活动目标】

1. 感受乐曲活泼流畅的音乐性质和乐曲旋律的快乐。

2. 愿意用各种方式（模仿、想象等）来表现音乐和乐曲的快乐。

【活动建议】

1. 活动准备：音响、音乐 CD，各种动物头饰。

2. 活动导入：小朋友在什么时候感到很高兴？在活动场上你最喜欢玩什么？引导幼儿用模仿动作来表示。

3. 活动过程：欣赏音乐，教师把乐曲的作者、曲名及逐段乐曲的结构、旋律等向幼儿讲解。幼儿感受活泼流畅的音乐中蕴含着的快乐。

4. 表现音乐：让幼儿戴上自己喜欢的动物头饰，并通过模仿动物欢快的动作来表现乐曲。

《义勇军进行曲》

【活动目标】

1. 知道国歌的全名、知道国歌代表我们的国家和民族。

2. 懂得听到国歌响起时要立正、行注目礼。

3. 通过欣赏国歌，更加热爱伟大的祖国。

【活动建议】

1. 活动准备：音响、音乐 CD。

2. 活动过程：欣赏音乐，教师把国歌的作者、国歌的产生以及逐句乐曲的歌词、旋律等向幼儿讲解，让幼儿知道国歌的全名、知道国歌代表我们的国家和民族。引导幼儿去感受国歌的气势、庄严。了解国歌在什么时候演奏及如何表现？小朋友在什么时候听到过演奏国歌？听到演奏国歌要怎样？（学习立正、行注目礼）

3. 活动体验：幼儿和教师一起举行升旗仪式。

《茉莉花》

【活动目标】

1. 通过闻、摸等方式感受茉莉花的花香和形态。

2. 了解音乐的起源、内容等。

3. 用不同的动作、表情等表现对音乐的理解。

【活动建议】

1. 活动准备：实物茉莉花，音响、音乐 CD。

2. 活动导入：让幼儿通过闻、摸等方式感受茉莉花的花香和形态。

3. 活动过程：欣赏音乐，向幼儿介绍乐曲的背景、内容。

4. 表现乐曲：引导幼儿用不同的动作、表情等表现自己对音乐的理解。

《水族馆》

【活动目标】

1. 了解乐曲的名称、结构等。

2. 熟悉乐曲的旋律，感受乐曲优美流畅、纤巧轻快的音乐性质。

3. 引导幼儿用身体各部分的扭动表现水草生长、小鱼游动，培养幼儿的创造力和表现力。

【活动建议】

1. 活动准备：音响、音乐CD。

2. 活动过程：欣赏音乐，向幼儿介绍乐曲的名称、结构等。帮助幼儿熟悉乐曲的旋律，分段欣赏音乐，向幼儿讲解每段音乐，感受乐曲优美流畅、纤巧轻快的音乐性质。

3. 表现音乐：引导幼儿用身体各部分的扭动表现水草生长、小鱼游动，培养幼儿的创造力和表现力。请幼儿分角色表演水草、小鱼，用肢体动作表现乐曲。

《新疆之春》

【活动目标】

1. 了解乐曲的名称、结构等。

2. 熟悉乐曲的旋律，感受乐曲奔放流畅、豪爽乐观的维吾尔族音乐风格。

【活动建议】

1. 活动准备：音响、音乐CD。

2. 活动过程：欣赏音乐，向幼儿介绍乐曲的名称、结构等。帮助幼儿熟悉乐曲的旋律。分段欣赏音乐，向幼儿讲解每段音乐：第一段音乐表现了新疆的春日景象和人们欢乐的情绪；第二段音乐表现了新疆人民打起手鼓尽情地舞蹈；第三段音乐表现了新疆人民欢欣醉畅的生活情趣。

3. 表现音乐：引导幼儿在理解音乐的基础上用已掌握的、简单的舞蹈动作（如骑马等），表现新疆人民在大草原上欢欣的生活景象。

生活活动

一、健康常识

认识人体是视障儿童健康教育的重要内容，主要包括认识手、鼻子等身体器官，了解各器官的主要作用，并保护好人体的各种器官。通过学习饮食卫生、疾病预防、进食礼仪、生活常规、求助有法使视障儿童懂得一些简单的健康常识，要做到讲卫生、锻炼身体、提高抵抗能力，从而预防疾病的发生。

认识自身

【活动目标】

1. 学习认识自己身体的各部位，并且知道它们的名称。

2. 能熟练地辨认身体的各部位。

【活动建议】

1. 活动顺序：先引导幼儿认识身体的各部位，练习辨认身体的各部位，然后让其根据名称指出相应的部位或者指认部位并说出相应名称。

2. 活动延伸：同伴之间练习辨认身体各部位及其名称。

3. 注意事项：①认识身体各部位时，应按一定的顺序进行，如从整体到部分，从上到下，从前到后等；②教师要指导幼儿触摸准确的部位，以免造成错误或模糊的印象；③由于各地方言不同，教师要注意对身体各部位的名称加以解释，并教给幼儿用普通话学说名称。

4. 相关资料：身体包括头、颈、四肢、躯干；头部包括五官、头发、头顶等；鼻子包括鼻梁、鼻孔、鼻翼；嘴包括嘴唇、嘴角、牙齿、舌头；四肢包括大腿、膝盖、小腿、脚；躯干包括肩部、胸部、小腹部、腰部。

勤快的手

【活动目标】

学习自我尝试操作，知道手的用处很大，可以做很多事。

【活动建议】

1. 活动准备：录音机一台，磁带一盒，准备好豆角、橡皮泥、皮球。

2. 热身活动：放《我的小手》的录音磁带，做手的模仿游戏。

3. 活动体验：我们的手不仅能做模仿游戏，它还有许多本领，请摸书桌上的物体，有什么感觉？通过触摸，感知物体的冷、热、软、硬、光滑、粗糙等。

4. 分组讨论：手能做哪些事？

5. 动手操作：剥豆、做泥工、拍皮球等。

6. 集体讨论：假如没有手会怎样？我们应该怎样保护自己的手？

鼻子的作用

【活动目标】

学习了解鼻子的主要作用，学会保护好鼻子。

【活动建议】

1. 活动准备：醋、酒、酱油、清水各一杯。

2. 引出主题："小朋友，老师这里有几个瓶子，不知道里面装的是什么，你们能想办法告诉老师吗？"

3. 情感体验：请幼儿互相触摸并讨论：鼻子是什么样子的？如果没有鼻孔会怎样？请小朋友捏住鼻孔试一试有什么感觉？

4. 集体讨论："有一个小朋友将一粒小珠子往鼻孔里塞；另一个小朋友挖鼻孔，这样做对吗？为什么？看到这种情况应该怎样做？"（立刻制止）

5. 相关知识：鼻子能分辨不同的气味，还能帮助我们呼吸，我们要懂得保护它，不能用手挖鼻孔，更不能往鼻孔中塞东西，那样会弄伤鼻子，严重时可能因异物入气管而导致生命危险。

保护皮肤

【活动目标】

1. 学习怎样爱护自己的身体。

2. 了解皮肤的功能及知道保护皮肤的方法。

【活动建议】

1. 活动准备：润肤膏、润唇膏、湿毛巾、布料、木块、铁块。

2. 情感体验：你们如果在太阳下晒久了，会有什么感觉？天气干燥时，皮肤是否会皲裂？

3. 自我探索：发现皮肤遍布全身并具有排汗功能，了解皮肤对人体健康有重要的保护作用。

（1）通过游戏活动，促使幼儿运动后出汗。

（2）观察身体哪些地方出汗了，汗从哪里来，为什么出汗？

（3）找一找，身体哪些地方有皮肤。

（4）运用多种感觉器官，了解皮肤是什么样子的，触摸时有什么感觉。

4. 知识要点：

（1）讲究皮肤卫生，勤洗澡换衣、勤洗手，使皮肤保持干净不生病。

（2）不使皮肤受损伤：不玩火玩刀，不摸过烫的东西，防止摔伤、扎伤、烫伤，懂得皮肤受伤要及时上药治疗。

保护牙齿

【活动目标】

1. 知道酸性物质会腐蚀牙齿，懂得保护牙齿的重要性。

2. 养成饭后漱口，睡前刷牙的生活习惯。

【活动建议】

1. 活动准备：蛀牙形成的资料、护牙方法资料。

2. 预前活动：做醋泡蛋壳的实验，蛀牙形成的资料、护牙方法资料。

3. 实验观察：了解蛀牙形成的原因。

（1）观察醋泡蛋壳的实验。

方法：教师捞出浸在醋里的蛋壳，让幼儿摸一摸、捏一捏，说一说蛋壳有什么变化？比较没有泡过醋的蛋壳有什么不同？

知识要点：醋是一种酸性物质，酸会腐蚀蛋壳中的钙，所以蛋壳就会变黑，变软。

（2）讨论：为什么会长蛀牙，长了蛀牙有什么后果？我们要怎样预防蛀牙？

知识要点：要少吃甜食和零食，饭后漱口早晚刷牙，养成良好的生活卫生习惯。

4. 活动延伸：在日常生活中，向幼儿进行护牙及换牙期的卫生教育。

注意饮食卫生

【活动目标】

1. 懂得辨认饮食的好与坏。

2. 养成良好的饮食、卫生习惯。

【活动建议】

1. 活动准备：若干印有日期（过期与未过期）的食物（贴上盲文日期）。

2. 导入谈话：让幼儿讲述是否患过腹泻，并说出他们的感受、原因及康复过程。

3．实物观察：出示实物，让幼儿观察食物上有效日期的标志。并提问什么叫作"有效日期"？过了"有效日期"的食物质地是否会变坏？吃了这些食物是否会损害身体健康？

4．集体讨论：

（1）教师把新鲜的食物、腐烂变质的食物放在桌上，让幼儿凭感官比较哪些适合进食，并选择他们喜爱的一种。根据幼儿的选择，讨论其正确与否，并说出原因和后果。

（2）以故事形式，让幼儿认识到促进饮食卫生的方法。如蔬菜需要洗净才吃、多喝开水帮助消化和排泄、辨别可吃和不可吃的食物等。

5．角色扮演：让幼儿扮演到超级市场选购食物的顾客。

6．注意事项：保持食物和餐具的清洁、不吃变质的食物、未煮沸的水不要喝等。

疾病的预防

【活动目标】

1．认识一般疾病传播的途径。

2．注意环境卫生对预防疾病的重要性。

3．知道得病后求诊的途径。

【活动建议】

1．导入谈话：

（1）请曾患肚痛、伤风、呕吐、咳嗽、感冒等疾病的幼儿讲述患病的经验、感受及康复的过程。

（2）让幼儿说出他得病后求诊的经验，教师与学生讨论其求诊途径是否正确。

2．教师讲解：让幼儿知道一般疾病的症状及传播途径。

3．集体讨论：如果不幸患病，应该怎样处理？应该到哪儿看医生？说一说有什么方法可以预防病菌的传播？

4．注意事项：保持环境及饮食卫生要注意的事项。如垃圾桶盖要盖好、不乱扔垃圾、消灭害虫等。

5．活动延伸：和幼儿一起搜集有关一般疾病的新闻，制成资料册。

好孩子

【活动目标】

1. 学习帮助他人的重要性。

2. 培养幼儿礼让、诚实、勇于认错的品德。

【活动建议】

1. 情感体验：请幼儿讲述其曾经帮助他人的生活经验，大家一同分享。若幼儿没有这种经验，教师可把自己的经验或知道的别人有过的经验说出来，与幼儿一同分享。

2. 角色扮演：

（1）通过小文帮助腿有残疾的小月上厕所的事，让幼儿从中领悟到助人是快乐之本。

（2）幼儿扮演偷东西后（偷取小朋友的文具或其他东西），向老师认错，将物件交还失主，教师特别提醒小朋友要勇于认错，知错能改。

（3）请幼儿扮演警察如何尽责地去维持秩序。如制止幼儿追逐嬉戏或跑上讲台等。

3. 集体讨论：好孩子应该有哪些互助互让的良好品德？讨论"诚实""认错"及"改过"等好行为对我们的重要性，以及如何培养"诚实""尽责"的美德？

进食的礼仪

【活动目标】

1. 懂得进食时应有的态度。

2. 培养幼儿有良好的进食礼仪。

【活动建议】

1. 活动准备：碗、碟、筷子、汤匙、食物。

2. 导入谈话：小朋友，你们在吃饭前有没有招呼长辈的习惯？

3. 角色扮演：教师指导学生扮演一家人进食（三世同堂），小孩子在进食前如何招呼长辈。

4. 注意事项：进食时应有的态度：安静坐定、保持环境清洁等，解释吃饭时要慢慢咀嚼，吃饭前后不可做剧烈运动。

5. 自主体验：学习正确使用餐具就餐。

6. 活动延伸：请家长指导幼儿在进食时，保持个人及餐桌清洁，若能做到，请在课本的记录表上用"√"表示出来。

生活常规

【活动目标】

1. 了解学校的生活常规及有关规章制度，为其升入一年级做好准备。

2. 培养幼儿遵守学校生活常规的好习惯。

【活动建议】

1. 集体讨论：①幼儿园一日常规、就餐等，小朋友要怎样做？②一年级一日常规、就餐等会是怎样的？

相关资料：按时起床、洗漱，按时上课；吃饭时要讲究卫生，不说话，不打闹；午休时不大声喧哗，不影响他人休息；按时就餐，找好座位，做到文明就餐等；不随地吐痰、倒水、扔东西；身子不要探出窗外，以免发生意外。不准攀爬围墙、栏杆等。

2. 注意事项：①教学过程中要注意纠正幼儿的不良习惯；②要结合本课的教学，使幼儿遵守学校的规章制度，成为文明礼貌的好孩子。

求助有法

【活动目标】

1. 知道意外发生的原因和处理方法。

2. 知道意外发生后的求助方法。

【活动建议】

1. 活动准备：玩具电话。

2. 导入谈话：让幼儿讲述曾经遇到的意外情况。学生自由讲述其比较特别、难忘的意外事情，如火警、遇袭、交通意外等，教师可从旁提问作引导。

3. 创设情景：教师创设"发生意外"的情景来解说遇到意外事件时的实时处理方法。如保持镇定，懂得躲避，如遇火警时从楼梯逃生；遇到落水时，应立即求救等。

4. 教师讲解：教师讲述有关遇到意外时求助的方法，如通知家人或成人，高声呼叫并向人求助，离开危险地方，打报警电话等。并讲解遇到意外时首先应保持镇静，然后弄清楚情况。

5. 集体讨论：教师利用问题与幼儿讨论意外发生时求助的方法。问题如"如果家里发生火警，应该怎样应对？""你见过交通意外吗？当时的情形是怎样的？"

二、生活技能

掌握一定的生活技能是顺应生存和社会生活的发展要求，培养幼儿的自主精神，学会生活自理，对促进他们的正常发育有非常必要的帮助。大班的幼儿主要学习梳洗以及穿脱和整理自己的衣物。

洗 碗

【活动目标】

1. 学习洗碗、洗汤匙等。
2. 培养自己的事情自己做的习惯。

【活动建议】

1. 活动准备：吃饭用的碗、杯、汤匙、洗洁精。
2. 活动开始：将食物残渣倒入垃圾桶内。
3. 自主体验：练习洗碗、洗汤匙。
4. 活动指导：在碗内滴入适量的洗洁精，并加适当的水，洗汤匙时里外都要洗净，将碗的内外洗净，用清水冲洗饭碗、汤匙。
5. 注意事项：

（1）洗碗时身体应与水池保持一定距离，水龙头不要开得太大，以免弄脏衣服，此外，还可以节约用水。

（2）在家洗碗时，可用盆盛水，用洗碗布清洗碗筷。

5. 活动延伸：

（1）煮沸消毒：将洗净的碗筷放在锅内，加水煮沸 3 ~ 5 分钟。

（2）消毒柜消毒：将洗净的碗筷放入消毒柜内进行消毒。

餐后收拾

【活动目标】

1. 学习餐后收拾桌面、餐具等。
2. 培养自己的事情自己做的良好习惯。

【活动建议】

1. 活动准备：吃饭用的碗、汤匙、抹布等。
2. 集体讨论：吃完饭后要干些什么？先干什么，再干什么？
3. 自主体验：练习收拾食物残渣。用抹布把食物残渣抹到自己吃完饭的空碗里，把食物残渣倒入垃圾桶，再在水龙头下洗干净抹布、拧干，打开抹布，铺平在要擦的桌面上，擦干净桌面，然后去清洗餐具、抹布。
4. 活动延伸：餐后让幼儿练习收拾食物残渣，擦干净桌面。

穿裤子

【活动目标】

1. 学习穿裤子。

2. 培养生活自理能力。

【活动建议】

1. 活动准备：每人准备一条裤子。

2. 集体讨论：讲述人体的有关部位、裤子的组成部分和裤子的正反面以及裤子的前后。

3. 自主探索：让幼儿尝试自己穿裤子。

4. 活动方法：首先坐在床沿或凳子上，然后两手捏住裤腰，前面朝上，把左右腿分别穿入左右裤管，直至两脚伸出裤管，然后站起来提起裤腰，并整理好，扣上纽扣（或拉好拉链），系好腰带即可。

5. 注意事项：

（1）上课时可以一种裤子为例讲解，其他类型的裤子穿法相同。

（2）不易区别前后的裤子，可做前后记号。

穿有拉链的上衣

【活动目标】

1. 学习穿有拉链的上衣。

2. 培养生活自理能力。

【活动建议】

1. 活动准备：每人准备一件有拉链的上衣。

2. 集体讨论：引导幼儿认识有拉链的上衣及上衣由哪些部分组成。

3. 亲身体验：让幼儿自己尝试穿有拉链的上衣。

4. 指导方法：双手将左右衣襟对齐，一只手把拉头拉到最下面，使它上面的小孔对准左边拉链底部的销孔，并用手捏住拉头与销孔，右手把销头对准拉头的小孔，销头插入销孔，一直插到底，左手捏紧拉链的根部（销孔盖），右手捏住拉头往上拉，拉到适当的位置即可。

5. 注意事项：

①拉拉链时一定要将销孔与拉头的孔对齐。

②拉拉链时不要太用力，拉不动时需要调整一下再拉。

折叠裤子

【活动目标】

1. 学习折叠裤子的方法。

2. 培养自我服务的能力。

【活动建议】

1. 活动准备：每人准备一条裤子。

2. 集体讨论：指导幼儿触摸裤子的相关部位并讲出相应的名称以及辨认裤子的正反面和前后。

3. 自主尝试：让幼儿独自尝试折叠裤子。

4. 活动方法：让幼儿将裤子前面朝上平铺在床上，找到一只裤脚，把裤脚的内侧缝和外侧缝对齐，再找到另一只裤脚，也将内侧缝和外侧缝对齐，将两只裤脚的内侧缝与内侧缝对齐，裤子倒提起来抖几下，两条裤筒就对齐了，裤筒对齐以后，将裤子平放在床上，捋几下，把裤子展平，将裤子的裤脚叠向裤腰，与裤腰对齐，用手整理一下折缝，再折一次，整理平整即可。

5. 注意事项：

（1）折叠裤子时要选择一个平整硬实的地方。

（2）折叠裤子前，一定要让幼儿把裤子的有关部位整理好。

折叠外衣

【活动目标】

1. 学习一般衣服的折叠方法。

2. 培养自我服务的能力。

【活动建议】

1. 活动准备：每人准备一件单外衣。

2. 谈话活动：指导幼儿认识外衣的有关部位以及辨认外衣的正反面和前后。

3. 自主探索：自己探索折叠外衣。

4. 指导帮助：指导幼儿整理好领子、口袋和边角，将外衣正面向外、后面朝上平铺在床上，一只手捏住一只袖口，另一只手捏住同侧下摆与侧缝交叉处，对折过去，使袖口与袖口对齐，侧缝与侧缝对齐，衣身对折，将袖子往衣身上折，将衣身往上折到与领口对齐，整理平整即可。

5. 注意事项：

（1）折叠衣服时要选择一个平整硬实的地方。

（2）在折叠衣服的过程中，每一步都要指导幼儿将衣服整理平整。

叠被子

【活动目标】

1. 学习叠毛巾被。

2. 培养生活自理能力。

【活动建议】

1. 活动准备：毛巾被、床。

2. 集体探索：让幼儿认识毛巾被的各部分。

3. 亲身体验：独自尝试叠毛巾被。

4. 指导实践：指导幼儿将被面朝上铺在床上，拉平，将被头向另一被头对边折，拉平，用同样的方法再折一次，再把被边向另一被边对折，叠成两层，整理平整，这样就可以把被子叠得方方正正了。

5. 相关资料：

（1）一般的毛巾被，被里和被面用的布是不一样的，可凭手感来辨认。

（2）被子长的两边为被边，短的两边为被头。

系鞋带

【活动目标】

1. 学习系鞋带。

2. 发展幼儿的手指协调活动能力。

3. 培养其生活自理能力，养成自己的事情自己做的良好习惯。

【活动建议】

1. 活动准备：准备一双有鞋带的鞋。

2. 探索活动：让幼儿独自摸索调节鞋带的长短及松紧。

3. 自主尝试：系鞋带。

4. 活动方法：把穿在鞋孔里的鞋带抽平、拉紧，把两根鞋带交叉打结，拉紧，把鞋带的两头各折成两股（鞋带头的一股要稍长一些），把双股鞋带再交叉打结，拉紧即可。

5. 注意事项：注意鞋带不要打成死结。

整理床铺

【活动目标】

1. 学习整理床铺。

2. 培养幼儿学会自己的事情自己做，为其进入一年级做好准备。

【活动建议】

1. 活动准备：一年级学生宿舍内的床铺、褥子、被子、枕头等。

2. 集体讨论：床上用品一般有哪些?

3. 亲身实践：自己尝试整理床铺。

4. 指导帮助：指导幼儿用抹布将床板、床边、床头擦干净，将褥子、床垫铺在床上，整理平整，将叠好的被子靠近床头放好，把枕头整理平整放在被子上，整理好即可。

5. 活动延伸：可以让幼儿早上起床、中午起床整理好自己的床铺。

刷　牙

【活动目标】

1. 学习正确的刷牙方式。

2. 使其养成早晚刷牙、饭后漱口的卫生习惯。

【活动建议】

1. 活动准备：牙刷、牙膏、杯子、脸盆、毛巾，并备足清水。

2. 谈话活动：请幼儿简单说说保持口腔清洁的重要性和基本方法。

3. 自主体验：自己体验一下刷牙的过程。

4. 活动方法：准备好一杯清水，将牙刷浸湿，挤上牙膏，右手拿牙刷，左手端杯子，用清水漱一下口，将水吐到水池或脸盆里，将牙刷送入口内刷牙。

5. 相关知识：刷牙时，上牙由上往下刷，下牙由下往上刷，把牙齿的里里外外都刷到。挤牙膏有几种方法：一种是将牙膏挤在牙刷的刷毛上。另一种是将牙膏挤在自己的门牙上；还可以将牙膏挤在食指前端，然后抹在门牙或牙刷的刷毛上。

6. 活动延伸：早上起床后和晚上临睡前练习刷牙。

洗毛巾

【活动目标】

1. 学习了解毛巾的用处，学会洗、挂毛巾。

2. 培养幼儿讲卫生、爱劳动的良好习惯。

【活动建议】

1. 活动准备：每人一条毛巾。

2. 集体讨论：请幼儿简单说说毛巾的用途。

3. 自主尝试：让幼儿自己学习洗毛巾。

4. 指导顺序：将袖口卷起或往上提，双手拿着毛巾的两端，双手揉搓毛巾，要反复揉搓，确保每个部位都揉搓到，用清水漂洗干净，拧干后展开并摊平，把毛巾挂在自己固定的挂钩上。

5. 注意事项：

（1）洗毛巾时，双手揉搓毛巾，确保每个部位都揉搓到。

（2）要节约用水。

（3）漂洗时动作要轻，以免溅湿别人和自己。

洗　头

【活动目标】

1. 学习洗头的方法。

2. 培养幼儿的生活自理能力，养成讲究个人卫生的良好习惯。

【活动建议】

1. 活动准备：洗发水、毛巾、梳子，另备足冷、热水。

2. 导入谈话：请幼儿简单说说保持头发清洁的重要性和基本方法。

3. 亲身体验：让幼儿独自体验一下洗头。

4. 活动方法：用双手或毛巾撩水弄湿头发，涂抹洗发水并揉搓，将适量洗发水倒入一只手的手心，紧闭双眼，然后两只手揉匀后涂到头发上，并揉搓头发，接着用双手指尖轻轻抓挠头皮，把头部抓挠一遍，再冲洗，然后用双手或毛巾撩水把头上的泡沫冲洗下来，再换上一盆干净的温水冲洗两次，擦干，梳整齐。

5. 注意事项：

（1）不要用力挠抓头皮，以免划破头皮。

（2）洗头时要防止水进入耳朵，必要时可用棉花球塞住耳朵。

洗　澡

【活动目标】

1. 学习洗澡的基本方法。

2. 培养幼儿的生活自理能力，养成讲究个人卫生的良好习惯。

【活动建议】

1. 活动准备：浴盆、毛巾、香皂（浴液）、拖鞋、干净衣服等。

2. 集体讨论：请幼儿简单说说洗澡的好处以及怎样洗澡。

3. 自主摸索：让幼儿自己尝试一下洗澡。

4. 指导帮助：脱下衣物，并将它放在适当的地方，调试水温，先放冷水，再放热水，当两股水流合一后水温不冷不热即可，站在淋浴喷头下面，让水把全身淋湿，在毛巾上打上香皂（浴液），搓擦全身（此时应把水龙头关上，用时再开），用毛巾擦洗身体，冲洗全身，关上水龙头，用干净的毛巾擦干全身，换上干净衣服。

5. 注意事项：

（1）要注意掌握水温，防止烫伤或受凉。

（2）安排在适宜的季节和环境里教学，最好由男女两名教师分组指导。

6. 活动延伸：在家练习自己洗澡。

感觉统合活动

一、触觉活动

触觉的敏锐程度会影响大脑的辨识能力、身体的灵活及情绪的好坏。对视障儿童进行触觉训练活动可以提高他们大脑处理问题的能力水平，建立起协调良好的触觉神经活动关系。

大笼球压滚游戏

【活动目标】

1. 愉快接受大笼球的压滚，保持良好情绪。

2. 减少触觉防卫意识，锻炼身体协调能力。

【活动建议】

1. 活动准备：大笼球（数量为幼儿数量的一半），垫子若干张。

2. 热身活动：音乐律动：《头发、肩膀、膝盖、脚》，幼儿一边唱歌，一边按照歌词内容触摸头发、肩膀、膝盖、脚。

3. 垫上活动：幼儿躺在垫子上做举腿、模拟自行车蹬腿等练习。

4. 活动方法：让幼儿仰卧或俯卧在垫子上，教师将大笼球放置在幼儿身上，前后左右滚动。

5. 注意事项：对触觉防卫意识过强的幼儿，大笼球压背部（俯卧）能让他们更容易接受些，还可以在幼儿身上加一块毛巾，或把大笼球的气体只充到一半，减少他们的触觉防卫意识，让他们逐渐愉快地融入游戏活动。

6. 相关资料：

音乐《头发、肩膀、膝盖、脚》歌词："头发、肩膀、膝盖、脚，膝盖、脚，膝盖、脚，头发、肩膀、膝盖、脚，眼睛，鼻子，嘴。"

乌龟爬行

【活动目标】

1. 能够将身体平衡在滑板上，头脚离地，用手滑行。

2. 减少幼儿的触觉防卫意识，提高身体协调能力。

3. 在游戏中培养幼儿吃苦耐劳的精神。

【活动建议】

1. 活动准备：小滑板（数量与幼儿人数相等）。

2. 热身活动：听音乐节奏做"关节操"。

3. 自由活动：自由玩滑板，可以坐在上面，脚用力蹬地，向前、向后、转圈滑行。

4. 动作方法：俯卧在滑板上，以腹部为中心，头抬高，挺胸，身躯紧靠滑板，双脚并拢，脚面绷紧，用双手滑行前进或者后退。

5. 活动延伸：熟练掌握俯卧动作后可以进行"乌龟运粮"的游戏：进行分组或计时的比赛游戏，把沙包放到幼儿的背上，要求他们用"乌龟爬行"的方法做游戏，看哪个幼儿能又快又好地把粮食（沙包）运送到指定的地方。

隧道寻宝

【活动目标】

1. 能够独立爬行通过 4 节阳光隧道。

2. 使幼儿产生对感觉统合游戏的兴趣，保持愉快情绪。

【活动建议】

1. 活动准备：阳光隧道 4 节，一些质地不一（粗糙、光滑、软、硬）的布料或布娃娃等。

2. 热身活动：幼儿做"开火车"游戏来到活动场地，然后听音乐做拍手操。

3. 自由活动：幼儿在阳光隧道里面自由爬行。

4. 寻宝游戏：教师把布料或者布娃娃放在阳光隧道里，要求幼儿爬行通过的时候找到教师指定的物品。

5. 活动延伸：把阳光隧道和平衡木、垫子上翻滚等活动组合起来进行。

6. 补充说明：有些触觉防卫意识很强的幼儿平时可能不太愿意触摸一些布料或毛茸茸的布娃娃，而在兴奋、刺激的寻宝游戏活动中幼儿会不知不觉地减少触觉防卫意识，触摸起平时不太愿意接触的物品。

二、前庭平衡觉活动

人体脸部正面的感觉信息便是前庭信息，前庭信息及平衡感的协调，便是前庭平衡。在人类所有的感觉器官中，前庭觉是最敏感的。通过给予视障儿童前庭器官的不同程度刺激，使其调节姿势反应的前庭功能正常化，在接受前庭刺激的同时，还有助于其他感觉功能的统合运用。

有趣的平衡台

【活动目标】

1. 能平稳、连贯地前后、左右晃动平衡台。

2. 在平衡台上自由活动，做坐、跪、爬、站等动作。

3. 学会敢于探索、乐于参与、与人合作。

【活动建议】

1. 活动准备：平衡台（数量与幼儿人数相等）、大笼球。

2. 热身活动：跟随音乐做"关节操"，活动身体各关节。

3. 自由活动：自由玩平衡台，可以做坐、跪、爬、站等动作。

4. 合作练习：两人或三人合作，一起在平衡台上做坐、跪、爬、站等动作。

5. 拍球游戏：进行平衡台上拍球游戏，幼儿站在平衡台上，进行连续拍打大笼球活动。幼儿可以一边拍球一边数数，或者一边拍球一边唱歌。

赛龙舟

【活动目标】

1. 感受前庭刺激，提高身体平衡能力。

2. 感受集体游戏的快乐。

【活动建议】

1. 活动准备：平衡台（数量为幼儿数量的一半）、小红旗 3 面。

2. 热身活动："波浪"：全体幼儿排成一列横队，给每个幼儿编排号码：1、2、3……，让幼儿按 1、2、3……顺序半蹲，幼儿一边蹲下一边读自己的编号，然后按照这个方法再依次站起来。

3. 自由尝试：让幼儿自由组合，每两个幼儿一组，在平衡台上进行站、坐、蹲的晃动练习。

4. 集体游戏：将全体幼儿分成几组，每组 3 名幼儿成一路纵队坐在平衡台上，排头的幼儿挥动小旗子，后排的幼儿用一只手抱住前排幼儿的腰，另一只手做划龙舟的动作，大家一边划，一边喊"加油"。

独脚凳上拍皮球

【活动目标】

1. 能够稳坐在独脚凳上拍球。

2. 注意力水平得到提高，幼儿尝试学习身体平衡协调。

【活动建议】

1. 活动准备：独脚凳和小皮球（数量与幼儿人数相等）。

2. 热身活动：幼儿进行双手连续拍小皮球的热身活动。

3. 活动尝试：幼儿坐在独脚凳上，尝试控制自己身体的平衡。

4. 自由活动：幼儿坐在独脚凳上拍球，可以拍一下，接一下，也可以连续拍皮球，依能力而定，循序渐进地提高练习的要求。

5. 活动延伸：同伴两人一组，玩踢球游戏。

旋转大陀螺

【活动目标】

1. 可以轻松自如地两侧转动陀螺。

2. 感受重力感带来的身体变化。

【活动建议】

1. 活动准备：大陀螺若干个。

2. 自由尝试：幼儿通过移动身体，自行调整重心使大陀螺旋转起来。

3. 示范帮助：若幼儿无法转动大陀螺，教师应给予示范帮助，如轻轻拨动陀螺边缘助力，让幼儿体会如何转动大陀螺，并保持身体平衡，可唱着儿歌鼓励幼儿，消除其紧张害怕的情绪。

4. 补充说明：若幼儿无法依靠自己移动身体，或在教师的提示和帮助下也无法使大陀螺转动，则要循序渐进，改为由教师转动大陀螺，让幼儿抓住大陀螺的两侧边缘来保持身体平衡。

横抱筒上交接响球

【活动目标】

1. 能趴或坐在圆木横抱筒上与人交接物品。

2. 学会跟人合作。

【活动建议】

1. 活动准备：圆木横抱筒和响球若干个。

2. 自由活动：幼儿可以坐在横抱筒上，两手扶住横抱筒的系绳，前后晃动，也可以趴在横抱筒上由教师或者是自己摇动。

3. 活动游戏：幼儿趴或坐在圆木横抱筒上与人交接响球，要求幼儿听到球的响声后伸出手去接，然后把球交还给教师。

4. 活动延伸：教师将趴在横抱筒上的幼儿翻转成吊挂在横抱筒的下方，幼儿需要双手双脚紧抱横抱筒才不会掉下来。

滑板冲浪

【活动目标】

1．学会滑板冲浪。

2．感受从高处俯冲下来的身体变化。

3．能大胆进行练习。

【活动建议】

1．活动准备：小滑板（数量与幼儿数量相等）、滑滑梯。

2．经验准备：幼儿已经较好掌握了趴在滑板上爬行等动作技能。

3．活动方法：让幼儿以腹部为支点，俯卧在滑板上，双手抓住滑梯两侧用力向下滑，下滑时双臂朝前伸展，双腿并拢，头抬高。

4．安全提示：滑梯的下方应没有障碍物，同时强调幼儿要以腹部为支点，仰起头部，防止冲下滑梯时磕伤头部。

三、本体感觉活动

动作、行为的另一个基本感觉是本体感觉，本体感觉的训练是让视障儿童通过不同的位置、姿势，实现粗大运动协调能力、空间认识能力、平衡能力、注意力等的提高或改善。

趴地推球

【活动目标】

1．学会趴地推球。

2．能够连续做趴地推球 50 次以上。

【活动建议】

1．活动准备：小皮球（数量与幼儿数量相等）、垫子若干张、音乐 CD。

2．热身活动：幼儿边念儿歌边做模仿操。

3．活动方法：幼儿腹部以下身体趴在垫子上，球摆放在幼儿面前，离墙壁 30 ~ 50 厘米，幼儿双脚并拢，手臂抬起，肘关节不撑地，用双手推皮球碰撞墙壁，球反弹回来后又推向墙壁，反复连续推球。

4．活动延伸："模仿操"。

《天天做操身体好》：今天天气真正好，我们大家来做操。伸伸臂，伸伸臂；弯弯腰，弯弯腰；踢踢腿，踢踢腿；蹦蹦跳，蹦蹦跳。天天做操身体好。

羊角球跳跃

【活动目标】

1. 可以驾驭羊角球的弹力，轻松地跳跃前进。

2. 感受羊角球跳跃的乐趣。

【活动建议】

1. 活动准备：羊角球（数量与幼儿数量相等）、摇铃。

2. 热身活动：幼儿跟随音乐做徒手操。

3. 模仿动作："小企鹅走路"：小小企鹅学走路，小小企鹅学跑步，摇摇摆摆学走路，摇摇摆摆学跑步，哦噢，跌倒了。

4. 活动方法：让孩子坐在羊角球上，双手紧握羊角手把，身体屈曲向前跳动。

5. 竞赛游戏："看谁跳得快"：两个小朋友比赛，看谁能够快跳到指定的地方。

6. 安全提示：在进行游戏时要求全体幼儿排成一列横队，按照教师的指令进行跳跃，起点和终点都安排教师指挥，在终点的教师要手摇摇铃，给幼儿指示行进的正确方向。

滑行运沙包

【活动目标】

1. 可以坐在滑板上用双手向前滑行 10 米，再拐弯滑回来。

2. 学会在游戏中遵守规则。

【活动建议】

1. 活动准备：小滑板、小沙包（数量与幼儿数量相等）、响球和响板两个。

2. 热身活动：幼儿跟随音乐做操，活动身体各个关节。

3. 尝试练习：幼儿盘腿坐在一个小滑板上，用两手推着自己前进或者倒退。

4. 竞赛游戏：运沙包。全体幼儿分成人数相等的 A、B 两个组，每一个幼儿拿一个小沙包，A 组的幼儿每人一个响球，B 组的幼儿每人一个响板，幼儿可以把沙包和响球（响板）放到怀中，排成两路纵队，排头的幼儿先出发，把沙包运到指定的地方后就摇动响球（响板），同组的幼儿听到自己组员发出的"信号"后就出发，把沙包运送到指定的位置，直到最后一个幼儿完成，以最快完成的那一组为胜。

萝卜蹲

【活动目标】

1. 能正确念唱儿歌并配合做身体下蹲动作。

2. 感受集体游戏的快乐。

【活动建议】

1. 热身运动：幼儿跟随音乐做"动物模仿操"（教师自编）。

2. 游戏活动："听数抱团"。游戏规则：教师发出口令："两个孩子抱成一团""三个孩子抱成一团""四个孩子抱成一团"。孩子听到教师的口令后，按要求两个、三个、四个孩子抱成一团。

3. 活动方法：幼儿手拉手站成一个圆圈，每人选一种萝卜的名称（如红萝卜、白萝卜），由一人先说，例如：萝卜蹲，萝卜蹲，红萝卜蹲完白萝卜蹲。说到"蹲"字时，该幼儿就做下蹲、站起的动作，接着就轮到选白萝卜的孩子念儿歌做动作。孩子们还可以做跳和走的练习。

4. 活动延伸：可以让孩子选自己喜欢的动物的名称。儿歌可以是："老虎（小狗、狮子……）蹲（跳、走），老虎（小狗、狮子……）蹲（跳、走），老虎（小狗、狮子……）蹲（跳、走）完老虎（小狗、狮子……）蹲（跳、走）。"

超人蹬墙壁滑行

【活动目标】

1. 能够脚蹬墙壁向前滑行4米以上。

2. 学会遵守游戏规则。

【活动建议】

1. 活动准备：小滑板（数量与幼儿数量相等）。

2. 热身活动：跟随音乐做"关节操"，活动身体各个关节。

3. 自由活动：俯卧在滑板上进行乌龟爬行，可以向前、向后滑行。

4. 动作方法：让幼儿俯卧在滑板上，双手扶住滑板边缘，以腹部为支点，身体的下半部像蛙泳动作一样轻靠墙壁，双脚用力往后蹬向墙壁，借助墙壁的反弹力向前方滑行。

5. 竞赛游戏："超人蹬墙壁"：全体幼儿排成一列横队，间隔两臂距离，幼儿做好"蹬墙壁滑行"的预备姿势，当听到教师喊"开始"时，幼儿用力蹬墙壁向前滑行，看谁滑行的距离最远。

铃儿响叮当

【活动目标】

1. 能够在弹跳床上独立进行跳跃活动。

2. 能够在弹跳床上跳起来，触摸到离他们指尖 30 厘米的响铃。

【活动建议】

1. 活动准备：弹跳床和响铃（数量与幼儿数量相等）。

2. 热身活动：音乐律动操："我们大家做得好""春天"等。

3. 游戏活动："看谁力气大"。游戏规则：两个幼儿面对面站着，双脚前后开立，两人手掌心对手掌心，听到口令"开始"后，两人一起用力向前推，看谁的力气大，把一方推到后退。

4. 自由活动：让幼儿自由地在弹跳床上跳跃。

5. 竞赛活动：看哪位小朋友能够跳起来触碰到挂在离其头部一定距离的响铃，让响铃发出清脆悦耳的声音，以碰触次数最多者为胜。

平衡踩踏车

【活动目标】

1. 能够轻松自如地踩脚踏车行进、倒退。

2. 能和小伙伴一起进行游戏，体会到团队合作的乐趣。

【活动建议】

1. 活动准备：平衡踩踏车（数量与幼儿数量相等）。

2. 热身活动：游戏"长高了，变矮了"，当听到"长高了"，幼儿双脚蹬地，用力跳起来；当听到"变矮了"，幼儿双手扶膝盖蹲下。

3. 活动方法：让幼儿用手握住车的手柄，保持身体平衡，再用双脚交替踩踏，使踩踏车前进、倒退。

4. 竞赛游戏：分组进行脚踩平衡踩踏车的竞赛活动，计时或计算踩踏距离长短，快者或距离长者为胜。

四、感觉统合组合练习

感觉统合组合活动集合了触觉、前庭平衡觉、本体感觉、视觉、听觉等，通过感觉统合组合训练可以使视障儿童身体双侧协调、灵活发展，注意力集中，情绪稳定，提高身体感觉统合能力。

争当美猴王

【活动目标】

1. 会进行平衡圆的多种玩法。

2. 在游戏中能大胆参与，展示不怕困难，乐于助人的良好品质。

【活动建议】

1. 活动准备：平衡圆、阳光隧道、平衡木、录音机和相应的音乐 CD。

2. 热身活动："简单猴操"（教师自编）。

3. 尝试练习："登上花果山、走过独木桥、钻过水帘洞"。登上花果山：手脚攀登爬平衡圆。走过独木桥：在平放的平衡圆上行走。钻过水帘洞：在竖起的平衡圆半圆底下钻爬。

4. 组合游戏："解救小动物"。游戏方法：将登上花果山，走过独木桥、钻过水帘洞等练习组合起来，加上阳光隧道作为山洞，把一些动物娃娃放置在山洞里，让孩子们登上花果山、钻过水帘洞，爬进阳光隧道里，把动物救出来，然后手抱着动物，走过独木桥，回到安全的地方。

5. 放松活动：摇啊摇，摇到外婆桥：幼儿躺在平衡圆半圆里面摇动。

6. 情感体验：幼儿在游戏中体验帮助别人的快乐。

小小历险记

【活动目标】

1. 在平衡区、钻爬区自由练习。

2. 体会到游戏的乐趣。

【活动建议】

1. 活动准备：大笼球（数量与幼儿数量相等）、踩踏石、平衡触觉板、阳光隧道、相关音乐 CD。

2. 场地布置：平衡区：踩踏石、平衡触觉板摆成 U 型。钻爬区：阳光隧道摆成 U 型。

3. 热身活动：双手连续拍打大笼球。幼儿在操场四散站立，跟随音乐节奏拍打大笼球。

4. 游戏导入：今天，我们到野外进行探险活动，看看哪位小朋友最大胆？今天的探险分为：平衡区：走过鳄鱼桥；钻爬区：钻山洞。

5. 游戏方法：①走过鳄鱼桥：幼儿在平衡触觉板和踩踏石上面走，注意不要掉下来，掉下来就会被鳄鱼吃掉了；②钻山洞：老虎来啦，赶紧躲进山洞去，幼儿用手、足、膝着地的方法在阳光隧道里面爬行，可以用手在前面顺着爬的方法，也可以用脚在前面倒着爬的方法。

6. 情感体验：轮换游戏，幼儿互相分享在探险过程中的体验，感受游戏的快乐和成功。

运粮食支援灾区

【活动目标】

1. 其前庭平衡能力、触觉和大肌肉运动、听觉等感觉统合能力在游戏中得到发展。

2. 培养其同情心与不怕困难的优良品质。

【活动建议】

1. 活动准备：小滑板（数量与幼儿数量相等）、沙包（数量是幼儿数目的 2 倍）、平衡触觉板若干、滑梯一张、响铃一个。

2. 热身活动：幼儿听音乐做"关节操"：头部、腰部、膝关节、手腕踝关节运动。

3. 尝试活动："开火车"：全体幼儿排成一路纵队两臂距离散开，然后俯卧趴在滑板上，最好安排低视力幼儿在排头，第二个幼儿双手抱着第一个幼儿的脚，第三个幼儿双手抱着第二个幼儿的脚，依此类推，大家成一列火车那样连起来，幼儿一起喊"一、二、一"向前滑行。

4. 游戏导入：倾盆大雨天天下，很多地方都发水灾了，那里的小朋友连饭都吃不上了，我们一起把"粮食"运送给他们，好吗？

5. 游戏方法：幼儿趴在滑板上，用"滑板爬"动作运送粮食（沙包），放到指定地点。幼儿"驾驶"着滑板来到"小路"（平衡触觉板）前，车子无法在小路上行驶，幼儿只好扛着滑板和沙包行走"小路"。通过"小路"，幼儿来到一个"陡坡"（滑梯）前，（这里一定要安排教师协助）幼儿把车子扛上滑梯，用"滑梯冲浪"的方法滑下来，幼儿继续前行，最后把粮食（沙包）顺利运到"灾区"（教师摇动响铃，指引幼儿行进方向）。

6. 活动延伸：提高游戏难度，如增加沙包数量、把触觉平衡板摆成的小路距离加长等等。

穿越敌人封锁线

【活动目标】

1. 促进前庭平衡、粗大动作、身体协调能力等统合发展。

2. 增强对感觉统合游戏的兴趣。

【活动建议】

1. 活动准备：平衡步道一条、阳光隧道 3 个、垫子 4 张、枕头（数量与幼儿数量相等）、音乐 CD。

2．热身活动：幼儿跟随音乐节奏做"大班拍手操"：伸展运动、半蹲运动、体侧运动、体转运动、腹背运动、跳跃运动等。

3．活动导入：教师讲述故事情境：前线的战士负伤非常严重，我们必须越过敌人的封锁线，把伤员运送回来救治。

4．游戏方法：幼儿轻轻地在"草地"（垫子）上爬行，穿过"草地"后飞奔到"前线"（一排垫子），抱起"伤员"（枕头），通过"小桥"（平衡步道），爬进"防空洞"（阳光隧道）交给"医生"救治，然后再通过"封锁线"继续去"前线"抢救"伤员"。游戏过程中播放相应音乐，或紧张或舒缓。

5．情感体验：幼儿在游戏活动中感受"前线"的紧张气氛，感受成功穿过"敌人封锁线"后把"伤员"运回来的喜悦。

6．活动说明：教师应该考虑到幼儿的特点，在场地布置时把需要用到的器材按照游戏的顺序摆成一个椭圆形，或者是 U 形。教师语言提示，个别幼儿需要教师的更多照顾，一般说来，综合活动需要 2 名以上的教师来参与。

我爱玩沙袋

【活动目标】

1．增进身体活动的灵敏性。

2．促进手部肌肉和下肢肌肉的发展。

【活动建议】

1．活动准备：感觉统合器材万象组合中的半砖、全砖、体能环和体能棒若干并组合起来，沙袋若干。

2．热身活动：沙袋游戏：每个幼儿一个沙袋，让幼儿用沙袋进行活动：用手摸一摸、用手抓一抓、拿着沙袋做身体触摸（从头到脚）、把沙袋放在头顶上行走等。

3．游戏方法：幼儿分成两组，手拿着沙袋，运用走、跨越和投掷的动作，将沙袋投到指定的体能环里。

4．活动延伸：把沙袋换成大的海绵球进行游戏活动。

万象组合真奇妙

【活动目标】

1．培养有效控制全身肢体协调的能力。

2．提高学习的注意力。

【活动建议】

1．活动准备：感觉统合器材万象组合中的半砖、全砖、体能环和体能棒若干，并与彩虹接龙等若干器材组合起来。

2. 热身活动：听音乐做模仿操。

3. 游戏方法：从彩虹接龙的圈圈里爬出来，然后双脚跳过若干个体能环和半砖，最后上下阶梯。

4. 活动说明：在双脚跳的时候，注意提醒幼儿要双膝弯曲，双脚落地，而且幼儿在进行跳跃时，因为他们看不到前面的障碍物（体能环或体能砖），所以教师要多加注意，以免发生意外。

我当全能运动员

【活动目标】

1. 提高身体两侧的运动协调能力。

2. 培养前庭平衡能力、触觉等感觉的统合发展。

【活动建议】

1. 活动准备：万象组合中的半砖、全砖、体能环和体能棒若干，并与垫子等若干器材组合起来。

2. 热身活动：幼儿在垫子上趴着，教师发出口令，要求幼儿：举起你的右手、举起你的左脚。

3. 器械布置：利用器材组合上下楼梯走、平衡木走、垫子上翻滚、钻爬。

4. 活动游戏：教师说明示范动作后，让幼儿进行上下楼梯走、平衡木走、垫子上翻滚、钻爬的全能运动员的比赛。

小青蛙跳水

【活动目标】

1. 促进粗大动作跳跃能力和身体平衡能力的提高。

2. 促进身体两侧的运动协调发展。

【活动建议】

1. 活动准备：万象组合中的半砖、全砖、体能环和体能棒若干个组合起来，布置平衡前进走、双脚合并跳的场地。

2. 热身活动：幼儿跟随音乐节奏做"大班拍手操"：伸展运动、半蹲运动、体侧运动、体转运动、腹背运动、跳跃运动等。

3. 活动导入：教师："今天老师做青蛙妈妈，你们做小青蛙，跟着妈妈来练跳水的本领。"然后请小朋友走到全砖和半砖搭好的平衡木上练习跳水。

4. 活动方法：在平衡木上两手侧平举，把体能环套在幼儿的一侧手臂上，幼儿走到平衡木尽头贴上大的凸点，让幼儿知道到了平衡木的尽头，把体能环拿下来，放到左边的柱子上，然后双脚弯曲，前脚掌着地跳下来。

　　5．活动重点：双脚弯曲，落地要轻，最好是前脚掌落地。

　　6．相关资料："小青蛙跳水"儿歌：一只青蛙一张嘴，两只眼睛四条腿，扑通一声跳下水。